中华现代学术名著丛书

中国景教

朱谦之 著

商务印书馆
创于1897 The Commercial Press

2014年·北京

图书在版编目(CIP)数据

中国景教/朱谦之著.—北京:商务印书馆,2014
(中华现代学术名著丛书)
ISBN 978-7-100-09892-2

Ⅰ.①中… Ⅱ.①朱… Ⅲ.①景教—研究—中国—古代 Ⅳ.①B979.2

中国版本图书馆CIP数据核字(2013)第069245号

根据人民出版社1998年版排印

中华现代学术名著丛书
中国景教
朱谦之 著

商 务 印 书 馆 出 版
(北京王府井大街36号 邮政编码 100710)
商 务 印 书 馆 发 行
北京瑞古冠中印刷厂印刷
ISBN 978-7-100-09892-2

2014年7月第1版 开本 880×1240 1/32
2014年7月北京第1次印刷 印张 9⅝ 插页1
定价:28.00元

朱 谦 之

(1899—1972)

出版说明

百年前，张之洞尝劝学曰："世运之明晦，人才之盛衰，其表在政，其里在学。"是时，国势颓危，列强环伺，传统频遭质疑，西学新知亟亟而入。一时间，中西学并立，文史哲分家，经济、政治、社会等新学科勃兴，令国人乱花迷眼。然而，淆乱之中，自有元气淋漓之象。中华现代学术之转型正是完成于这一混沌时期，于切磋琢磨、交锋碰撞中不断前行，涌现了一大批学术名家与经典之作。而学术与思想之新变，亦带动了社会各领域的全面转型，为中华复兴奠定了坚实基础。

时至今日，中华现代学术已走过百余年，其间百家林立、论辩蜂起，沉浮消长瞬息万变，情势之复杂自不待言。温故而知新，述往事而思来者。"中华现代学术名著丛书"之编纂，其意正在于此，冀辨章学术，考镜源流，收纳各学科学派名家名作，以展现中华传统文化之新变，探求中华现代学术之根基。

"中华现代学术名著丛书"收录上自晚清下至20世纪80年代末中国大陆及港澳台地区、海外华人学者的原创学术名著（包括外文著作），以人文社会科学为主体兼及其他，涵盖文学、历史、哲学、政治、经济、法律和社会学等众多学科。

出版“中华现代学术名著丛书”，为本馆一大夙愿。自1897年始创起，本馆以“昌明教育，开启民智”为己任，有幸首刊了中华现代学术史上诸多开山之著、扛鼎之作；于中华现代学术之建立与变迁而言，既为参与者，也是见证者。作为对前人出版成绩与文化理念的承续，本馆倾力谋划，经学界通人擘画，并得国家出版基金支持，终以此丛书呈现于读者面前。唯望无论多少年，皆能傲立于书架，并希冀其能与“汉译世界学术名著丛书”共相辉映。如此宏愿，难免汲深绠短之忧，诚盼专家学者和广大读者共襄助之。

商务印书馆编辑部

2010年12月

凡　　例

一、“中华现代学术名著丛书”收录晚清以迄20世纪80年代末，为中华学人所著，成就斐然、泽被学林之学术著作。入选著作以名著为主，酌量选录名篇合集。

二、入选著作内容、编次一仍其旧，唯各书卷首冠以作者照片、手迹等。卷末附作者学术年表和题解文章，诚邀专家学者撰写而成，意在介绍作者学术成就，著作成书背景、学术价值及版本流变等情况。

三、入选著作率以原刊或作者修订、校阅本为底本，参校他本，正其讹误。前人引书，时有省略更改，倘不失原意，则不以原书文字改动引文；如确需校改，则出脚注说明版本依据，以“编者注”或“校者注”形式说明。

四、作者自有其文字风格，各时代均有其语言习惯，故不按现行用法、写法及表现手法改动原文；原书专名（人名、地名、术语）及译名与今不统一者，亦不作改动。如确系作者笔误、排印舛误、数据计算与外文拼写错误等，则予径改。

五、原书为直（横）排繁体者，除个别特殊情况，均改作横排简体。其中原书无标点或仅有简单断句者，一律改为新式标点，专名号从略。

六、除特殊情况外，原书篇后注移作脚注，双行夹注改为单行夹注。文献著录则从其原貌，稍加统一。

七、原书因年代久远而字迹模糊或纸页残缺者，据所缺字数用“□”表示；字数难以确定者，则用“（下缺）”表示。

目　　录

序

公元635年景教传入中国。景教虽在天主教看只算得异端，但自1623—1625年《大秦景教流行中国碑》出土以后，无论天主教徒亦好，基督新教徒亦好，都把它作为宣传求证的资料。景教和中国传统的宗教有些不同，是世界性的宗教，但其重要文献的发现却在中国。就景教文献中尤以唐景教碑值得注意，积累下来的著作似不少，而尚缺乏科学分析，尤其是用马克思主义的科学历史观指导下的研究，更是没有。本书即为填补这个缺陷而作，虽然某些地方也应用了过去已有的成绩，但基本上是力求跳出宗教的范畴而重新研究。这只是初次尝试，误谬自知不免，甚望读者予以切实的帮助和指正。

朱谦之

1968年4月23日

一、景教与基督教

（一）景教释名——景教与火祆教——景教与摩尼教——景教与伊斯兰教

景教（Nestorianism）是东方封建社会的产物。作为宗教，它是罗马天主教会所称为的异端（heresy），景教徒即聂斯托尔派（Nestorians）应该就是异端者（heretics）了。尽管如此，自从此教以公元635年传入中国，更在1623至1625年间（明天启三年至五年）《大秦景教流行中国碑》出土以后，这一宗教即被称为景教，意译之即"Luminous Religion"。据李之藻撰《读景教碑书后》：

"景者大也，炤也，光明也。"

据钱念劬撰《归潜记》（丁编之一）：

"景教者，基督归教之聂斯托尔派也。据碑，贞观九祀，至于长安，十二年为建寺，则教入华境，必在七世纪之初。入中国后，不能不定一名称，而西文原音弗谐于口，乃取《新约》光照之义，命名曰景。景又训大，与喀朵利克（Catholique）原义亦合，可谓善于定名。”

考碑文“真常之道，妙而难名，功用昭彰，强称景教”。潘绅撰《景教碑文注释》（第13页）引《约翰福音》第一章一至九节，及第八章第十二节，又第九章第五节言“我在世即世之光”为证。“由此观之，名为景教者，犹言耶稣教也。”确认景教是属于基督教之思想体系，首先有此必要。这就是说，中国之有基督教，实从异端的景教开始。

景教又称波斯教或波斯经教，教外人亦称之为弥施诃教或迷诗诃教（宋道家贾善翔撰《犹龙录》六卷所述九十六外道之中，第五十种为弥施诃外道），盖即《旧约》中之救世主 Meshiha 或 Messiah 之译音。唐时从波斯传入之西来宗教，除景教外，尚有祆教、摩尼教以及伊斯兰教，因此诸教常被混淆。尤其祆教，中译为拜火教，或简称火教，与景教之命名为景，同有光明之义，不免附会。《四库全书总目提要》卷一百二十五子部杂家存目艾儒略著《西学凡》提要中有评论景教碑之文，竟认景教即为祆教，引段成式《酉阳杂俎》等为证。断言“西洋人即所谓波斯，天主即所谓祆神，中国具有记载，不但有此碑可证”。又云“祆教其来已久，亦不始于唐，……而利玛窦之初来，乃诧为亘古未睹，艾儒略作此书既援唐碑以自证，则其为祆教更无疑义，乃无一人援古事以抉其源流，遂使蔓延于海内”。至于《湖楼笔谈》卷七更记景教即是火祆教。为什么呢？“愚谓景教者丙教也，唐人讳丙，故以景代丙，丙者火教也。据《册府元龟》所藏天宝四载之诏，知景教初入中国谓之波斯经教，祈建寺名波斯寺。王溥《唐会要》云，波斯国其俗事天地日月水火诸神，西域诸胡事火祆者皆谓波斯，然则天主即诸胡所事火祆也。丙者火位，故谓之丙教，后又避讳改作景教，而其义乃不著矣。碑文云‘景宿告祥’，景宿即火宿也。又云‘悬景日，破暗府’谓火也日也，景教之义，可以了然”。又《无邪堂答问》卷二载黎佩兰（字咏陔，高要人）《景教流行中国考》评曰：“景教流行之事，见《通典》、《两京新记》、《酉阳杂俎》、《长安志》、《西溪丛语》、《墨庄漫谈》诸书。景教即火教，丙丁属火，文言文则曰丙教，避唐讳曰景教。”又徐继畲《瀛环志略》卷三则谓此碑中一切词语，缘饰释氏糟粕，非火非天非释，当是“胡僧之黠者，牵合三教而创为景教之名，以自高异”，而仍疑“其所谓景教者，依傍于波斯之火神，润色以浮屠之门面”。又李文田论景教碑事云：“景教碑盖唐代之祆教，核其所云与今所谓天主耶稣者，两不相涉；独七日一荐及十字相合耳。人谓此碑即耶稣教，似不尔也。”唯刘光汉《景教源流》（见《读书随笔》中）知“景教即耶稣教之别派，与火教异”。“按《通典》职官门云：‘祆者西域天神，佛经所为摩醯首罗也。武德四年置祆祠及官，常有群胡奉事，取火咒诅。贞观三年置波罗斯寺，天宝四年七月敕波斯经教出自大秦传习而来，久行中国，爰初建寺，因以为名，其两京波斯寺改为大秦寺。’案《通典》谓群胡取火咒诅，是祆祠为奉火教者所建也，谓波斯经教出自大秦，是波斯寺为奉耶教者所建也。宋敏求《长安志》云，‘布政坊西南隅有胡祆祠，醴泉坊又有旧波斯胡寺。’又云：‘义宁坊有波斯寺，十二年太宗为大秦国胡僧阿罗本立，’由是观之，祆祠奉火教出自波斯，波斯寺奉景教出自大秦，其不可合为一明矣。”但他虽知景教之源非出于波斯火教，而又称“景教流行碑言三一妙身阿罗诃”，即《四裔编年表》所云琐罗阿司得之对音，言三一分身弥施阿即聂斯托尔之转音。不知琐罗阿司得（Zoroaster）正是火教之创造人，而弥施阿乃 Messie，与聂斯托尔之音何涉？此所云还是陷于混淆不清之弊。景教与火教同从波斯传入，袄教拜天，景教之习俗亦拜天，二者不易分晰，以致者唐之杜佑(《通典》卷四十)，宋赞宁(《僧史略》卷下)，姚宽(《西溪丛话》卷上)，宗鉴(《释门正统》卷四)，志磐(《佛祖统纪》)乃至近代学者多误认两者，绝不是偶然的。就中只有陈垣的《火袄教传入中国考》(第九章)指出"唐时火袄与大秦相异之点，有显而易见者，即大秦、摩尼均有传教举动，及翻译经典流传于世，故奉其教者有外国人，有中国人，火袄则不然，其人来中国者并不传教，亦不翻经，故其教只有胡人无唐人。近年敦煌石窟发现大秦、摩尼二教经典，各有数种，而火袄教经典独无闻，此其证也"。其说近是。

摩尼教创始者摩尼(Mani)，波斯人，《九姓回鹘可汗碑》称为明教，其输入中国，据敦煌发现之《摩尼教残经》及宋敏求《长安志》光明寺后改名大云经寺之记载，早在北周(蒋斧说)。伯希和、沙畹作《摩尼教流行中国考》，虽不采此说，但据七曜历之传入，亦确定"中国之摩尼教徒，以康居语名七曜，景教徒以波斯语名七曜，至康居译名较波斯译名存在为久者，则以摩尼教传布之久远，非景教之所能及"(《西域南海史地考证译丛》八篇第58页)。摩尼教与袄教因多相类之点，常被混为一谈，如宋僧志磐，于《佛祖统纪》(卷三十九及卷五十四)中，述波斯之苏鲁支(按即Zoroaster)云"初波斯国之苏鲁支，立末尼火袄教"。至以摩尼与景教相混者，即外人考据亦大有人在。冯承钧《景教碑考》称"1897年刊《亚洲报》(*Journal Asiatique*)沙畹(E. D. Chavanne)撰《景教与九姓回纥可汗碑》(*Le Nestorianisme et L'lnscription de Karab algassoun*)一文，亦将景教与摩尼教混为一谈，夏鸣雷神甫(Havret, Henri, S. J.)所撰《西安碑考》亦引证关于摩尼教之文"(第19—20页)。至如清儒杭世骏

《道古堂文集》以回回、摩尼并为一谈，其文与景教毫无关系，亦以《景教续考》为名。还有真正误以景教认为即伊斯兰教者，如清石韫玉《独学庐二稿》中，有《唐景教流行碑跋》，谓“大秦之教本不出于波斯，初假波斯之名以入中国，后乃改名以立异。地理志谓默德那为回回祖国，其教以事天为本，经有三十藏，西洋诸国皆宗之。今碑云‘三百六十五种肩随结辙’，岂非回回祖国之三十藏欤？总之三夷道皆外道邪见，所谓景教流行者，则夷僧之黠者，稍通文义而妄为之耳。其实与末尼、祆神无别，若今之天主教者流亚耳”（第16—17页，原刻本）。又董佑诚《大秦景教流行中国碑跋》则云“大抵西域诸教皆宗佛法，后来更创新奇，灭弃旧教，故或奉阿丹，或奉耶稣，而清真寂灭诸旨，则彼此同袭。回回之教出于大秦，欧罗巴之教，复出于回回。碑称三百六十五种，肩随结辙，及真寂、真威、升真、真常、真经，既与回回教相合，而汤（若望）、邓（玉函）诸人初入中国，尚不忘其所本，迨其术既行，则并讳之。梅定九谓西洋之学，因回回而加精，戴东原谓西洋新法袭回回术，其云测定，乃欺人语，诚哉是言也”（《董立方遗书》文甲集卷下，第11—12页）。认回回为欧罗巴之教即基督教之祖，考据如此，以今日视之，未免谬误。

（二）景教与天主教——自称“景教后学”之天主教徒——洪钧、钱念劬之聂斯托尔派说

景教碑的发现，在中国基督教徒看来是一件大事，当时天主教信徒，除崇祯十四年（1641）葡萄牙教士阳玛诺（E. Diaz Jr. S. J.）撰《唐景教碑颂正诠》，李之藻作《读景教碑书后》与徐光启作《铁十

字著》及《景教堂碑记》(见《徐光启集》卷十二,第531—533页)之外,据夏鸣雷《西安碑考》(*Le Stèle Chrétienne de Si-Ngan-Fou*, p. 94—95)在景教碑出土后2年,王征与邓玉函撰《奇器图说》,署名"关西景教后学王征。"又长乐林一儁和李九标为艾儒略的《圣梦歌》作小引和跋,亦自署名"景教后学"。此外巴黎国家图书馆藏利玛窦《记法》一书有序题"东雍晚学朱鼎澣书于景教堂"。又圣多玛原著利类思译义之《超性学要》卷首题"景教后学林骀署笺"。还有徐家汇书楼藏题名《景教便蒙歌》之古钞本。又据伯希和《近在瑞典发现之耶稣会士汉文旧刊物》中有《论释氏之非》,阙撰人名,尾题"辛丑仲夏武林景教堂刊"(《西域南海史地考证译丛》六篇,第255页,今此书与清源味德子撰《辟轮回非理之正》尾题"虎林景教堂刊"二书,均已由瑞典乌仆沙拉大学交还中国北京图书馆藏)。可见当时景教堂已成为教堂通称,景教之与天主教之名并用,已成一时风气,那么景教即为天主教,应该是毫无疑义的了。案《天学初函》李之藻题辞云:"天学者,唐称景教,自贞观九年入中国,历千载矣。"又《辛卯侍行记》卷三云:

> "见景教碑颂,述大秦国阿罗本以贞观九年至长安,十二年太宗为建寺,历代帝王公卿相继崇奉。德宗建中二年,大秦僧景净撰碑颂,朝议郎吕秀岩书。审观碑文非印度佛教,非波斯火教,非天方摩尼教。明李之藻等据为天主教,其或然欤?"

上海求志书院课艺钱润道《书景教流行中国碑后》(见夏鸣雷《西安碑考》第389页附录):

“此碑明时始出土，宋人金石书皆未著录，不知果真唐碑否？碑言景教，殆即明之天主教，今之耶稣教耳。碑中所言多与此二教合，故前人已谓此天主教入中国之始。”

此则疑景教即明之天主教，今之耶稣教。案天主教是旧教，耶稣教则从1842年《南京条约》以来，以之称基督教之新教。究竟景教是属于旧教还是新教？碑文中有“设三一净风无言之新教”；这“新教”二字，乃对犹太教而言，和基督教新教所谓“Protestantism”不同，可置不论。如说景教是天主教，究竟和罗马法王所之基督教即中国所称天主教或天主公教，又有什么分别？又说是东方教会，那么和那东罗马加特力教即天主教同属于罗马帝国之基督教的希腊教会（东正教）又有什么不同？在以上文中是不能分别出来，即在明末来华的耶稣会士如利玛窦、阳玛诺等也是不能分别出来。因此《燕京开教略》的撰者樊国梁竟敢公然宣言：“首译碑文之耶稣会士赛梅多（即鲁德昭 Semedo）与同会之修士包依木（即卜弥格 Boym）、吉尔舍（Kircher）、阳玛诺、李明等及近日多人皆以此碑为罗马圣公会之传教士所立（上篇，第14页）。”他的最大证据，是“碑文中并无一字一义言及内斯多略之异教者，即可疑义之形迹亦查无所见”；又“碑文中所言之大秦国，及大秦之风教民情地理土产，明系罗马一统之国”。然而事实何尝如此？中国学者从洪钧撰《元史译文证补》（卷二十九景教考）始断定景教为今之基督教，说“天主教之入中土，实自唐景教始”。这虽不免仍以景教与天主教混为一谈，但他征引西籍，认为景教是聂斯托尔派，则非常正确。他说：

“又西国古书，在中国东晋时（公元三百七十五年）有聂斯托尔(拉丁文作聂斯托鲁期)为东罗马教士,著书立说,名盛一时,教王以其贤,擢为康思坦丁诺白尔之主教。其人创议耶稣为主教之圣人,非即上天之子,不立附会穿凿,一时攻之者蜂起,教王乃集众主教焚其书,流之于亚美尼亚,忧愤而死。当时附其说者皆遭屏逐,散居东方,自称聂斯托尔教,浸淫东来,自里海以东以至中土。西人据此以考景教碑下东西两行乃西里亚文字,必是聂斯托尔教人久居其地,用其文字著之于碑。其说甚确。至云大秦则假旧名以为焜耀也。"

这已经给景教的研究开辟了一条道路,到钱念劬撰《归潜记》(丁编之一),而景教之为旧教中之聂斯托尔派,就更为明白了。录其要语如下:

"自景教碑出土,而何教名景,实增学者一番探讨。学者非不知大秦之奉基督教也,非不知此碑十字七日之说之即指基督教也,徒以碑文有波斯睹耀之句,碑下有似回非回、似梵非梵之字,遂下得不于回、佛、祆、摩、基督之外别求所谓景教者,博学如嘉定钱氏、仁和杭氏、顺德李氏,且不敢定为基督,因由愈博学愈不敢率断,亦昔无载籍以为之证也。至吴县洪氏钧,以文学儒臣,奉使西欧,始据西文书断为即今日西教。惟洪氏以补史余笔,偶焉涉及,故言之未详。……碑中所谓阿罗诃,所谓弥施诃,所谓娑殚,所谓廿四圣、廿七经以及所谓室女诞圣、波斯睹耀、三一分身、亭午升真等句,碑额两旁之基路冰,正中之十字纹,碑下似回非回,似梵非梵之文字及纪年,皆彼教确证,知此而景教之为基督教,何难永定。"

在断定景教之为基督教后，即接着肯定景教为基督教旧教中之聂斯托尔派，而说：

“景教者基督旧教之聂斯托尔派(Nestorianisme)也。据碑，贞观九祀，至于长安，十二年为建寺，则教入华境，必在七世纪之初。……当四世纪初年以罗马帝之允许，得公然行景教，其季年(380)有聂斯托尔(Nestorius)者(原注：东罗马教士以著书得名，擢康斯坦丁堡之教长)创议言耶稣乃人体之为推沃芾洛(Theophore)者，而非真神。推沃、神也，弗洛、特感也，此喻耶稣为感神之器；其意以为耶稣之母玛利，仅产耶稣之体，不产耶稣所感之神，不当崇称神母。时神母之说方昌，聂氏独犯众论，四三一年以弗所(Ephese)之宗教会议大斥之，谓神与人既合于耶稣之一体，则玛利所产之耶稣体便是神体，岂有产神体之母而不宜称神者？聂说败，并禁其传道，聂乃出奔波斯，逾四年，窜死。四九八年聂派之徒独开会议于波斯，定名曰喀朵利awaiting司(Catholicos)派。自是聂派由波斯逐渐而东，以至中国。西书所载如此，并断景教流行中国之肇始于聂派。聂派由陆路东来，颇弗敢声，未始不仗波斯教力以达于华，华人但知其从波斯来，不知其非波斯教。读《长安志》、《册府元龟》知初名其寺曰波斯，继乃更名大秦。大秦之为国也，本非西名，聂派人始以中国向有之文，名其所从来耳。”

景教和波斯之密切关系，后当说明，这里只要注意一点，即聂斯托尔原为叙利亚人，其教创在波斯，是聂斯托尔自身表示其与西方教会之罗马加特力教会等不同，好称东方教会(Church of The

East 或 Easterns)(参看 Maclean, A. J.: *The Catholics of the East and His People*, p. 6, 见 Stewart: *A Church of The Nestorian Missionary Enterprise*, p. 324 引)。这"东方教会"一名乃适用于在罗马帝国版图以外的教会,尤其是适用于波斯帝国领地之基督教徒,所以我才说景教是东方封建社会的产物。

(三) 东方教会与西方教会——分派与异端——唐代景教属于旧教之异端

晓得景教是和罗马法王厅的基督教即中国所称天主教或天主公教不同,就很容易明白景教之为旧教之另一派别的性质了。但这另一派别乃属于东方教会派,而不是属于西方教会派,如在宗教改革运动后之所谓新教。新教反对教会最高权力者之罗马法王之统治,但那只是严密意义上为罗马法令上所称分派(schism),却不是异端。反之景教则从431年以弗所(Ephesus)开第三次宗教大会以后,于435年由东罗马帝国皇帝狄奥多西(Theodosius)的敕令,处罚聂斯托尔为异端了。《圣教史略》卷三《内斯多略异端》一节,记载此异端的历史颇为简要。

"内斯多略(聂斯托尔)异端,他讲论耶稣的天主性、人性,并没有合为一位,不过天主性附着他的人性就是了。为此玛利亚只可称为人之母,不可称为天主母,这是一极大异端。如果耶稣的天主性人性,没有合成一体,则天主降生救赎,皆虚而不实,受难钉死亦无无穷之价,敬耶稣为天主,亦大不合理。

种种谬说，皆从内斯多略异端而出，天主照看圣教会，真令人惊讶不置。……如今内斯多略异端出现，天主又简选了亚立山府主教圣西理禄(S. Cyrillus Alexandrinus)批驳他。这位圣人先将内斯多略异端奏明教宗圣则来斯定(S. Caelestinus Ⅰ)，教宗在罗玛聚了公议会查明之后，即将异端禁绝，命内斯多略，限十天内，驳正旧日邪说，不然，将他弃绝，即委圣西理禄做了教主钦差，查办内斯多略异端事。

圣人领旨后，即设法劝令内斯多略悔改，引经据传与他辩论，……无如辩论再四，内斯多略总是不服，固执己见，更甚于前。特阿多爵(Theodosius)皇上见众人纷争不已，请命教宗，聚大公议会，简选了以弗所府为聚会之地，至期来与会的不下二百位主教，圣西理禄奉教主命，监临会议事，会议既毕，众位主教齐声判断内斯多略异端。……内斯多略既经公议会驳斥，革了他主教职分，特阿多爵皇上即将他充发厄日多尔国，将他的异端书籍付火烧毁。……内斯多略到了充军之地不久，天主罚他凌辱耶稣圣母的罪，口长毒疮，舌烂而死。然内斯多略异端数百年后，犹未尽绝，唐太宗朝流入中国。”(第135—138页)

聂斯托尔派之作为异端，受尽了罗马法王厅之天主教徒的压迫而流入中国的历史，即基督教最早传入中国的历史。1928年1月圣教杂志社编《天主教传入中国概观》即很明白宣称：

“唐代之景教，非罗马天主正教，乃内斯多略之异派。内斯多略异端谓耶稣之天主性与其人性未尝合于一位，不过附属于

人性而已。为此,圣母玛利亚所生者,只是一位纯人,圣母为纯人之母而已。此说显于罗马正教之道背驰。"(第4—5页)

旧教之内部矛盾,导致早先传入中国的,竟是这"显于罗玛正教之道背驰"的具有"尘世"主义色彩的异端景教。尤其惹人注意的是16世纪来华之耶稣会士,亦尚不知景教之为异端,而竟乐意于接受它的影响。景教碑的发现,模糊了16世纪来华耶稣会士对于罗马天主正教和异端的分别的认识和斗志,也增长了他们对于罗马法王厅的意见的分歧。景教虽自唐至元末而亡,然而1935年为景教来华1300年,中华圣公会及陕西传道区协会、西安协同浸礼等会,竟均为开会纪念,唱诗、演讲、祈祷等等。(见1936年2月《圣公会报》)。直到有一位自命天主正教信徒认为"景教不必纪念";"盖景教谓耶稣有二性二位,天主性天主位,人性人位,圣母非天主之母亲,此异端道理也。此异端寄生于中国,不即消灭,为圣教之传不特是一阻碍,且为信德之一致,是一扰乱"(徐宗泽:《中国天主教传教史概论》,第108—109页)。然而这已经太晚了。

正如列宁所说"当一个唯心主义者批判另一个唯心主义者的唯心主义基础时,常常是有利于唯物主义的"(《哲学笔记》,《列宁全集》第38卷,中文第1版,第313页)。在旧教的内部矛盾中,竟有聂斯托尔派的异端出现,这对于我们今日用历史唯物主义观点来作基督教的研究是有利的。

二、景教思想之异端性

（一）马丁·路德的景教观及其所受景教之影响

近代学者引用科学来和宗教的迷雾作斗争，但在宗教的异端者，却只能用一种新的教义来批判旧的正统的教义。在他们的互相攻讦、互相拆穿、互相争夺地盘之中，异端常常是被所称之正宗无情的镇压。固然他们的理论斗争，所提出的神学问题，往往叫人笑掉牙齿，这却是神学问题的斗争，实际上不但在一定程度上反映那稍为进步的思想与落后的思想的斗争，同时也往往反映政治斗争的势力争夺战。正如马克思、恩格斯所指出，“出家人间的斗争总是最狠毒的斗争——马萨林（Mazarini 法国政治家）这样说。试想，这些出家人不只要靠着圣地生活，而且必须同住在这块圣地上！”（《伊斯兰教徒与基督教徒之间的宣战》论文，1859 年载《纽约论坛报》，见《马克思恩格斯论宗教》，人民出版社版第 89—94 页）。

景教是作为基督教之异端而被破门的宗教，然而由 16 世纪倡导宗教改革的马丁·路德看来，景教和基督教正统派的信仰信条之间，并无何等差异，因而在许多方面给它辩护，景教之是否异端也大成问题了。路德在 1539 年所著《宗教会议及教会论》（*Luther: Von den Konzilli and Kirchen*）述第三次之以弗所会议，论及聂斯托尔问题，以为如法王的宣告书，并法王厅学者批难聂斯托尔都不过说聂氏否认基督的神性，以基督为普通之人，因而把一人格的基督，变成神与人之二人格。然而与攻击者相反，聂氏决不信有两个的基督，而只信有独一无二的基督，即聂氏确信基督是真神而且是真人，在一人格上而具有神人两性，这一点和全公会最初信仰全然相同。那么聂氏是如何之点而具其异端性和外道性呢？路德在引用三国语的教会历史第十二卷第四章，述聂斯托尔的阅历，认为他所以被排斥的原因，谓为由于聂斯托尔关于基督论的所说，毋宁说归于聂氏个人自负心之强烈和修养的不足。即路德认定景教的分裂归于亚历山大城（Alexandria）学派之西理禄僧正（Saint Cyril）一派政治上的野心并感情上的问题，作为信仰问题，路德认为聂斯托尔是没有被破门之理由的。（参看佐伯好郎《景教之研究》第十四章《马丁·路德之景教观》，见第275—285页。）固然路德夸大心理影响，并不能解决历史问题，但他又看到了神学上的理论斗争，毕竟乃是政治上的权力斗争。路德否定聂派之为异端，只能代表基督新教派的一种看法，实则基督新教派在耶稣基督之外，不认有介在神与人之间的中间人，因而认圣母玛利亚的介在实无其必要，这反对玛利亚崇拜主义，基督新教很明显受了景教的影响。由罗马天主教会看来，景教是异端，基督新教这一点上也应该是在异端之列。法国的教会历史家丢香（Abbé Duchesne）所著《早期教会史》（*Early History of the Church*，Vol. Ⅲ，p. 312）也断言聂斯托尔的学说，不能十分证明其为异端。实则这都无非站在基督教的立场给聂派作辩护，由我们看来，聂派之被列为异端，政治的原因乃过于宗教思想的原因作为异端不是比不作异端进步些吗？下面略述一下聂斯托尔与亚历山大城学派之西理禄僧正斗争的历史，就很容易明白了。

（二）亚历山大城教会对安都城教会之政治争夺战——聂斯托尔反对玛利亚之神母说——西理禄僧正史——公元431年以弗所的宗教会议

在没有讲到亚历山大城教会与安都城（Antioch 安提俄克即中国古书之安都城）教会代表之聂斯托尔关于基督之本质的争论以前，须先明了一下这两派的宗教思想斗争，乃是起因于争夺当时东罗马首都君士坦丁堡（Constantinpole）教父之位置的政治斗争。公元427年东罗马帝国首都君士坦丁堡的教父锡辛纽斯（Sisinius）逝世，东罗马皇帝狄奥多西二世（Theodosius Ⅱ）拔擢聂斯托尔为后继者，翌年4月10日聂斯托尔即法主位，这就是事情的开端。景教教祖聂斯托尔生于叙利亚之泽曼尼西阿（Germanicia），其生年月日全然不明。他是安都市外圣攸普累庇阿斯（St. Euprepius）修道院的修道僧，修学时其教理上并神学上所说，曾受到摩普绪斯提阿（Mopsuestia）之狄奥多（Theodore）及塔萨斯（Tarsus）之大德代俄多拉斯（Diodorus）等之影响，由于宣传其博学多闻与厉行禁欲主义生活，不久即崭露头角，为同辈所器重，加以他声音朗朗，雄辩滔滔，彼说教之名轰动四方，声名压倒君士坦丁堡，东罗马朝廷宫中亦盛传其名。当时非难聂氏，责其高傲无礼与充满稚气者亦不少，彼盖所谓直情径行之人，路德所称自负心过于强烈者也。因其对于反对党之非难攻击毫不介意，更不幸的是他的论敌又是像西理禄那样阴险无耻小人。聂斯托尔当即君士坦丁堡法主位时，携安都教会长老，信奉狄奥多监督学说之安那斯泰喜阿斯（Anastasius）为秘书开始活动，在其大会堂说教。当时罗马皇帝狄奥多西二世亲临听讲，聂氏在即位式的演说中，对于他所认为异端邪说的诸教义大力攻击，惹起各派的极大反感，尤其与之同来的安那斯泰喜阿斯所写的《基督论》传播其自己独得之教理，一方面反对基督单一论派主张耶稣只有一性之一人格说，一方面对于当时既在埃及地方渐次隆盛之圣母玛利亚崇拜说，抱非常反感，反对当时新流行语神母说即尊玛利亚为"神之母"之说。安那斯泰喜阿斯说教之一，主张玛利亚不得称为"神母"，因这名称是极冒渎神威和尊严的。他说"什么人都不能称玛利亚为神母。为什么？玛利亚不过一个妇人而已。说神是从一个妇人而生，不是到底不可能的吗？"因这说教无端惹起君士坦丁堡城下人人之非常的冲动，然而聂斯托尔不但不责备安那斯泰喜阿斯，并且其自身反而大大地为安那斯泰喜阿斯所说辩护。聂斯托尔引用了狄奥多及代俄多拉斯大德之说，屡次倡导反对神母说之说教，于是乎君士坦丁堡之内外，议论纷然，有如鼎沸，而到了聂氏等所作说教的内容全部传到埃及，这时亚历山大城之西理禄僧正认为机不可失，即倾注全力着手攻击其宗教上之强敌聂斯托尔，要把聂氏从教会中驱逐出去。这西理禄究竟是怎样一个人，他是怎样陷害聂斯托尔呢？让我根据史料来略为一叙。（参照 Socrates：Ecclesiastical History，第 340—450 页，此据佐伯好郎《景教之研究》，第 201—207 页大僧正西理禄略传。）

西理禄僧正是亚历山大城教父，通常称为圣西理禄（Saint Cyril，the patriach of Alexandria），亚历山大城僧正西俄非拉斯（Theophilas）之甥，以西俄非拉斯多年培养的强大潜势力为背景，于 412 年由于埃及驻在罗马司令官阿蓬丹提斯（Abundantis）的支持,排斥了竞争者提摩太(Timothy)而即亚历山大城教父之位,较聂斯托尔之就任君士坦丁堡教父之任先十有六年,当时西理禄的势力可想而知。他在扩张宗教上势力以外,更干涉宗教以外的俗事,在亚历山大城内外,攻击一切宗教上的反对党,没收或掠夺反对者的一切财产及反对者所属教会的财产,干尽一切非基督教的行为。尤其几次把犹太人放逐出亚历山大,没收其财产。西理禄亲自率领可称为僧兵之基督教僧侣暴力团,闯入犹太人会堂,逮捕做礼拜的男女老幼,放逐于亚历山大城外。埃及之罗马总督俄累斯提斯(Orestes)曾一再将西理禄之乱暴非法行为奏明罗马皇帝,请其断行处置。但老奸巨猾的西理禄遣人劝告俄累斯提斯与他妥协调停。西理禄知道俄累斯提斯不理,又故意摘出《新约圣经》中的福音书文句送给总督,欲解消其愤怒。后来西理禄知道总督仍然不理,乃于部下中选拔号为勇猛的僧兵五百突然围攻总督的马车,大声疾呼痛骂总督为基督教之公敌,为异邦人,为偶像教徒。因之俄累斯提斯总督不得已停下马车辩护自己是基督教徒,在君士坦丁堡从阿提卡斯(Aticus)僧正受过洗礼。尽管如此,僧兵一人叫安摩尼阿斯(Ammonius)仍投石伤总督头部,致鲜血淋漓,有欲扑杀总督之势,幸而有群众应援与卫兵之奋斗,击退西理禄僧兵,并捕获犯罪者安摩尼阿斯处以死刑。然而西理禄僧兵却对此犯人加以推赏,把他列入于殉教者之列。西理禄和总督的对立还不止此。当时亚历山大城有知名之新柏拉图派女哲学家海培喜阿(Hypatia),其名声远闻,弟子甚多,受亚历山大城上下尊敬。西理禄甚恶此女哲学家,且探知其常受俄累斯提斯招待,出入总督府,总督对于西理禄所取不妥协的态度,实得此女哲学家思想之助,乃大怒,遣其部下僧侣,捕海培喜阿于途上,置之于塞萨拉蒙(Caesareum)所在之基督教会堂，先把哲学家完全裸体，以极锐利之贝壳刺杀，后将其四肢于西那隆(Cinaron)场所烧却。基督教会史之著者苏格拉底(Socrates)即为当时闻见此事实之一人。以这样残忍至极之西理禄僧正，对待基督教以外人物尚且如此，移其毒焰来全力陷害其基督教教会内之聂斯托尔，这一场出家人间的狠毒斗争，其手段的辛辣也就不难想象而知了。

原来亚历山大教父、西理禄的舅父西俄非拉斯就已憎恨当时有名的君士坦丁堡教会监督克赖索托姆(John Chrysortom)僧正，这时西理禄的舅父虽去世，而西理禄对克赖索托姆的余恨未消，尽管全基督教会均于该会之位牌中列入克赖索托姆之名，独西理禄在埃及不许。恰好聂斯托尔又是克赖索托姆僧正的后继者，旧恨加上新仇，所以当聂斯托尔反对神母说传到亚历山大城时，西理禄即乘此大好机会，发起排斥聂斯托尔运动。据巴奇(Budge)所记历史事实(见 *The Monks of Kûblai Khan Emperor of China*, *Introduction*, pp. 24—26)，西理禄在开始狠毒地攻击聂斯托尔关于基督之神性与人性的挑战之外，更一方面屡呈文书于西罗马教会法王塞雷斯泰恩(Pope Celestine)控告聂氏，其控告证据是摘录聂氏文书中不利的地方作报告，而于他方则不但策动其自己势力下的亚历山大教会所属学者等专门攻击聂氏所说，而且从亚历山大城人民身上为宗教战争而开始榨取资金。榨取所得黄金财宝悉以充当收买君士坦丁堡宫廷人之用，于是宫廷官吏无论上下男女，悉因西理禄的贿赂，把狄奥多西二世及其皇族全然入于西理禄的势力范围。因此聂斯托尔自己也不得不对西罗马教会之罗马法王塞雷斯泰恩送上申辩书，对自己所说被西理禄批判之点加以辩护者，前后二次，然而已经晚了。塞雷斯泰恩法王已全然为西理禄一派所左右,因之聂氏对于法王的陈辩,反而增加了冒读之罪被排斥了。由是西理禄的势力日益强大,渐渐横暴起来,以至于胆敢作非法行为。狄奥多西二世不消说了,甚至他的皇后攸多克西阿(Eudoxia)和攸多克西阿皇后的大恩人巴尔基利阿(Pulcheria)及其他出入宫中之大德及僧侣等悉为西理禄所笼络,因此430年罗马法王遂对聂斯托尔下破门之宣告,西理禄僧正也于亚历山大城自宣告聂斯托尔的破门。同年11月皇帝狄奥多西二世敕令以翌年圣灵降临节(Pentecort)为期,召集宗教大会议于当时玛利亚崇拜热最盛之小亚细亚之以弗所(Ephesus)开会,但因安都城的监督约翰主教(Bishop John of Antioch)及其部下的监督,路途遥远,敕令中许其延期等待,又处于被告地位的聂斯托尔也恳请延期,以待全体议员出席。但是西理禄自以阴谋与收买运动已大告成功,竟先期率埃及各地主教50人又僧侣及奴隶多人,皆持圣马克(St. Mark)及圣母之旗先莅会,以弗所地方总主教孟姆侬(Memnon)也率亚洲各地主教40人及潘费利亚(Pomphylia)主教12人助西理禄,竟先彻夜开会,对聂氏加以缺席裁判。其判词曰:“耶稣基督今因为聂斯托尔所亵渎,故决定由此神圣大会,摈逐聂斯托尔于教务职位之外,并不许再参与司祭者之列。”翌晨将罢黜判决文送于聂氏,使聂氏所预备陈述的一切,再无发言的机会。这阴险至极的西理禄,更乘胜在以弗所全市大肆宣传和煽动,使以弗所市民对于聂氏及其一派,屡次加以暴行威胁。尽管如此,由于这一次宗教会议的手续和决议方式均不合法,皇帝钦派委员宣称主教多未莅会,对判决不予承认。正当以弗所全市陷于混乱之时,大会后4日即6月26日安都城的监督约翰及其部下叙利亚主教42名始到达，而此诸主教在约翰监督的旅舍里，得皇帝代表康提代安（Candidian）伯之临场，别开宗教会议，揭发了西理禄6月22日会议之违法性，乃宣告西理禄及以弗所监督孟姆侬破门。然而西理禄一派无视此决议，乃诉之暴力，竟欲驱逐聂斯托尔与约翰监督于以弗所市外，皇帝代表康提代安无法处理，请示于君士坦丁朝廷，至6月29日奉诏敕，乃派遣新的皇帝代表，竟全部承认西理禄的主张，在7月10日及11日召集西理禄一派监督重新肯定了6月22日的决议，正式承认聂斯托尔的破门。是年10月聂氏遂被剥夺去君士坦丁堡法主之官职，令归住其出生地之圣攸普累庇阿斯修道院。在聂氏闲居该地时仍不断受西理禄猛烈的迫害，而最初站在聂氏一边的安都城的约翰监督也受了西理禄的笼络，结果于435年西理禄把聂斯托尔流配埃及，最后更将所有袒护聂氏的百余名监督，悉削夺其职位，又烧却聂氏一切文书，依罗马帝国的国法严禁凡持有聂氏一切书者。聂斯托尔移埃及后，备受国家行政官权与基督教会宗权的压迫，困苦颠连，不可言状，而官吏与僧侣更协力将聂氏追放于埃及西部沙漠之中，欲其毙死绿岛（Oaris）。又聂氏在各地流浪之中，曾为蕃族布雷密伊斯（Blemyes）人所捕，移送到西培伊德（Thebaid），后被释放，自迁居于巴诺波利斯（Panopolis）。然此处为雅各派（Jacobites）势力，而为有名之科普提克（Coptic）人出身之僧侣盛纳提（Shenuti）修道院长的居住地，举院内之修道僧对于聂斯托尔加以种种迫害，宣告彼为破门者猛加攻击。聂氏至439年尚生存，一说殁于454年，要之认为440年后至450年尚生存，较为真确，至其临终地点则至今不明，又其葬地亦未发现有何等记载或文献足供参考。

（三）景教关于基督教本质论之论争——神性与人性之两性说——景教信仰信条及其被禁止的历史

关于西理禄和聂斯托尔的斗争，固然是亚历山大城学派与安都城学派政治的斗争，但也是思想上的斗争，忽略这一点，仍不能全面认识所谓“景教之异端性”。所谓思想斗争实际即是意识形态上较为进步思想与落后思想的斗争，在宗教思想领域里，即是较为开明主义思想与神秘主义思想的斗争。西理禄派站在神秘主义立场，反之聂斯托尔派站在较为开明主义立场，这就是两派之间关于基督教的本质问题争论的焦点。亚历山大派的代表人物西理禄坚持在基督里神人两性质之合一同体论，他虽然不是后来在埃及流产的所谓基督单一性派，却是这一派的先驱。他主张在基督里神人两性之实质的一致或人格的合体，以后成为基督教正统派的教理，其实即在基督里力说神性，即神之性质与人之性质，于所谓基督的人格（persona）里合一同体（unity）。基督是神而人、人而神，固守此神人两性之合一同体，而基督的人性即是融化于神性中之一个有机的一致同体（organic union）。但此一致同体是属于神的玄义，不是人类的智慧或知识所可得加以说明的，是可以信仰而不可以说明的东西，换言之即是神秘主义。反之，安都城学派以聂斯托尔为代表人物，亦主张基督是神而人、人而神，但固守在基督里神人两性说，而于基督的人格里强调人性，即人间的要素，主张于救主耶稣基督里，人间的性质完全无缺。即因强调基督之人性，乃不知不觉之间，将基督的神性与其人性区别开来，结果这一派学者，一方面主张基督之神人合一说，另一方面又把基督之神人两性分开为二，而变成基督之神人两性说或基督之两人格说了。例如1852年巴泽(Badger)所著《景教徒及其礼拜式》(*The Nestorians and Their Rituals*)中所引景教教理的原始资料，即一方面说“我等崇拜主之神性与人性之不可分离”(we worship the Divinity and the Humanity, without dividing them，见Hûdhra祈祷书)，另一方面又说“聂斯托尔信仰在基督里有其神性与人性之两性与两人格”(Nestorious confessed two natures and two persons in Christ，见Gazzâ书)。这种自相矛盾的今日所传景教的教理，显然和亚历山大学派所说神人两性质之合一同体说不同，而成为西理禄所作攻击的目标了。两者各走极端，西理禄曾提出攻击点12条，聂斯托尔虽有答辩，但其答辩书不传，现只残存从聂氏反对者的文章中所引用的，是否正确传述聂氏思想，大成问题，现在为避免争论这神学上的烦琐哲学，可以置而不论。重要之点乃在聂氏创立了在基督里神人之二格(two persons)说，更由此引申便成为玛利亚圣母之反对说了。《圣教史略》(第136页)说，西理禄曾引经据典与聂氏辩论，“证明耶稣只有一位，即天主圣子之位，耶稣之人性，系天主位之人性，不得说天主位之外另有一人之位，耶稣是真天主，玛利亚既是耶稣之母，即可称为天主之母。耶稣之人性，既是天主位之人性，即可说天主降生，天主受难复活”。然而如此充满神秘主义色彩的说教，究竟不能把一位自负心极强具较为开明头脑的聂斯托尔说服。到了在西理禄一派导演之下会议强行通过判断聂氏为异端之后，天主教正统派自以为大告胜利了。《圣教史略》描写那时情景是：

“那时日殁星出，天已昏黑，阖城教友，还在厅外等候，一得异端被斥之信皆大欢喜，同声赞颂天主，高呼天主圣母玛利亚，前呼后拥，陪伴众主教各归寓所。又各家燃灯点烛，大街小巷，照耀辉煌，光明如同白昼，盖欲为圣母补辱也”。（上书，第 137 页）

由此可见当时思想斗争的两条路线，聂斯托尔派主要是针对轰动一时的圣母玛利亚迷信崇拜，他对神母说的反对论点，认为玛利亚是人不是神，耶稣之母只能是人之母而不是神之母，这是对于神母说的批判之较为开明主义。然而一考究此较为开明主义的来由，谓为出于聂斯托尔，还不如说是出于给安都派神学奠定基础的两位学者，一是死于 394 年顷之塔萨斯的代俄多拉斯（Diodorus），一是代俄多拉斯的高弟而为聂斯托尔恩师即摩普绪斯提阿之狄奥多（Theodore）。景教的教理可以说主要是从狄奥多这位神学者出来，甚至有人认为景教的始祖，应该推狄奥多。景教的异端问题，他才是实际上的责任者。（参照 Budge：*Monks of Kublai Khân*, p. 21，佐伯好郎《景教之研究》，第 246 页。）狄奥多生于 350 年，为安都城富豪之子，青年时受过当时所谓最高教育，其后受有名教父克赖索斯托姆（John Chrysostom）的感化，皈依基督教，受洗礼后举全力从事圣书之研究，力行禁欲主义生活。然此年少气盛的狄奥多不图因与叫赫迈俄尼（Hermione）的女子恋爱，为欲与此女结婚，引起教父等人的反对和劝告，狄奥多也回心意转断念结婚，更下决心把全部生活贡献于神学研究与《新旧约全书》的注译。所著书41卷，大多排斥那时的迷信派，当时赞成学者如卡忒利阿斯（Carterius）及塔萨斯的主教代俄多拉斯等主张合理的神学，对基督的人格，基督的神性及其人性，抱有与当时通说不同的见解。狄奥多于 394 年充任摩普绪提阿主教，后以 78 岁的高龄，殁于 428 年。他是第 4 世纪末作为东方基督教会的思想代表，他的信仰支配此后东方教会百十余年，给那顽迷固陋的基督教会的教理，放出一道曙光。但因他是聂斯托尔的老师，在 428 年以弗所宗教会议以后，他的著作不久即被排斥，看做与聂斯托尔同罪来处分。至于作为异端者而受破门之罚，则在他死后百余年即 553 年君士坦丁堡第五次宗教会议所作的决议，他的著作也被全部作为禁书，受到没收烧却的处分。直到 19 世纪始有夫利特舍（O. F. Fritzsch）和斯威特（H. B. Swete）二氏编集其所著《化身论》（*Incarnation*）的断片，题为《基督里神之内在的性质》。又关于狄奥多著述原稿，包姆加特纳（Dr. Anton Baumstark）之《叙利亚文学史》（*Geschichte der Syrischen Literatur*, *Bonn*）亦可参看，要之其所说与聂斯托尔有互相混同之处。德莱柏（John William Draper）在所著《宗教与科学的斗争史》（*History of the Conflict between Religion and Science*, pp. 73, 85, 105）中论及聂斯托尔曾说，“由于排斥景教思想，基督教会成为科学之敌，失却救济人类的好机会”，佐伯好郎《景教之研究》（第 248 页）中引此一段，认为用来说明聂斯托尔的恩师狄奥多的观点是可以适用的。

然而无论聂斯托尔也好，他的恩师狄奥多也好，所谓景教的异端性问题，谓为关于基督之本质的认识问题，毋宁谓为亚历山大教会派与安都教会派之政治争夺战问题，因此有许多人开始为聂斯托尔之异端性辩护。例如基督教新教的神学者卢佛斯（F. Loofs）所著《聂斯托尔语录》（*Nestoriana*, 1905）和他 1914 年在伦敦大学讲演，认为“从教会法规的表面观察，聂斯托尔是异端者，但聂斯托尔关于基督的教理比较攻击他的西理禄之基督观是更为合理的”，“盖聂斯托尔之基督观与《新约圣书》所说早期基督教会的说教有更符合的地方”。“由于复归聂氏所代表安都派的神学观，而约翰所云‘凡承认耶稣基督是成了肉身来的就是出于上帝的’一句乃始有现代的意义。”（Loofs：*Nestorius and His Place in The History of Christian Doctrine*，pp. 107，126，130，此引佐伯氏《景教之研究》，第261—262页。）反之，法国的瑙（F. Nau）博士把聂氏遗书即451年顷聂斯托尔在非洲流寓所写 *The Bazaar of Heracledes* 的叙利亚文译为法文出版，在序言里主张聂斯托尔为异端。他说，“我等信仰在基督里具神人两性，但此信仰据聂斯托尔主张，则基督是判然有二个的实质（hypostases），不要忘却他是以为基督里神人之两人格仅不过结合于贷借的关系上。”（Unies en une par simple prêt et change，F. Nau：Le Livre d'Helaclide de Damas，traduit en Française，p. 28）然而英国剑桥大学教授培乔·培刻（J. F. Bethune-Baker）于1908年所著《聂斯托尔及其教理》（*Nestorius and His Teaching*）又极力为聂斯托尔所说辩护，认为（一）对于聂氏以弗所大会议的宣告，无论从形式上或实质上看，都决不是公平而有效的判决；（二）主张把聂氏所说公平无私地再吟味，这是承认信教自由原则之现代学者的义务。他的结论认为基于聂斯托尔遗书及其他证据来公平判断，则聂氏的教理决不是异端。其实聂氏的教理究竟是异端不是异端，还是决定于批判者的立场不同，因而所见不同。从天主教会派立场所认为异端者，基督教新派可以不认为异端，同样，新教和旧教派所公认为异端者，我们也可以不认为异端，这完全是立场问题。

三、景教东渐史略

（一）亚洲基督教的派别——东部叙利亚教会——景教之传入波斯——伊得萨——萨珊王朝与景教——景教教会（迦尔底教会）的成立——修道院——伊斯兰教对景教的斗争

景教东传的历史，始自431年以弗所宗教会议以来，亚历山大城教会对安都城教会势力之争夺战，聂斯托尔惨败，被基督教法规与罗马帝国法律判为异端以后。聂斯托尔残党从罗马帝国领土最后之根据地以弗所流放，进入波斯领土，得到波斯皇帝卑路斯（Firus）的保护，于498年前后成立一个独立基督教会，这即景教会的时代，但欲明此，须先将这时到阿拉伯人侵略时代之初期的叙利亚教会作一说明。

《多桑蒙古史》（*Mouradja D'ohsson*：*Histoire des Mongols*，冯承钧译，下册，第94页）说：

> “当阿拉伯人侵略时代，亚洲之基督教徒曾因化身（incarmation）神秘问题，业已成为三大宗派。五世纪以来业已流传之景教，曾主张耶稣基督二身之说，其一身为圣母所诞之

人身,别一身为圣身,谓化身并非圣身与人身之自然的联合,仅为圣身之寓于人身。同时别有一派名曰一身派(Monophysites)或雅各派(Jacobites),主张耶稣基督只有一身,并合圣身人身,然不相混,此派大致流传于西利亚、埃及两地,以东之基督教徒,大致多属聂斯托尔派(Nestor)(景教)。嗣后阿美尼亚教会在迦勒色端(Chalcédone)宗教大会议以后,又因持有基督一身说与其他诸说自成一派。其仍旧保存正宗信仰者,则名希腊派或麦勒乞特派(Melkites),质言之帝国派,缘其承认东罗马帝国之管辖,而受制于安都城之大主教也。"

这里聂斯托尔派别名东部叙利亚教会(The East Syrian Church),而反对景教主张基督单一性说(一身派)即于451年迦勒色端宗教会议被判破门之雅各派,则通常称为西部叙利亚教会(The West Syrian Church)。又希腊派或麦勒乞特派则以奉王法为本主义纲领,即崇信罗马帝国国教之正统派基督教的帝王派。此三派的共同点,即均使用叙利亚语为教会用语,这是既与以希腊语为主,于东罗马之君士坦丁堡有其本山之所谓希腊教会(东正派)不同,也和以拉丁语使用于礼拜式为公定用语之罗马天主教会不同。就中尤以所谓东部叙利亚教会以以弗所为中心,次第扩张传播于东方亚洲各国,即流行于叙利亚、波斯、中国、印度、阿拉伯等所谓东邦诸国的基督教,基本上是和那以希腊文化为背景,以罗马帝国之法律理论为根据的所谓西方基督教,即流行于罗马帝国领域内之基督教不同。固然景教教祖聂斯托尔原属于有希腊文化背景的安都城教会,就是最初也使用希腊语的教会,但作为基督教的景教,自从传至以弗所,受了叙利亚思想的影响,而性质一变;更传入波斯，而性质再变；无视这种历史事实是很不容易理解景教东传之史的发展。

现在先从波斯之传入景教讲起，当时位于幼发拉底河东岸距安都城之东约 60 英里有小都市即公元前 300 年顷所称为伊得萨（Edessa 即驴分城，现称 Urfa），为东西交通要路，216 年后为罗马帝国领土，三、四百年间受罗马支配。基督教之传入伊得萨约在公元 2 世纪前，传说最初十二使徒之一人圣多默（St. Thomas）与耶稣七十弟子之一阿丹（Addan）往印度传道时，均曾至伊得萨传基督福音，是否可信，很成问题。据叙利亚古记录伊得萨教会最早存于 201 年，在这地方新旧约圣经均译成叙利亚语，称为“Peshitta”，为聂斯托尔派、雅各派、及帝王派所共同使用。公元 3 世纪伊得萨事实上在安息王国势力之下，对基督教采取宽大政策，一时居国教的地位，但此地固有宗教为火祆教，固有宗教和基督教的矛盾自不消说。3 世纪末当萨珊王朝代替安息王国君临波斯，当地基督教徒的命运乃为之一变，有名的沙普儿二世（Sapor Ⅱ）是东方基督教史上被称为最初的大迫害者。从 337 年顷至 376 年约半世纪由于政治的原因，萨珊王朝与罗马帝国之间不断爆发战争，而罗马帝国于 312 年以基督教为罗马国教，认定波斯领地内之基督教徒为敌国之邪宗门，而在波斯方面，则又认为彼等基督教徒有为罗马间谍的嫌疑，376 年战争结束以后约经 50 年间，仍然对基督教徒迫害不止。加以固有宗教之火祆教与基督教的对立，两者风俗习惯不同，前者反对埋葬，认死尸为秽物，把死尸火葬，则此火亦秽；又拜太阳与火，与基督教徒不同，至于基督教徒过独身生活，祆教亦认为罪恶，由此对立，祆教僧侣乃鼓动人民加罪于基督教。这种迫害至巴拉姆五世（Bahram Ⅴ）而益加甚，因此许多基督教信徒逃出国境，要求罗马领袖的保护。为了不能饶恕保护基督教的宿敌罗马,巴拉姆发起了自420至421年战役,结果对他不利,不得已于422年与罗马签订媾和条约,许可宗教自由,不但允许基督教迁往罗马帝国领土,立誓不再迫害基督教徒;同时罗马帝国亦不得迫害袄教徒。440年其子叶斯德苟德二世(Jezdegerd Ⅱ)继位,又发动与罗马战争,罗马皇帝知与波斯作战不利,愿以年向波斯纳贡为条件而媾和,因此波斯势力扩张,火袄教一时隆盛,而对于基督教信徒的迫害再起。448年9月25日在卡尔卡(Kaarka d'Beit Sluk)即现之刻尔卡克(Kirkuk)地方曾对基督徒进行残杀,被害者有主教10人与信教者15.5万人。(参照 Stewart:*Nestorian Missionary Enterprise, The Story of A Church of Fire*, p. 33—34)。直到459年菲鲁次(Firuz又作 Perozes)即位,那时罗马教会上正在争论关于基督之本质问题,431年以弗所的宗教会议聂斯托尔被判破门,451年迦勒色端会议确立了基督之一人格二性论,在东罗马之属领内,基督的一性论显示彻底的优势。是时尼锡比斯城(Nisibis)教会的指导者把扫马(Bar Soma)是信奉聂斯托尔主义的,他得到皇帝菲鲁次的援助,把波斯的基督教从君士坦丁堡独立出来,于是波斯之原始叙利亚教会,从498年遂作为景教教会而独立。

景教会的独立,有其重要的政治原因,盖由于罗马对波斯的断交关系,波斯朝廷与聂斯托尔派在自卫上有相互结合的倾向。前在波斯与罗马战争时,萨珊王朝常把基督教徒看做世仇罗马的同盟军,抱有同样的野心。但事实证明,聂斯托尔派是受罗马人的迫害,陆续逃到波斯的,早已和罗马、君士坦丁堡、安都及亚力山大城断绝联系。事实明了后,他们在波斯才不被看做存有政治上的危险性。据吉本(Gibbon)所述波斯王排洛斯(Piroz 案即菲鲁次)从某高僧处听说聂斯托尔派是波斯人之友，而站在波斯一边，作为基督教徒是可以为波斯王尽忠，凡被罗马驱逐来波斯的景教徒希望得到种种方便（见 Gibbon：*History of the Decline and Fall of the Roman Empire*，Vol. Ⅶ）。所云排洛斯以时代考之，即菲鲁次，高僧即尼锡比斯城主教把扫马。排洛斯就职于435年，卒于489年，在位50余年，即在此时，东罗马皇帝芝诺（Zeno）在罗马领域内将聂斯托尔派的同情者加以猛烈镇压，将叙利亚教会的根据地伊得萨的修道院闭锁，毁灭其医学院，使景教徒不能居住罗马境地。与此同时，景教徒既不得志于西，乃向东发展，由于把扫马之力，将神学校移至尼锡比斯城，其处有桥，是通骆驼商队之交通要道。496年景教徒总会作出独立的决议，到了498年，景教徒集会于当时波斯京城赛流西雅（Seleucia），组织名副其实的独立教会，而与罗马教会断绝一切关系，这就是迦尔底教会（Chaldean Church）亦名亚述教会（Assyrian Church）。聂斯托尔派自举宗主教（Patriarch），自496年以后，宗主教皆驻波斯京城赛流赛流西雅一泰锡封（Seleucia—Ctesiphon），至762年才移至阿拉伯哈里发之都城巴格达（Bagdad）。

景教东传波斯之一要素，是因伊得萨的神学校与和此神学校有关之把扫马。而在此以前，把作为聂斯托尔派先导者代俄多拉斯之教理与学说传播伊得萨之东方诸国者，此宣传之人，应追溯435年任大德之伊希巴（Îhîbbha 或 Hîbhâ）。他是翻译代俄多拉斯著书之人，因此被人批评为奉景教主义者。而当泰尔（Tyre）与柏卢提（Berut）两大会议，伊希巴虽说是“无为景教徒之嫌疑”而宣告无罪，但在449年伊得萨所开乱暴之极的宗教大会议，即后世所称为“强盗会议”（Robber council），他被认为异端者递夺大德之职，又在451年迦勒色端宗教大会议再命赦复职,直到457年,此伊希巴有给波斯人马利(Mârî)的阿达喜尔(Bêth Ardashir)大德的信,对于将景教传播普及于波斯是有重大的贡献(Budge: *The Monks of Kûblâî Khân*, pp. 28—29),在伊希巴弥留之际从学于伊得萨波斯学校又在此执教鞭之教师等,悉被放逐,因此彼等逃往东方各国,这是在芝诺皇帝完全封闭此学校之前三十年事。把扫马就是从伊得萨被放逐的波斯学校教师,因其所说奇特难于捉摸,乃得"SâhêBêth Kenaiyâ"的诨名,叙利亚语即"野猪"之意。此把扫马从伊得萨到尼锡比斯城,即在尼锡比斯城建立一景教学校,而自为尼锡比斯城的大德,所谓"尼锡比斯条例"之景教的法规,即出于其手。然此"尼锡比斯条例"全文已佚,但据496年他的后继者所公布的当大同小异。由于把扫马的英明决断,而得巴布海(Babhaî)法王所许可的所定条例允许景教僧的婚姻,这不能不说是一大特色(见同上书 p. 30)。景教会第二世教主巴布海是带妻者,又尼锡比斯神学校学者那西斯(Narses,524—535年在职)亦景教信者,他公然允许教会僧侣居住修道院与妇人结婚,在485年所开总会承认僧侣(monks)与尼僧(nuns)的婚姻自由,更于499年(景教教会独立之第二年)所开总会规定"上自教祖下至一般僧侣、修道士,依照圣书得与一妇人结婚为妻,并举子女"。又仿巴布海之例,他的朋友又是教主西拉斯(Silas),教主埃来沙(Elisha),又教主保罗(Paul)皆为带妻者。这从第5世纪末至第6世纪波斯地方的修道院之非独身生活,很明白是景教传入波斯后所受袄教的影响,这当然是和天主教对立的。6世纪中磨·阿布哈(Mar Abha,540—552年在职)实行大改革,自己实行独身生活,且于544年于总会禁止教主及大德之婚姻,但那是后话。

波斯以修道院为根据，是景教最有力的传播机关。修道院也可叫做修道院福音学校，是教育的机关，一种传道士的养成所，其课程以神学为主，生徒须默诵圣书尤其是诗篇。教师是修道僧，生徒则依修道院的规则生活，生徒父兄有支持教师生活的义务。生徒自身则在夏天休假时从事劳动，或谋其他自活的方法，但不许乞求布施。景教徒所到之处，必开设此等修道院学校，因而传道者辈出其间，得以传教四方，但自波斯为穆罕默德征服之后，修道院被课重税，乃渐次衰退了。（参照沟口靖夫：《东洋文化史上之基督教》，第53—54页。）原来622年穆罕默德从麦加（Mecca）脱出，入麦地那（Medina），632年完成了伊斯兰教经典《可兰经》，给伊斯兰教国勃兴建立基础。641年伊斯兰教军队击破波斯主力，又642年与波斯军在那哈班得（Nahaband）地方最后决战，结果全波斯归于伊斯兰教军手里，叶斯德苟德三世（Jezdegerd Ⅲ）遁至木鹿，求中国援助，失败，651年被杀，萨珊王朝（226—651）亡，波斯乃服从于伊斯兰教徒的统治之下。在伊斯兰教徒征服时，当然不许有异教徒，依《可兰经》第九章对偶像教徒只有改宗与剑杀之二途，不许丝毫犹豫。但对基督教因其尚信唯一神，被征服的基督教徒乃与偶像教徒的袄教等分别开来，只课他们纳人头税，叫做“Jizya”，及每年一定量之麦、油、衣类与蜂蜜等。据11世纪前半阿拉伯人阿尔·马窝提（Al—Mawardi）所传记录，关于人头税的法规中，有两类不同的规定，一类是强制的，另一类是劝告的。前者六条：

①基督教徒不得批难伊斯兰教经典。

②基督教徒言论不能冒读预言者穆罕默德的尊严。

③基督教徒不许有轻视伊斯兰教的言论。

④基督教徒不得诱拐伊斯兰教徒妇女，又不得与之成婚。

⑤基督教徒不得使伊斯兰教徒改宗为基督教徒，又基督教徒不得损害伊斯兰教徒之身体财产。

⑥基督教徒不得援助伊斯兰教国的敌国，不得庇护敌国间谍。

若犯以上之禁，处以严罚。

后者六条：

①基督教徒有特别服装，须前后左右一见而知其为基督教徒之标记。

②基督教徒不得有较伊斯兰教会清真寺更高大华丽之建筑。

③基督教徒不得高声朗读圣书，或唱赞美歌。又不得击钟或木板，使伊斯兰教徒耳感不快之音。又基督教徒不得信口称弥赛亚。

④基督教徒不得公然饮酒或使用十字架，不得养猪。

⑤基督教徒之葬仪为密葬，不许流涕哀号。

⑥基督教徒均不得乘马，但驴与骡不在此限。

这由伊斯兰教徒看来，对于基督教徒所下的政府命令，已经算是较为宽大的了。因为新征服者此时尚须重用景教徒，作为被征服的顺民，叫做“Dhmmis”。当伊斯兰教国创业时代，阿拉伯文化还在草创，例如基督教对医学、数学、天文、艺术、纺织术等的贡献及租税征收吏、会计吏的设置，均为伊斯兰国所视为重宝（John Foster：*The Church of the T'ang Dynasty*，p. 58）。所以从 632 年以后约二百年间，伊斯兰教先觉者宁可隐忍重用西欧文化之输传者，景教徒以输入希腊文化于阿拉伯，直到第 9 世纪阿拉伯文化发展时，情形一变，对景教徒的态度转变，便开始进行压迫。固然依据《可兰经》禁止与非伊斯兰教徒为友，因而基督教徒任公职是违法的，实际却有许多基督教徒居比较重要的地位。他们或者为伊斯兰教法王的书记,或为王之侍从,为贵族之侍医,为香料商,或从事金融业务,既然在职业上和伊斯兰教徒竞争,就当然惹起他们的反对,加以基督教会内部之内讧,与景教指导者自身之腐化,失却一般人信仰。景教教主挨培德耶稣(Ebed Jesus)以后,即从987年以后,景教法主乃由哈里发任命,于是伊斯兰教对于景教的压迫乃日益加甚,阿尔·哈金(Calif al-Hakin)不但对埃及与叙利亚之基督教徒力加压迫,对耶路撒冷诸教会亦加破坏,强制基督教徒必须首悬50磅重之木十字架。又于1007年没收领内之教会财产,于公众面前烧却十字架,在基督教会堂的基础上建筑伊斯兰教寺院。从1012年至1014年间埃及和叙利亚破坏教会堂之数达3万,因此波斯境内之基督教亦渐次在迫害下以至衰亡,许多不是转宗伊斯兰教,就只好更向东方逃亡,求信道的自由了。

(二) 景教之传入阿拉伯——犹太教对景教的斗争——马斯律克——伊斯兰教的兴起及其宗教政策

次述传入阿拉伯的景教,据斯图尔特《景教传道史》(J. Stewart:*Nestorian Missionary Enterprise*, *The Story of A Church of Fire*, 第二章第161页)所述"波斯的迫害对于第4、第5世纪及其后世纪所起景教会传道事业之显著的扩张,是有很大贡献的要素,其贡献的要素之重要性,即用怎样重的评价也不能十分说得清楚"。波斯人对于景教的迫害,比起罗马帝国更为苛酷,且涉及更广泛的领域。波斯的迫害经339年至379年的沙普儿二世,420年的巴拉姆五世,438年的叶斯德苟德二世,因为拒绝否定自己信仰之神及救世主耶稣基督而处死刑之信者无数，就中虽有弃却自己信仰而背信者，但多数则越过国境，向北方逃往罗马属领内，向西方及南方逃往阿拉伯，向东方及东北方则逃入波斯帝国内地或乌浒河外(Transoxania)与土耳其斯坦那样遥远的地方。专就逃往西方及南方之阿拉伯的基督教徒，斯图尔特书中特设专章讲述(Chapter Ⅲ，Nestorianism in Arabia)，据说当时阿拉伯半岛，诸王割据各建立独立王国，南部美索不达米亚地也有半独立之希尔塔(Hirtha)阿拉伯王国。希尔塔地当陆路波斯行向南部阿拉伯之要冲，逃亡者多从此地走向内地，无疑北部阿拉伯和南部阿拉伯一样同基督教徒之亡命者都有交涉。尽管北部阿拉伯当时有东方教会为自己的母教会，有以塞流西雅教长为自己的宗教领袖，但是最受逃亡者向往的地方还是那查朗(Najran)和也门(Yemen)——后者包含哈达拉毛(Hadramaut)与阿曼(Oman)——两王国。这地方土地肥沃，气候温和，是波斯逃亡者最适合的避难所。彼等从波斯逃亡，乘舟到阿曼或哈达拉毛海岸，可以经由希尔塔(今日之 El Hasa)陆路，前往内地。当时在也门与希尔塔王国之间，又以希尔塔为中介，实行也门国与波斯之间的交易。这是从《希姆雅赖人(Himyarites)之书》及同书引用之参考书资料中可以知道的(同上页 51)。由于希尔塔王国比也门更近波斯，难于成为绝对的独立王国，也门国则为安全的避难所，其国王位近世出于希姆雅(Himyar)家族，其民叫做希姆雅赖人，据传说最初宣传福音的就是属于这希姆雅赖人。

却是基督教之从波斯传入阿拉伯，很快即相继受犹太教徒和伊斯兰教徒的压迫，前述关于中部及南部阿拉伯基督教的最有权威著作《希姆雅赖人之书》(此书由阿克摩柏格〔Axelmoberg〕翻译，

1924年瑞典出版)即主要述及第5世纪上半期基督徒在那查朗及也门所受迫害事情。据记录,467年已有叫做阿最魁(Azquir)的殉教者,详情不能明了。当时已有许多犹太人散在阿拉伯各地,他们与基督教徒间的关系,这时已处在紧张状态,则当为事实。公元523年犹太教徒对于基督教徒的猛烈迫害开始了,以犹太人出身之希姆雅赖王杜那马(Dhu Namas或Dunaas,被人叫做马斯律克Masrug,这可能是一个绰号),对于基督教徒的种种迫害,日益加烈,结果基督教徒乃遣使求助于阿比西尼亚王埃雷斯班(Elesbáan),王应诺,遂发动对希姆雅赖人的第一次远征,那是519年事,犹太人大败,逃入山中。阿比西尼亚军队回国后,纠纷又起,和前一样,基督教徒一边的指导者为那查朗王,犹太人一边是也门之马斯律克。不久那查朗王死,马斯律克计划并吞那查朗国。

前当阿比西尼亚军队还归本国时,在萨法(Zafar)地方还留有580人的守备兵,因此在萨法至少有一个教会,市民的大多数是基督教信徒。马斯律克为了要占领萨法,驱逐阿比西尼亚驻军,乃设下计谋,以来自梯俾利斯(Tiberius)的几个犹太人牧师为使节,其中一人是萨法人,一人是从希尔塔来,名义上两人皆基督教信徒,持马斯律克的书函,誓言只要驻军让出萨法市街,就对他们将士什么恨也没有,绝对不加危害,阿比西尼亚人信以为真。当队长与兵士200人走出萨法时,马斯律克故意与之周旋,夜间密令从者把他们一个不剩地处死,继之占领了萨法街,见到那里还有280个阿比西尼亚人固守教会,乃放火纵烧教会,把他们全部消灭。马斯律克更欲灭绝自己领土内之基督教信徒,遣使者于各地希姆雅赖人,令基督教徒否定基督,归依犹太人的信仰,不然则处以死刑,没收全部财产。次之他注意到那查朗国之首都,欲置之于自己势力之下,其第一步是送信给基督教信徒那查朗首都之指导者哈利斯(Harith)等,说现在国内爆发战争,吁请他们参加,实行那查朗市基督徒之总动员。哈利斯召集同市基督教信徒,传达马斯律克命令,彼等初信以为真,乃向马斯律克阵营出发,幸而后来看破阴谋,知有欺骗萨法驻军的前事,他们即率队还原地。马斯律克计划失败,乃引军包围那查朗,屡战不利,他自己出任全军指挥,又不利,乃改变计划再用欺诈手段,写信表示恭顺之意,愿和平解决。哈利斯方面因被围困数月,竟中其计,派出150人,马斯律克亲切欢迎,第一日要他们送出全部所藏金银,不几日要他们将所持十字架抛之地上,并宣誓归依犹太教,不然则处火焚之刑。这150人不从命令,声言拒绝,更强调其对基督信仰。马斯律克知道他们当中有许多外国人,在处刑前,一一检查,问其姓名、身份、国籍,查明其中有长老摩西(Moses)与依利耶(Eliya)是希尔塔人,长老塞佐斯(Sergios)与辅祭罕南耶(Hananya)是罗马人(或希腊人),长老亚伯拉罕(Abraham)是波斯人,辅祭约南(Jonan)是阿比西尼亚人,经威胁他们改宗,竟无一从者,结果在教会堂内积薪如山,把基督教团体之长老牧师等427人全部烧死了。至于在那查朗市的信徒,第一日被杀,第二日杀不属于奴隶阶级之妇人女子,第三日杀此等自由民妇人之友,此外不定时日屠杀者无数。同样的迫害也发生于哈达拉毛,在那里用火焚烧教会。哈达拉毛的首都萨布塔(Sabota 今之 Shabwa)亦为被迫害的地方之一。犹太教对于基督教的残酷迫害与基督教殉教者之反抗与不屈的意志,恰好一个对照。当迫害时,基督教徒写请愿书详记迫害者马斯律克所加于基督教的暴行,经希姆雅赖人基督教徒叫乌迈加

(Umayga)之手,送给僧正攸普累彼俄斯(Euprepios)与基督教信者之阿比西尼亚王卡勒布(Kaleb)即埃雷斯班(Elesbaan)。卡勒布随即派兵讨伐马斯律克,由此又发生阿比西尼亚之第二次希姆雅赖远征。先行军败于马斯律克的诡计,乃更派遣二将率兵于红海岸乃至其邻接地展开一大决战,把马斯律克军彻底击败,马斯律克自投于海溺死(见 Stuwart 同上书,第 66 页,据 Moberg: The Book of The Himyarites, p. 104)。

据斯图尔特同书所说,这时候在阿拉伯的基督教徒,虽也包含雅各派,似与聂斯托尔派无一定关系,其实不然,因为直到 547 年雅各派的一大复兴为止,在阿拉伯的独立王国及希尔塔王国所知基督教的形态是采用"东方教会"的——即所谓景教。而事实上这些地域的长老和僧正,都认为有服从塞流西雅教长的义务,因此麦加、麦地那的基督教徒固不消说,就科赖什(Koreish)种族中的基督教的记事来看,至少第 6 世纪中叶以前的基督教徒,没有不和塞流西雅的教权发生关系的。因此当伊斯兰教突然兴起后,聂斯托尔教派最受其压迫而蒙受打击(同上书,第 70—71 页)。

穆罕默德起于 570 年或 571 年,但回历纪元则从 622 年开始。他在编《可兰经》时,不但使用聂斯托尔教徒,乃至使用雅各派及犹太教徒,其助手之一塞基阿斯(Sergius)绰号老练的巴希拉(Bahira, The Experienced)即为聂斯托尔教徒。由于穆罕默德的宗教策略或信仰关系,他对于犹太教徒抱有敌意,而对基督教徒则较有好感。他讨伐阿拉伯各地之非基督教部族时,受到大部分基督教徒团体的支持。即继他之后的最初伊斯兰哈里发阿布伯克(Abu Bakr, 632—634 年在位)在穆罕默德死后二年与波斯人决战时,从北部来援之基督教部族伯尼那牟尔(Beni Namr)也给予很大的助力。尽管如此,从新纪元开始,穆罕默德即欲以伊斯兰教为阿拉伯全土具有支配力量的宗教,虽也默许基督教部族继续其信仰,却以每年纳贡作为交换条件。相传,他临终时命令说,“在阿拉伯的全土所在不许有第二次信奉的教义。”虽然,这是否他的命令尚不明确,但他的后继者确依此主张行事。例如那查朗王国即曾屡受马斯律克迫害者,国民殆纯为基督教徒,穆罕默德曾与彼等订结妥协条约,令其年年进贡,许其保守原有信仰。但是乌玛尔(Omar)继阿布伯克为伊斯兰哈里发后,却把这些拒绝信伊斯兰教之那查朗基督教徒,悉数放逐于伊拉克。改宗伊斯兰教者则与此相反。穆罕默德曾遣阿里(Ali)向也门国宣传伊斯兰教,一日之间,哈姆登(Hamdan)部族悉归依伊斯兰教,其他部族也相率效尤。大概这些阿拉伯西南部地方及中央部地方,如巴林群岛(Bahrein)、马佐姆(Mazoum)或阿曼、法尔斯(Fars)等地,基督教徒改宗伊斯兰教的为数不少,其归依原因,主要是为自己财产的安全。650年顷之景教教长有如下记录:“马佐姆(Oman领土之称呼)之伟大国民,今在那里?”“他们一半为自己的财产打算,而投身于背教之深渊了。”“卡曼尼亚(Karmania)之神殿,法尔斯岛之神殿,今何在哉!”(Nau:L'expansion Nestorienne en Asie,232页,此据Stewart书引。)第四代之伊斯兰哈里发阿里(Ali,在位656—661年)最初对基督教徒采取说服其皈依伊斯兰教的政策,当知此事无效,乃复归于以武力强制的政策。用赖特(Wright)所引用斯文墨(Zwemer)的话来说,“与穆罕默德之死同时,基督教的余烬,在阿拉伯从根拔除了。”

（三）印度的景教——圣多默的故事——马拉巴——商人（马尔·多默）——波斯的基督教移民团——罗马天主教与景教的斗争

再说印度的景教。关于印度之基督教传道的传说，是从耶路撒冷教会之派遣使徒圣多默（St. Thomas）开始。野史载称，当耶稣未死前，印度王刚达福鲁斯（Gondaphorus）遣商人阿班（Ahban）至西方求筑宫殿良工，耶稣乃使其徒圣多默伪充奴隶，卖与阿班，圣多默固精于工者，往印度后乃说刚王使为基督教徒。多默又往印度别国，说其王苗杜斯（Modeus）不遂，被杀，葬某山上，394年骸骨移葬小亚细亚伊得萨（参照《中西交通史料汇篇》第二册，第291—292页）。又据传说，圣多默因传教受难死于印度之马拉巴（Malabar）。马黎诺里（John de Marignolli）《奉使东方追想记》述马拉巴云，“圣多默手建之教堂即在此邦，第二堂为多默佣人所建亦在此。”“圣多默在其境海上，至今犹常显灵异，墓土尤奇，今日铲去，明日复出，其土和水饮之，可以疗疾。”（同上书，第199—201页。）又据传说，印度马拉巴教堂所藏迦尔底文日课，关于圣多默传教功勋，有如下之记载：

①圣多默使中国人及黑人（Ethiopians）皆改信正教。

②圣多默使其人受洗礼，给儿童名称。

③圣多默使其人信圣父、圣子、圣神。

④圣多默使其人有信仰后，能维持其信仰。

⑤圣多默使全印度皆信真理，不拜偶像。

⑥圣多默使天国生翼，传教于中国。（同上书第一册，第190—191页。）

要之，印度地近基督教发祥地，又为中世纪欧洲旅行家及传教士由海道来中国沿海者必经之地，所以有此传说。其另一传说，谓圣多默是于公元50年或51、52年顷到印度西海岸马拉巴，在此处建7个教堂，并各任命牧师，使其国王与人民悉皈依基督。又从此往中国，在汗八里（Khanbaliq，即北京）传道，后为土人所杀，死亡年代在公元72年。其实传教中国之说固不足信，即在印度马拉巴建七教堂之说，亦属于附会。虽如马哥波罗、康梯（Nicolo，Conti）等游记均记载圣多默事情，法国吐尔斯（Tours）人格利高雷（Gregory）等亦曾亲自访圣多默墓，13世纪之叙利亚教会史家巴尔·希布拉斯（Bar Hebraeus）与18世纪以著《东方文献》闻名之阿塞曼那斯（Joseph Simon Assemanus）等均信圣多默为印度最初之传道者，而在考古发掘方面，自1521年以来，陆续发现圣多默寺院之古迹古坟，1547年于圣多默之山发掘石碑有以钵罗婆语（Pehlevi）、古波斯语所写碑文，乃至1849年发现与圣多默传道有关之刚达福鲁斯王肖像之货币，然而这些事物，以其多属后人伪作，均不足确证其传教史迹。盖圣多默既经东方基督教会认为传教的第一祖，又以亚代（Addai）为第二祖，阿加（Agga）为第三祖，马利（Mari）为第四祖，积累了许多伪古史，自必造出一些伪古物古迹为之佐证。其实圣多默其人生死年月皆不得知，其事迹亦不可信。所以近世学者如彪基特（Bur Kitt），伯希和，佐伯好郎均不信其说；伯希和甚至以为“东亚同中亚第一个传道的人是圣多默说，我以为无反驳之必要”。（见《西域南海史地译丛》，第58页。）景教之传入印度，必定另有其历史的根源所在。

印度之基督教发展，应以波斯之派遣宣教师开始，即从295年至300年间波斯湾之巴斯拉（Basria）的监督（Duch）或大卫（David）往印度正式传道开始，然而情况不明。据明加那（Mingana）说，早在225年，波斯湾斐拉特美禅（Pherat Maishan）即今日之巴斯拉（Basra），地属阿拉伯一边之卡塔斯（Katars），已经有僧正管区了（Mingana：Early Spread of Christianity 第十卷，437页，此据 Stewart 书引）；后改称为干德舍普尔（Gundeshepur）之培特拉巴特（Baith Lapat）亦于225年后早有僧正。北部印度可信有很大的基督教徒团体，“从波斯及美索不达米亚来的新改宗者，基督教者，这一些自发地入于新信仰的人们，大抵是有印度人血统的人”（同上书引，见 Stewart 书第四章，第86页）。至于他们为什么改宗基督教呢？据传说是由于圣多默传道的结果。实则由于什么人传道虽不甚明了，而要之几世纪间聂斯托尔派之商人、职工、牧师之传道上活动和在印度人间基督教之普及与发展有关系却是事实。波斯帝国在第4、5世纪对基督教徒的大压迫，由于这等被压迫者的亡命，从波斯至印度传道，也决不是偶然的。250年顷《使徒之教义》（*Doctrine of the Apostles*）著者之一伊得萨人，曾经注意到“印度全土及其邻近诸国——远而南至沿大洋诸国，从朱达斯·多默（Judas Thomas）接受了使徒继承之僧位”（同上书，第87页引）。死于373年之圣斯普累姆（St. Sphrem）所写许多关于圣多默的颂歌，其中数篇曾言及印度基督教徒的存在。究竟这圣多默是谁？由我看来，神话的圣多默，毕竟只是从波斯逃亡到印度基督教徒多默之神圣化与神话化。盖从4世纪波斯领地内基督教压迫的结果，有从其地逃亡、移住印度的许多基督教难民，即彼等自339年约40年间从波斯境内按着沙普儿二世迫害之前，印度与波斯间贸易的通路，从西北部逃入印度，其指导者据马拉巴的传说，是开那（Cana）的多默（Thomas of Cana）又名昆奈·多默（Kunai Thomas）或耶路撒冷之商人多默。他们是富裕的商人，约在345年以前，在开那的叙利亚商人多默访问马拉巴，惊于其处教会的衰微状态，归国时将此事报告塞流西雅（Seleucia）教长，教长以多默为先导，由宇孚（Urfu）大僧正马尔·约瑟（Mar Joseph）与牧师一人共450人组成移民团，送往马拉巴，同年于克篮葛儿（Cranganore）上陆（Stewart 书第五章，第107页）。又豪夫（Hough）在所著《印度基督教史》（*History of Christianity in India*）述及第8世纪从西方到达的基督教移民团，其领导人又是开那·多默或马尔·多默（Mar Thomas）。这也许可能有两人都叫马尔·多默。上举第二次之移民团，到达年在774年，经营许多商业，非常富有。他二度结婚，两妻各有许多儿女，首妻住在近南科钦（Cochin）之克篮葛儿更北之安加马来（Angamalai）附近。他死后，两族分派遗产，各自迅速繁殖。彼等子孙不断与其他基督教徒结婚，每一支族均以马尔·多默为自己的祖先，而南支族自认为凌驾于北支族之上，地方人民给他们"圣多默之基督教徒"的称号。于是使徒多默（传说人物）与教会移民团领导的马尔·多默（历史人物）混称起来了。马尔·多默率领的基督教移民团，曾常受到当时土族之王基督教徒及土著的欢迎。这事情有当时之铜器泰米尔（Tamil）文为证，载在勇轮王774年，是沙刻柏提（Shakirbirti）给予克篮葛儿基督教团代表者伊拉利·科坦斯（Irari Korttans）的。

822年，第三次之基督教移民团从波斯来印度情形又不同了，他们大都是在波斯受了伊斯兰教压迫而来的。团中领导人物有马汪萨布（Marwan）即马尔萨布（Mar），又有萨布（Xabro）及马尔·彼卢律斯(Mar Piruz),即马尔·普罗斯(Mar Proch)大德二人。彼等一行到达奎隆(Quilon),当地王侯为要借助他们之力,对之十分优待,其间消息也在当时之古铜牌里记着。这铜牌现存二组五枚,在一组铜牌里写着第一宪章,署名之王叫斯丹纽·拉维·古普塔(Stanu Rava Gupta)统治特拉凡哥尔(Travoncore)的南部。在这宪章里给基督教徒以种种特权,在信仰自由之外,教徒得使用奴婢,教会许课以某种税金,又可与政府官吏协力从事物价与商业之统制权等等。对于新来的景教会并给予广大土地,还有约 600 名之国民军加以保护(Keay:*A History of the Syrian Church in India*1938,第24—26 页,此引自《东洋文化史上之基督教》页 118)。这样给予当时基督教徒的特权,全部共 72 事,这些特权使马拉巴基督教徒引以自夸,他们以为这原来是昆奈·多默以来由国王给予的特权,使他们的地位仅次于王族与婆罗门而列于高贵世袭的阶级,以传于后世。外来的教徒受到这样的宠遇,反而使他们宗教上的热情愈来愈衰弱了。正如阿丁内(Adeney)所说:

> "现在我们在印度之叙利亚教会里,约五百年间,差不多均为宣教的空白时代。这时他们处在政府支配之下,而从精神方面看,可以说是教会的冬眠时代。仪式是教会的主要机能,但是履行松弛。基督教徒作为优越的社会阶级生活着,看不出从前他们祖先所怀抱的传道热情。不但如此,甚至他们的食物或禁忌的习惯,也模仿着印度之世袭阶级的习惯了。"(Adeney:*The Greek and Eastern Churches*, p. 521, 同上书,第118—119 引。)

由于他们精神颓废，又因为第10世纪顷当地有名印度苦行僧摩尼迦伐娑伽罗（Manicavasakar）的宣教，促进了湿婆崇拜之复兴，多数的动摇的基督教徒受其影响，都改宗印度教了（Richards：*The Indian Christianism of St. Thomas*，p. 6，此据Stewart同上书122页第五章引）。

最后，我们还应该注意到后来印度的聂斯托尔派和罗马天主教的倾轧。当葡萄牙传教士初来印度，尤其是在马拉巴海岸，他们和当地许多基督教徒相处融洽。其地基督教徒苦于受伊斯兰教徒的压迫，情愿遥受葡萄牙王的保护，两者间的关系很好。但不多久，罗马教会看出那些叙利亚教徒是属于异端的聂斯托尔派，于是葡萄牙传教士乃以罗马教会之名，对之施行新的迫害。葡国政府到了沙勿略（Francis Xavier）在公元16世纪中叶去印度后，1551年，开始对叙利亚教徒加强压迫，强制他们复归罗马天主教。其手段是先没收作为土著贵族叙利亚教徒的财产，或将他们投狱，但不能贯彻下去。于是耶稣会士当局乃决计使印度之叙利亚教会与叙利亚本国派遣的教主断绝联络，欲对派遣途中的教主加以谋杀，或在他们到印度后投之狱中，以达到目的。其间有聂斯托尔教主三人，即马尔·雅各（Mar Jacob）、马尔·亚伯拉罕（Mar Abraham）、及马尔·西门（Mar Simon），前二人为葡萄牙人所捕，他们一时伪装归服罗马教会，后一人遁往马拉巴传道。可是这三人中，最后能在印度生存的只有马尔·亚伯拉罕，其他二人均死于罗马监狱。印度耶稣会士在马拉巴对叙利亚教徒的迫害还不尽此。1599年在果阿，耶稣会大僧正米尼最斯（Archbishop Menezes，Don Alexis de Meneze）集合所有叙利亚教会的代表者于第亚培尔（Diamper）、乌第亚培尔（Udiamper）从7月20日至26日开大规模的宗教会议，强要他们服从罗马教会。参加会议的有牧师153名,信徒代议员660名,会议中米尼最斯以高压手段,不许会众讨论,即下最后结论,令会众之大多数宣誓服从罗马教会,同时烧却许多叙利亚语的书籍,更对于叙利亚教派牧师之带妻者,限定时间强迫与妻离别。耶稣会士米尼最斯之野蛮手段,真可与聂斯托尔之敌人西理禄堪相媲美了。第亚培尔会议之后,叙利亚教会完全处在耶稣会的支配之下,1634年耶稣会僧正加西阿(Garcia)到达印度,他简直以铁杖君临叙利亚教会之上。在做礼拜时排斥用叙利亚语,全采用拉丁语,甚至在一些小仪式上也不放松压迫,持续了50年之久。作为出家人的耶稣会士对于印度的景教徒之圣地争夺战,其斗争的狠毒,真是言语所难形容。而开始径向罗马教王报告,对景教取强制政策者不是别人,正是那号称"东方传道之父"、于1542年到达印度,并曾于1552年到达中国上川岛的有名的耶稣会士沙勿略。

四、中国景教产生的背景

（一）景教东传中国的经济原因——中国与波斯的陆路交通——丝绢与宝石、香料的交易——国际贸易都市——景教徒的经济活动

景教从叙利亚传入波斯、阿拉伯、印度，更由波斯东传中国，这其间有种种原因：经济的、政治的和文化的，而最主要的还是经济的原因。首先是中国和波斯之间已经开辟了交通路线，使外交使臣或负贩商贾或传道僧徒能由西到东。大概最初以陆路交通为主，后来才发展到海上交通。交通的目的虽有外交、通商与传教的不同，而主要的却是通商即经济方面。例如《汉书·西域传》载西域交通有"立屯田于膏腴之野，列邮置于要塞之路，驰命走驿，不绝于时日，商胡贩客，日款于塞下"。这一段无疑是指当时国际贸易的情形说的，而当时国际贸易又无疑是以丝绢为最重要的商品。史称张骞凿空，也是和丝绢的贸易有关，即于政治的目的而外，还有与贸易有关的经济的价值在内。又《后汉书·大秦传》："其王常欲通使于汉，而安息欲以汉缯彩与之交市，故遮阂不能自达。"这就是说当时称为波斯的安息因欲垄断汉土丝绢贸易的利益，而遮断大秦（叙利亚）与汉土的直接交通的情形（白鸟库吉《塞外史地论

文译丛》第一辑,第148页)。由此可见中西交通是以经济为主要背景,为着贸易的利益才需要政治和军事的力量来维护,归根结底还是经济的原因。例如"隋炀帝因自裴矩等人,得悉拂菻国事情,所以欲遣使赴拂菻国,其目的似为通商或政治,决非如夏德氏所说,在于迎接景教僧侣"(同上书,第43页)。宗教毕竟是社会结构中的上层建筑,不能以此决定一切。劳斐(Laufer)在《中国伊朗篇》(汉译本,第364—365页)中告诉我们:

"有些中国的产物到达伊朗(即波斯),远在中国人踏上伊朗国土之前。当张骞在公元前128年到了大夏(巴克特里亚)的时候,他很惊讶看见那里有'邛竹杖'和'蜀布',……当这位中国使节询问大夏人他们怎么得到中国产品时,他们回答说是在印度购买来的。因此张骞就断定印度离四川一定不会太远。后来这个地理观念引导中国人发现了云南。……古代有一条通商路线由四川经过云南,到达印度的东北部,又因为印度的西北边疆和伊朗的领土相接连,中国的商品就这样得以到达伊朗。"

陆上交通不止一路,据《隋书》卷六十七裴矩传,"炀帝即位……时西域诸藩多至张掖,与中国交市,帝令矩掌其事。矩知帝方勤远略,诸商胡至者,矩诱令言其国俗、山川险易,撰《西域图记》三卷,入朝奏之。"据同传所引《西域图记》序文所述的交通三道是:

"自敦煌至于西海,凡为三道,各有襟带。北道从伊吾经蒲类海、铁勒部、突厥可汗庭,度北流河水,至拂菻国,达于西海。其中道从高昌、焉耆、龟兹、疏勒，度葱岭，又经钹汗、苏对沙那国，康国、曹国、何国、大小安国、穆国至波斯，达于西海。其南道从鄯善、于阗、朱俱波、唱（喝）盘陀，度葱岭，又经护密、吐火罗、邑恒、帆延、曹国至北婆罗门，至于西海。其三道诸国，亦各自有路，南北交通。”

这里所说“中道”“南道”，即系自古以来东西商客时常往来的一定通商路径，中国知之最早，今日东方学者亦以其为生丝由此输入西域，称之为“丝路”。据夏德（Hirth）丝绢是中国古代输出的大宗商品，而凭借此种商业常博巨利的却是波斯商人（“*China and the Roman Orient*”，1885，题《大秦国全录》，汉译本，第94—95页）。丝绢长时期是中国和西域各国货物交换的媒介，正如白鸟库吉所说：“大凡世界上的交通路线都是发生于各国互相企图获得外国特产物品的欲望”；所以裴矩所称三道之中‘南道’与‘中道’可以说是起自“西域人企求华丝，华人欲得印度、波斯、罗马等地的物产的欲望”。至于北道则实起于“企图获得北道中部乌拉尔及西伯利亚地方毛皮”，可呼之为“毛皮路”（《塞外史地论文译丛》，第304页）。这个观察是合于事实的。至于中国所欲得于印度、波斯、罗马等地的物产，究竟是些什么商品？夏德告诉我们，“从大秦的物产中可以得出答复：琉璃、氍毹、刺绣品和其他织物，以及除少数药材、香木以外，还有商人在叙利亚可以携出的或在沿途购得到的宝石”（《大秦国全录》，第95页），我以为最重要的还是宝石和香料。《魏书·西域传》波斯国条，述波斯物产种类极多，有金、银、鍮石、珊瑚、琥珀、车渠、玛瑙、多大真珠、颇梨、瑠璃、水精、瑟瑟、金刚、火齐、镔铁、铜、锡、朱砂、水银、绫、锦、叠、毼、氍毹、毾㲪、赤獐皮、及薰陆、郁金、苏合、青木等香、胡椒、荜拨、石蜜、千年枣、香附子、诃梨勒、无食子、盐绿、雄黄等物。即因波斯等国有中国人所珍视的多种宝物，所以隋炀帝才“每日引（裴）矩至御坐，亲问西方之事。矩盛言胡中多诸宝物，吐谷浑可并吞，帝由是甘心，将通西域”（《隋书》卷六十七裴矩传）。其中包括不少香料，直到唐宋二代都很爱重，不惜金钱罗致。唐代薰香流行之盛，见《清异录》卷下之“薰燎门”可知。在陆上交通之外，海上交通相继发达。沙畹在《中国之旅行家》（第34—35页）中云：“唐代之盛因为前此中国所未见，然其羁縻属地之实力，亦未能持久而不衰，自六六三年吐蕃逐吐谷浑于青海之外以还，即为唐之强敌，常于天山南路及西突厥旧地一带，破坏唐之企图，而大食国又从而侵迫吐火罗各地。职是之故，七世纪之后叶，旅行家多舍陆而航海。”因此广州、洪州、扬州乃至福建泉州都成为国际贸易的都市，商胡既麇聚这些地方，也就是成了景教徒所在的地方。例如黄巢攻陷广州，异国教徒死者至12万人，其中包括景教徒。又如田神功大掠扬州，大食波斯商胡死者亦竟至数千人。至于留寓长安西市之贾胡，其中有许多景教徒是不消说的了。

波斯和中国交通，《隋书》卷八十三《西域传》已有记载。当隋炀帝时，波斯王在位者为库思老二世（Chosrau Ⅱ），至唐而西亚三种新宗教传入中国。《旧唐书》卷一百九十八《西域传》，“西域诸胡事火祆者，皆诣波斯受法焉”，这就是说火祆教是出于波斯。唐太宗时，波斯王在位者为叶斯德苛特三世（Yesdegerd Ⅲ），曾败于阿拉伯人而求援于唐。《新唐书》卷二百二十一下《西域传》说及波斯在卑路斯（Perozes，Firuz）时“为大食所灭，虽不能国，咸亨中犹入朝……开元天宝间，遣使者十辈，献玛瑙床、火毛绣舞筵”。张星烺(《中西交通史料汇篇》第四册,第79 页)认为开元以后唐书仍记使者来朝,此必萨珊朝遗族之使者或波斯商人冒充之使节,此说极确,尤以商人冒充者为多。唐时波斯与中国交通频繁有外交使者,有负贩商贾,有传道僧人,其中不少是三位一体的。如以摩尼教为例。李肇《国史补》,“回鹘常与摩尼议政,故京师为之立寺”;这是僧侣而涉及政治。《通鉴·宪宗纪》,“元和十二年二月遣回鹘摩尼僧归国;”史炤注曰,“元和初回鹘再朝献,始以摩尼至,摩尼至京师,岁往来,西市商贾颇与囊橐为奸,至是遣归国也;”可见僧侣也与商胡合作。不但摩尼如此,唐代传入中国之三种新宗教殆皆如此,景教就更明显了。景教徒自叙利亚、波斯以至中国,一路上凡是景教徒所聚集的地方,大概都是东西往来贸易的通路,例如安都(Antioch)、泰锡封(Seleucia-Ctesiphon)、驴分城(Edessa 伊得萨)、木鹿(Merv)都是。这些地方或驻有景教的大主教或主教(如安都、驴分城),或即为景教之据点(如泰锡封、木鹿)。(木鹿亦名 Maur,火教经谓之 Mouru,5 世纪时有景教大僧正驻此,说见岑仲勉《朱禄国与末禄国》,见《中外史地考证》上册,第 347 页。)在中国与波斯之间,密布着交通网,以与中国之重要国际贸易都市相连接,实际这由经济政治中心而发展起来的交通网,也就是从西亚传入中国之三种新宗教之宗教网。当时在中国各地“殖资产,开第舍”的波斯商人之中,就有许多是景教徒所为,这种推测,是合于历史事实的。

但欲明此,则在中国与波斯的交通之外,还须指出景教徒之从事经济活动,是有其生活的需要的,教徒自从受了波斯本国的政治迫害而逐渐东来之时,早已在各地从事职业活动,他们不能没有生活,尤其在波斯灭亡之后,景教徒为伊斯兰教徒之阿拉伯人服务,他们有的做伊斯兰国王书记或为王之侍从，为贵族之侍医，为香料商，或从事金融业务。他们依照初期基督徒的习惯，不反对经营商业活动，正如斯图尔特在《景教传道史》第一章中所说：

"初期基督教时代，大概还是极小规模的组织团体，他们也任命主教或长老，但当时的主教或长老，好像只是巡回牧师似的，从此方移往彼方传布福音，只要可能也和俗人一样生活，他们大半和《使徒行传》中所见保罗事迹一样，不是经商的人，则或为木工，或为锻冶，或为机织，从事手工业以谋自己生活。这虽是后话，但他们如此布教方法，竟激起僧权主义者的不平之声，责备他们原来就是商人，却动不动舍却自己天职，而假装做僧侣、长老，所以要反对了。"（Stewart：*Nestorian Missionary Enterprise*，p. 5。）

斯图尔特还说到景教徒的生活情形：

"正好似南特（Nantes）之敕令废止后，带来了英国本土丝绢工业之呼格诺教派（Huguenots），把最优秀之清教徒的精力运用到英国本土外而发现新世界之行脚僧一样，聂斯托尔派以所持之技术与生活技能——他们是木工、锻冶、机织及其他最好之手工业者——来到美索不达米亚。他们到了容纳自己的地方，就建立起振兴产业与制造工业繁荣的基础了。""他们不甘于为亡命者，他们备尝艰难与辛苦，使他们转身一变而为宣教师了。"（同上书，第9—10页。）

晓得景教徒的经济活动在美索不达米亚是如此，在中国也是如此。景教徒在印度大受欢迎，在阿拉伯受到伊斯兰教的隐忍，都不是没有理由吧。商业活动是景教徒的特点，斯图尔特更指出“甚至战争状态，也不能阻止叙利亚人担着商品，从此地到彼地，旅行各处”。又说“叙利亚商人生来喜爱买卖，因积蓄金钱一念，彼等环游世界之中，圣哲罗姆(Jerome)这样说过。但是只由于利得之念吗?”(同上书第四章第77页。)景教徒是否完全由于利得一念而来中国传教，这当然是待研究的问题，却是景教徒既然也是叙利亚人、波斯人，其爱从事经济活动则可以断言。那么在中国与波斯交通之时，景教东传是有经济的原因为其主导，也是决无可疑的了。

(二) 景教东传中国的政治原因——中国与波斯的国际关系——僧首罗含即波斯人阿罗喊——商人与传教师——唐代的民族政策与宗教政策

次就景教东传中国之政治原因来说。首先应该注意的，就是这时中国与波斯之国际关系，波斯为伊斯兰教人压迫乃至征服是当唐贞观九年至十五年(635—641)，而据景教碑文阿罗本之来中国长安，也正在贞观九年，那时正是波斯危急存亡之秋。波斯介在中国和欧洲之间，萨珊王朝时与中国商业之关系，尤极密切，波斯人之技巧亦为中国人欢迎，中国与波斯在政治上无疑是有亲善的关系。阿罗本之来唐，是否兼奉波斯朝廷之使命，虽不可知，但在唐高宗时先为大食兵所杀之波斯王伊嗣侯(Isdigerd Ⅲ)其子卑路斯(Firus),据《旧唐书》卷一百九十八“西域传”:“卑路斯龙朔元年(661)奏言频被大食侵扰,请兵救援。招遣陇州南由县令王名远充使西域,分置州县,因列其地疾陵城〔玉尔(Yule)谓即塞基斯坦(Sejistan)之首府紫兰笈(Zarang),希腊人所称紫兰詹尼(Zarangiane)〕为波斯都督府,授卑路斯为都督。是后数遣使贡献。咸亨中(670—673)卑路斯自来入贡,高宗甚加恩赐,拜右武卫将军。仪凤三年(678)令吏部侍郎裴行俭将兵册送卑路斯为波斯王,行俭以其路远,至安西碎叶而还,卑路斯独返,不得入其国,渐为大食所侵,客于吐火罗国二十余年,有部落数千人,后渐离散。至景龙二年(708)又来入朝,拜为左威卫将军,无何病卒,其国遂灭,而部众独存,自(玄宗)开元十年(722)至天宝六载(747)凡十遣使来朝,并献方物。”正因为唐代帝王对于波斯有外交之亲善关系,所以波斯人多来唐避难,从唐太宗、高宗、中宗、玄宗以至德宗,波斯人在唐任显官者不少,即就景教徒言,在景教碑文中有官衔者即有二人,如伊斯为金紫光禄大夫同朔方节度副使殿中监,僧业利则为试太常卿。更可注意的是高宗显庆中(656—660)仕唐朝为拂林国诸蕃招慰大使阿罗喊(Abraham)与碑文中“僧首罗含”实为一人。在未作说明之前,请先读清末于洛阳附近发现波斯人阿罗喊之墓石刻文如下:

大秦故波斯国大酋长、右屯卫将军、上柱国、金城郡开国公波斯君丘之墓

“君讳阿罗喊,族望,波斯国人也。显庆年中,高宗天皇大帝以功绩有称名闻□□,出使召来至此。即授将军北门□领使,侍卫驱驰。又差充拂林国诸蕃招慰大使,并于拂林西界立

碑，峨峨尚在。宣传圣教，实称蕃心，诸国肃清，于今无事。岂不由将军善导者，为功之大矣？又为则天大圣皇后召诸藩王，建造天枢及诸军立功，非其一也。此则永题麟阁，其余识终，方画云台，没而须录。以景云元年四月一日，暴憎过隙，春秋九十有五，终于东都之私第也。风悲垄首，日惨云端，声哀鸟集，泪口松干，恨泉扃之寂寂，嗟去路之长叹。呜呼哀哉！以其年□月□日，有子俱罗等，号天罔极，叩地无从，惊雷绕坟，衔泪□石。四序增慕，无辍于春秋，二礼克修，不忘于生死。卜君宅屯，葬于建春门外，造丘安之，礼也。”

这刻文载于端方《陶斋金石记》卷二十一。阿罗喊即为Abraham之音译，与“僧首罗含”之为Abraham之音译同，罗含有汉名而无叙利亚名，张星烺《中西交通史料汇篇》(第一册，第185页)谓乃Luke之译音，岑仲勉以为“对音殊不符”(《隋唐史》卷下，第311页)，甚确。据碑文“有若僧首罗含、大德及烈，并金方贵绪，物外高僧，共振玄纲，俱维绝纽”；此言当景教会衰颓之际，有僧首罗含、大德及烈二人，皆西方(金方)贵胄(贵绪)，脱俗高僧，同来振兴教会，使景教会断而复续。关于大德及烈，下文另有解说，现在只就罗含即阿罗喊来说，据墓石刻文“阿罗喊，族望，波斯人也”；此与碑文“金方贵绪”合。“宣传圣教，实称蕃心”；与碑文之“僧首”地位相合。其得到唐代帝王的赏识，后以95岁之高龄死于中国，这标志着中国与波斯之友好关系，也标志着景教徒所以能在唐代继续发达的原因。虽然历任显宦，至充拂林国诸蕃招慰大使，乃至任右屯卫将军，上柱国、金城郡开国公，而新、旧《唐书》皆无传，但其为大秦景教之宣教师团团长来华则无疑义。至谓其人“有子俱罗等”似不合，但在景教即大总管，总主教，主教等本皆可娶妻，其在中国之主教及僧人皆可娶妻生子，景教碑文之叙利亚文可为佐证。开元以后来中国朝贡的波斯使者可能很多是波斯商人冒充的使节，但也可能是出于萨珊王朝遗族与商人乃至传教师的合谋。例如《册府元龟》卷九七一记：

> “开元二十年(732)九月，波斯王遣首领潘那密与大德僧及烈朝贡。”又同书卷九十五记：
>
> “开元二十年八月庚戌，波斯王遣首领潘那密与大德僧及烈来朝。授首领为果毅，赐僧紫袈裟一副，及帛五十匹，放还蕃。”

这“及烈”一名亦见于景教碑文，即上文所举与“僧首罗含”并列之“大德及烈”，亦即碑末叙利亚文之司铎兼教正及长安与洛阳二城景寺之首长(Gabriel)；这不是很明白景教东来是有政治的背景吗？我在这里特别要提到的，还是在中国方面的政策问题。李唐氏族据陈寅恪《李唐氏族推测》认为其氏族出于蕃姓，向达《唐代长安与西域文明》同意此说，认为“似有可信”(页四)，岑仲勉《隋唐史》(卷下，第92页)则反之认为“陈氏之说，殊未可信”。这涉及李唐先世是否纯粹的汉族问题，这里无讨论必要，却是唐代对于外族所处宽大怀柔的政策，及其对于西域文明之兼收并蓄的态度，则确为历史事实。向达书中称“贞观初(公元631年)突厥既平，从温彦博议，迁突厥于朔方，降人入居长安者乃近万家，此或可视为唐代对于外族怀柔之一端。唐代京兆户口在天宝初仅三十万户，贞观时当不及此，而长安一隅，突厥流民乃近万家，其数诚可惊矣”

(第4—5页)。即因唐代的民族政策绝不排外,所以他的声威远及边裔诸国,而流寓长安与洛阳之西域人,为数亦最多。固然主要是经济原因,由于中西交通之路已开,西域商贾逐利东来,但这一定是以当时政府的宽大的民族政策为先决条件才有可能。而此宽大的怀柔政策也不从唐代开始,在即在北魏一代,已设有四夷馆。据杨衒之《洛阳伽蓝记》卷三:

"伊洛之间,夹御道,东有四夷馆,一曰金陵,二曰燕然,三曰扶桑,四曰崦嵫。道西有四夷里,一曰归正,二曰归德,三曰慕化,四曰慕义。吴人投国者处金陵馆,三年已后赐宅归正里。北夷来附者处燕然馆,三年已后赐宅归德里,东夷来附者处扶桑馆,赐宅慕化里,西夷来附者处崦嵫馆,赐宅慕义里。自葱岭以西,至于大秦,百国千城莫不款附,商胡贩客,日奔塞下,所谓尽天下之区已。乐中国土风因而宅者不可胜数,是以附化之民,万有余家,门巷修整,阊阖填列,青槐荫树,绿柳垂庭,天下难得之货,咸悉在焉。"(周祖谟校释本,第130—132页)

唐代的民族政策实北魏民族政策之继承发展,而同时民族政策又为实业政策与宗教政策开辟了道路。以致如上文"商胡贩客,日奔塞下","天下难得之货,咸悉在焉";而托名传教者,亦得久留中国。当时羁縻各外族的民族政策,是促进国际贸易与国内经济繁荣的经济政策,也是在封建统治下使各族人民在苦难中安于某种幻想的宗教政策。单就宗教方面来看,唐代以前,已有鸿胪寺之设。《大宋僧史略》:"鸿胪寺之任,礼四夷远人也。教法初来,须就斯寺,虽兴白马,终隶此司,古云僧尼系鸿胪寺者是也。及乎尝蒟浆以言美,服皮靴而稍佳,则曰四海一家,王者无外。"《隋书》卷二七百官志:"鸿胪寺掌蕃客朝会,吉凶弔祭。"唐代继承此宗教政策的设施而更为扩大了。《大唐六典》卷一八(《旧唐书》卷四四职官志同):

> "鸿胪卿之职,掌宾客及凶仪之事,领典客司仪二署,以率其家属而供其职务。少卿为之贰。凡四方夷狄君长朝见者,辨其等位以宾待之。凡二王之后及夷狄君长之子袭官爵者,皆辨其嫡庶,评其可否,以上尚书,若诸蕃大酋渠有封建礼命,则受册而往其国。"

又《全唐文》卷七百二十七载舒元舆作《唐鄂州永兴县重岩寺碑铭并序》云:

> "官寺有九,而鸿胪其一,取其实而往也。胪者传也,传异方之宾礼仪与其语言也。寺也者府署之别号也。古者开其官署,其官将以礼待异域宾客之地。竺乾之教盖西土绝徼者也。……吾之鸿胪待西宾,一支特异于三方,……故十族之乡,百家之间,必有浮图为其粉黛。国朝沿近古而有加焉,亦客杂夷而来者,有摩及焉,大秦焉,祆神焉,占天下三夷寺不足当吾释氏一小邑之数也。……"

可见唐代的宗教政策,即表现于民族政策之中,作为处理宗教任务的"鸿胪寺",实无异于外交衙门。唐代宗教以李唐自称和老子是本家,历代尊崇老子,保护道教。据《续高僧传》二集,贞观二十一年命玄奘三藏,敕令翻《老子》五千字文为梵言,以遣西域。唐玄宗且自注《老子》通令全国立老子庙,学生习《道德经》。但唐亦继承隋代规模,实行佛教的统治政策。佛教是外来宗教,但于拥护统治阶级利益,起特殊的作用,故不惜大力加以提倡,而随各国人传来的各种宗教,其中即有假托佛僧名义,自建寺传教者。当时如火祆教,摩尼教、景教无不传入中国。景教势力虽不大,亦为唐朝廷所欢迎,发达至150年之久。据景教碑文所记,贞观十二年秋七月诏日:“大秦国大德阿罗本,远将经像,来献上京,详其教旨,玄妙无为,观其元宗,生成立要,词无繁说,理有忘筌,济物利人,宜行天下,所司即于京义宁坊造大秦寺一所,度僧二十一人。”这是在长安奉旨敕建的第一所景教堂。又高宗时(650至684)“于诸州各置景寺,……法流十道,国富元休,寺满百城,家殷景福。”唐时中国三百余州分为十道,曰关内、河南、河东、河北、山南、陇右、淮南、江南、剑南、岭南,言十道即指景教流行遍中国而言。又玄宗时,令其兄弟宁国等五王,亲临教堂,重建坛场,装饰一新。天宝初令大将军高力士送先朝五帝画像,安置于教堂之内。且亲题堂中楹联,亲书堂中匾额,悬于高空。又肃宗时,“于灵武等五郡重立景寺”。又是时郭子仪“每岁集四寺僧徒,虔事精供,备诸五旬”。五旬节今称圣灵降临节,乃耶稣复活后五十日之纪念祭。唐代景教即因有此政府之大力支持,故得发达,而景教徒亦因与政治发生关系,至有入仕于唐者。这楚材晋用主义,不但可见中国传统政治之不排斥外国人,且可见景教徒来中国后是以中国为其所欣慕的安乐土,而不愿离开了。

（三）景教东传中国的文化原因——景教徒的高度技术生活——大德及烈之“广造奇器异巧”的作用——作为耶稣会士先驱之景教传教方法

再次就景教东传中国之文化的原因来说，首先是由于景教徒在当时具有高度的技术生活。巴奇(Budge)与福斯德(Foster)都曾说及这一点。巴奇以为“东方诸民族所以归依景教，毋宁说是因为当时景教徒继承了那经由阿拉伯或叙利亚地方传来所谓希腊文化，所以景教徒可称世界第一之文明人，即作为世界的文化人之景教徒不就是能在那些异邦人之上，予以多大的感化力么？当时景教宣教师或景教商人等确有丰富的知识和经验，而以这种优越性，使异邦人感服，对于景教的文化而至归依景教者绝不在少数。就中景教传入波斯、中国及其他地方之希腊的医学，医术，并实际的治疗方法，给景教徒以非常方便的传道方法”(The Monks of Kûblâi Khan, Introduction, p. 37,《元主忽必烈派遣欧洲之景教僧的旅行志》，第66—67页)。福斯德在《唐代的教会》(*The Church of the T'ang Dynasty*, p. 59)中也抱同样见解，他以为景教徒继承了希腊文化，所以13世纪至17世纪欧洲人从伊斯兰教学天文学，而溯其源始，则所负于景教之天文知识者实多。又夏德《大秦国全录》(汉译本，第135页)也说及景教徒的医术：“景教徒多擅医术，在西亚负有盛名，他们译希腊医书为阿拉伯文……赫布来(第一卷，第352页)谈及三个基督教外科医士巴克提楚华教派(-Baktischua)翻译希腊及叙利亚之书多种为阿拉伯文，即指此事。叙利亚的巴克提楚华教派曾盛行于公元第八、第九、第十世纪”云云。不但医术，在言语学上也有贡献。以蒙古文字为例，蒙古初无文字，借用维吾尔文，而维吾尔文则仿之叙利亚文，盖由第8或第9世纪时景教牧师所传至东土耳其斯坦者。元世祖时蒙古又仿维吾尔文自制国文，清太宗时满洲人又仿蒙古文制造满洲文，其递嬗变化之迹，至为明了，“可见”聂派在东方文化史上之影响（《中西交通史料汇篇》第二册，80页）。又斯图尔特在《景教传道史》第四章亦云：“他们系在土耳其人蒙古人及其他种族之间，充任书记官或医者那样，也在这等民族中不但教以文字，而且为彼等造作以叙利亚语为基础之字母，依照瑙（Nau）所说，由于聂斯托尔派之法学者所完成之钵罗婆（Panlavi）字母。即为今日朝鲜文字母的基础。”（*Nestorian Missionary Enterprise*，p. 79.）案钵罗婆语是古波斯语，流行于萨珊王朝。虽然以叙利亚文字为土耳其文字母的基础之说，人尚可信，而为朝鲜文的起源，则是否确实尚待研究。尽管如此，景教徒对于文化技术上贡献，究竟不可埋没，则可断言。

在景教徒随使节到达长安之时，他们常常以贵重的舶来品献给朝廷，或由来中国游历的波斯商人提供多额之运动资金，这是投合中国统治阶级爱好奇巧珍玩之心理的。例如在唐则天武后的圣历年间（公元698—699）景教受了佛教压迫，在先天年末（713年），又受道教排斥，在此中国景教会正在危机之时，中国景教徒得到了波斯本国景教会的助力，使垂绝之景教复显而流行如故。这其间的消息，见于景教碑文的是：

“圣历年，释子用壮，腾口于东周；先天末，下士大笑，讪谤于西镐。”

这里“用壮”“腾口”二义见周易，“下士大笑”见《老子》。盖言在圣历年间，释徒依众恃强，肆口谩骂于东周，东周指东都洛阳；又在先天末年，无知小儒随声讪谤于西镐，西镐指西都长安。而即在此际，从景教之总本山，奉法主之命来长安者，即：

“有若僧首罗含，大德及烈，并金方贵绪，物外高僧，共振玄纲，俱维绝纽。”

这大德及烈即开元二十年波斯遣使朝贡之大德僧及烈。他和僧首罗含二人皆以西方（金方）贵胄（贵绪）脱俗高僧的资格来唐，来唐以后使景教会断而复续，竟振兴起来了。这其间秘密，可参考《新唐书》和《册府元龟》。《新唐书》卷百十二柳泽传，载玄宗开元中（713—741）“有市舶使周庆立者，呈献奇器为柳泽所劾”。《册府元龟》卷五百四十六详载其事：

“柳泽开元二年（714年）为殿中侍御史、岭南监造使，会市舶使有卫威中郎将周庆立、波斯僧及烈等，广造奇器异巧以进。”

这“奇器异巧”一定是大有可观，所以柳泽上书谏曰：“窃见庆立等雕镌诡物，制造奇器，用浮巧为珍玩，以谲怪为异宝，乃理国之所巨蠹，圣王之所严训，紊乱圣谋，汩斁彝典。昔露台无费，明君尚或不忍，象箸非多，忠臣犹且愤叹。《王制》曰，作异服奇器以疑众者杀；《月令》曰，无作淫巧以荡上心。巧，谓奇技怪好也；荡，谓惑乱情欲也。”他首先举《老子》“不见可欲使心不乱，知见欲而心乱必矣”;可见景教僧及烈和市舶使周庆立所设计的“奇器异巧”,一定是达到当时机械科学的最高峰。恰如利玛窦之上自鸣钟、日晷、地图一样,是珍奇物品,景教徒献上宫廷作为结纳权贵的手段,是会使唐皇帝惊心动魄的。所以后来及烈竟得到宫廷之宠,给景教恢复了名誉。据景教碑文:

“玄宗至道皇帝,令宁国等五王亲临福宇,建立坛场,法栋暂挠而更荣,道石时倾而复正。天宝初令大将军高力士送五圣写真,寺内安置,赐绢百匹。”

这一段提及高力士,很容易使我联想到杨贵妃。案《旧唐书》卷五十一《后妃传》述及当时“扬(扬州)益(益州)岭表(广州交州)各地刺史,必求良工造作奇器异服以奉贵妃献贺,因擢居显位;”这显然是市舶使周庆立的异曲同工,也许和波斯商人或景教僧之制造有关联,杨贵妃大概是不会不动心的。因此,首先提出关于及烈的历史材料的桑原骘藏得出一个结论,即:

“要之玄宗先天二年传教长安之大德及烈,次年(开元二年)即进奇器异巧以谋宫廷之宠,景教传教之方,颇因以窥见一斑。此与明代利玛窦进报时自鸣钟于宫庭,以固天主教传道之基础,可对比也。”(《蒲寿庚考》汉译本中华版,第9页)

除此之外,景教在东方传教,其本身也是跟着不同环境,而有许多改革,即对于当时当地的固有思想习惯,力求与之妥协,至少避免了面对面的冲突。例如在波斯,因火袄教反对独身主义,受其影响亦实行带妻，在中国则把原来用叙利亚文的礼拜式改用中国文，如敦煌发现的《景教三威蒙度赞》即为好例。还有如中国景教徒之祖先崇拜及为死者求冥福，此皆投合中国封建统治阶级的心理、习惯，在这一点景教徒和明末来华的耶稣会士，毕竟相同，而且实为他们机会主义的传教方法的先驱者了。

五、景教碑发现的历史

（一）景教碑的性质问题——建碑与被埋没的原因——发现的经过——发现的时间问题——天启三年至五年说——发现的地点问题——长安说与盩厔说

聂斯托尔派基督教传来中国，自635年至845年禁断，共流行唐代者210年，景教碑则为叙述此教约150年间流行经过之唯一文献。据碑文，贞观九年（公元635年）大秦景教之宣教师团，以景教之高僧阿罗本（A-lo-Pên，Alopun，Olopan-Abraham）为团长，来长安，至贞观十二年七月诏敕，景教乃为唐朝公认，以国费建大秦寺，置僧21人，这就是景教流行中国的开始。自后高宗时（650—683）诸州各置景寺，又据碑文698年至712年长安洛阳皆有景寺。但在圣历年（698—699）与先天末（712）景教与佛道二教的斗争中，赖有僧首罗含与大德及烈，“共振玄纲，俱维绝纽”。至玄宗时，又有僧佶和来朝，“诏僧罗含、僧普论等一七人与大德佶和于兴庆宫修功德”，于是“天题寺榜，额戴龙书”，这大概是天宝四年（745）九月后事。至肃宗（756—762）“于灵武等五郡重立景寺”，至代宗（763—779）“每于降诞之辰，锡天香以告成功，颁御撰以光景众”，景教这时达到最高潮。时郭子仪总戎朔方，命景教僧伊斯（Yazdbozid）从行,“为公爪牙,作军耳目”,于平定安史之役有大功,于是“更效景门,依仁施利,每岁集四寺僧徒,虔事精供,备诸五旬,馁者来而饣之,寒者来而衣之,病者疗而起之,死者葬而安之”;这些以慈善行为掩饰其剥削的实质之历史事实乃在德宗建中二年(781)亦即建立景教碑之一年。然则此碑何为而作?据碑文颂伊斯博施济众之事,谓“清节达娑,未闻斯美;白衣景士,今见其人。愿刻洪碑,以扬休烈”;则此碑似为伊斯而作。因此冯承钧认为“碑文有达娑(tersa)一名,即波斯语景教徒之号,观碑文语意,此碑应为伊斯之墓碑”(《景教碑考》第69页)。又夏鸣雷据景教碑词末句“建丰碑兮颂元吉”,认景教碑为丰碑,亦即墓碑,因亦认此碑为颂伊斯之功德(*Le Stéle de Si-Nang-Fou*, pp. 132—136)。又瑙博士则认为是殆为初期基督教先驱者们所建之供养碑,其所刻24人之名,谓为当时生存之人名,不如说是在此都市建立教会以后,死者之人名(*L'expansion Nestorienne en Asia*, p. 253)。伯希和否认此说,谓“此碑并非墓碑,乃是每年大会由景教一个大施主建立的。此碑建立的人就是碑文中的赐紫袈裟僧伊斯,此人就是此碑叙利亚刻文明言建立碑文的Yazdbōzed之汉语音译”(《西域南海史地考证译丛》,第59页)。这就是说景教碑是纪念碑不是墓碑。其实,此碑正面题名大秦景教流行中国碑,则伊斯墓碑之说,可不攻自破。此碑叙述景教流行中国之经过,碑末不过借白衣景士的伊斯,以颂扬景教美善之功业而已,此其一。此碑除正面所刻碑名外,总数1870余字的汉文,从碑文上看,一则述景教的大道理,一则叙景教之传入与唐代帝王之优遇教士,重点在此不在伊斯,此其二。又此碑除汉文外尚刻叙利亚文字,共计景教士有姓名者得82人,内有叙利亚名之教士77人,何独伊斯?唯伊斯实为此碑之建立人,所以值得纪念。此其三。即因景教碑虽也歌颂个人,而重要的却是为大秦景教流行中国的纪念碑,所以值得我们研究,而在基督教士中人至有称之为“是景教碑者,中国基督教之昆仑”(《景教碑文注释》颜序),即认为中国基督教之发源地的意思,可见其重要性。

景教碑建碑年月,在建中二年“岁在作噩太簇月七日大曜森文日”;大曜森为安息语日曜日 ev-sanhart 之译音,此即希腊纪元 1092 年 7 月初 7 日,亦即公元 781 年 2 月 4 日。此碑建立以后,埋没了不知多少年,至明天启年间才被人发现。其所以埋没的原故,也有种种不同说法。第一、因景教碑建立后不出三年,783 年即有朱泚起兵,自称大秦皇帝。朱泚究竟与聂斯托尔派基督教有何关系,史无明文,但既自号“大秦”,则不免疑惑到建中二年建大秦景教流行中国之景教徒,因朱泚之故,而景教碑被埋没了也未可知。然更有可能的埋没年代,当在唐武宗会昌五年欲行废佛毁释之制的时候,《新唐书》卷五十二《食货志》记当时情形:“武宗即位废浮图法,天下毁寺四千六百,招提兰若四万,籍僧尼为民二十六万五千人,奴婢十五万人,田数千万顷,大秦穆护祆二千余人,”《资治通鉴》卷二百四十八所记略同。盖当会昌五年禁断佛教徒时,唐之三夷寺之一聂斯托尔派亦遭禁断。据《旧唐书》武宗本纪中,载录当时敕书曰:

> “(会昌五年)大秦穆护等祠,释教已厘革,邪法不可独存,其人并敕还俗,递归本贯充税户,如外国人送还本处收管。”

此云大秦即景教,穆护指波斯祆教穆护,盖即古波斯语 megush 之对音,英文之 magician,此言火师。足六喜六《长安古绩考》(汉释本第189页)谓“关于大秦景教碑之破坏,虽无直接史料可据,惟可想像者,佛寺既破坏,景教寺院焉能例外,自必放逐其僧徒,拆毁其寺院,于是景教碑亦被埋没于地中矣”。这个推测是可信的。盖自781年至845年间,据《全唐文》卷七百二十七舒元舆所撰824年《重岩寺碑序》,知景教尚流行中国,直到建碑64年之后,即会昌五年(845)七月,“恶僧尼耗蠹天下”,乃禁断佛教而波及景教、袄教,这大概就是景教碑被埋没的根本原因吧。

景教碑的发掘是在明天启三年至五年之间,这时耶稣会派的天主教士早已来华,发掘以后最惹起注意的,就是他们,所以知道的也较为详细。此碑出土的原因,我国金石家虽亦加以研究,而颇涉附会之处。如林侗《来斋金石刻考略》(春晖堂丛书本卷下,第26页)云:

> “景教碑今在西安城西金胜寺内,明崇祯间,西安守晋陵邹静长先生有幼子曰化生,生而隽慧,甫能行,便能作合掌礼佛,二六时中,略为疲懈,居无何而病,微瞑笑视,倏然长逝,卜葬于长安崇仁寺之南,掘数尺得一石乃景教流行碑也。此碑沉埋千年,而今始出,质之三世因缘,此儿其净头陀再来耶?则佳城之待沈彬,开国之俟阳明,此语为不诬矣。见频阳刘雨化集中,字完好无一损者,下截及末作佛经番字。”

此盖误以叙利亚文为佛经番字,以景教碑文为宣扬佛教者。至崇祯间出土说,后为清乾隆时石韫玉《独学斋二稿》(第16页)所继承。又钱谦益《牧斋有学集》卷四十四景教考云:“万历间,长安民锄地,得唐建中二年景教碑,士大夫习西学者相矜,谓有唐之世,其教已流行中国,问何以为景教而不知也。”此锄地之说虽可信,唯以万历为出土之年与崇祯间之说,均不过传闻异辞,不足为据。景教碑发现年代虽言人人殊,而要不出以下三说,有讨论的价值:

1. 天启三年(1623)说 以耶稣会士阳玛诺(Emmauel Diaz)所撰《唐景教碑颂正诠》为代表,其言云:

“是碑也,明天启三年,关中官命启土,于败墙基下获之。奇文古篆,度越近代。置郊外金城寺中,岐阳张公赓虞,拓得一纸,读竟踊跃,即遗同志我存李公之藻,云长安掘地所得,名景教流行中国碑颂,殆与西学弗异乎?”

此书明崇祯甲申年(1644)武林天主堂上梓,实为近来桑原骘藏与佐伯好郎等主张天启三年出土说所本。又徐光启《景教堂碑记》(见《徐光启集》第531—533页,据明刻本《熙朝宗正集》卷一迻录)云:“天地万物皆创矣,抑中国之有天教已一千余年,非创也。何从知之?以天启癸亥关中人掘地而得唐碑知之也。”案天启癸亥年,即天启三年。

2. 天启五年(1625)说 以耶稣会士鲁德照(Semedo)之《中国史》(*Histoire de la Chine*, pp. 239—240)为代表,其言据汉译云:

“1625年,在陕西省城西安府城近段,为建筑房屋,工人锄地,掘得一石碑,长九尺强,阔四尺,厚一尺强,头端为金字塔形,面上镌有十字。周围绕以‘丽斯’花,形似在梅丽亚包城(Mél iapor)中之圣多默宗徒墓上之十字,排列三行。碑之全面皆刻有类似之华字,并有少许外国字,一时不能辨认为何国语。

不久官府得悉,亦来审察,并命人砌以碑基,妥为安置,碑面则更保护周详,使不致损坏,……更为审慎起见,移置于某庙中。……有李之藻之至友闻知此事,即摹拓一幅而寄赠焉。……此碑出土后三年,即1628年,有名斐理伯者,作宦陕西,且任重要职务,请吾同会之某士偕行焉,不久即在西安府,会士建筑一圣堂,一住院,……予衔长命遣至此地,而任建堂筑院之务,因得许多便利,以研究是碑。

碑文有许多景教之司铎及主教名,惟其名字皆外国文,初不识其为希腊文或为希伯来文,厥后余在印度之克蓝葛儿(Crangenor)就正于安多尼费郎台斯(Antoine Fernandés)司铎,费子精通古代圣经文字,认为叙利亚文 Caractères Syriaques 即今日亦仍通行。”

鲁德照所记,系此碑出土后三年,即崇祯元年所目见,因之天启五年之说,亦为徐光启、李之藻所采纳。徐光启之《铁十字著》云:“近天启乙丑(1625)长安掘地得碑,题曰大秦景教流行中国碑,碑首冠以十字。”李之藻《读景教碑书后》谓“迩者长安中掘地所得,名曰景教流行中国碑颂”,曰“近”曰“迩”意旨皆同,盖皆指主此碑为天启五年出土之说。

3. 天启三年至天启五年说 由上两说同样具有权威,三年出土说见于当时耶稣会出版“必三人看详,方允付梓”之《唐景教碑颂正诠》之中,是经过同会之费奇规(Gaspar Ferreire)、艾儒略(Julius Aleni)、孟儒望(Johannes Monteiro)订正过的,不可不信。而五年出土说,则又出于耶稣会在华传教士所亲自前去视察之鲁德照,其可信程度，应不在前者之下，故如夏鸣雷之《西安碑考》乃至《中国天主教传教史概论》之著者徐宗泽，皆信奉其说。不但如此，旧说只知徐光启《铁十字著》主天启五年，而现据新资料《景教堂碑记》则又有天启三年之说，一人而前后两说不同，可以当时本有此两种传说，究竟是那一说更为合理，不易决定，因此便有第三说出现。以冯承钧为例，在他的《景教碑考》（第9页）中，认为“大约其出土时在天启三年，自出土移置金胜寺，自张赓虞拓寄李之藻考证之时，距离仅有二年，要在天启五年之前也。至林侗（1627—1714）《来斋金石刻考略》谓在崇祯间（1628—1644），钱大昕（1728—1804）《景教考》谓在万历间（1573—1620）皆误也”。

尽管景教碑在天启三年至五年间发现后，耶稣会士即开始研究，但当时尚不识其为何国文字，即亦不能辨出其何以为景教，更不消说景教之异端性了。至于此碑出土地点，即在耶稣会士之中，亦言人人殊，大约是有三说，（一）长安说，（二）盩厔说，（三）三原说。就中三原说，见于1656年卜弥格（Michel Boyn）所作《中国花木》（*Flora Sinesis*）书中，与其本人在1653年11月4日书画所持之盩厔说，自相矛盾，其所根据史料，亦经夏鸣雷神甫加以驳正，且可不论。现在只就前两说讨论一下：

长安说 案阳玛诺《唐景教碑颂正诠序》：“大明天启三年，关中官命启土，于败墙基下获之，……岐阳张公赓虞拓得一纸，读竟踊跃，即遗同志我存李公之藻，云长安掘地所得。”张赓虞以当地之人，证当时之事，宜若可信。故中国人著录如徐光启、李之藻皆主长安说。李之藻述《读景教碑书后》：“迩者长安中掘地所得……余读之良然；”徐光启《铁十字箸》：“近天启乙丑长安掘地得碑。”西人则鲁德照首先获睹此碑，在1642年出版之《中国》一书述景教碑云:“陕西省城西安府附近有一庙碑之见,即去庙口不远,长官令藏碑于庙中云;”这庙当指西安府西五里许之大崇仁寺,即俗所称为金胜寺。因此伯希和在1914年《通报》(见《西域南海史地考证译丛》第59页)上主张“此碑发现的地方,不在盩厔,而应在西安城西金胜寺内,质言之,就在七世纪时,阿罗本所居之大秦寺”。又桑原骘藏《东洋史说苑》中《大秦景教流行中国碑考》、石田干之助《中国的耶稣教》(第20页)皆主此说。又卫礼(Wylie)主张出土之地在西安西门外约一英里地之某村(Researches in China, p. 25)。洪业亦在《驳景教碑出土于盩厔说》(见《史学年报》第四期)上证明碑出土处即长安大秦寺之旧址。

盩厔说 盩厔属于西安府之一县。盩厔出土说后来颇得势力,唱之者有夏鸣雷、毛尔(Moule),冯承钧尤其佐伯好郎力主此说,见所著《景教之研究》(第583—587页)等书。案盩厔说所根据之史料有三条,均见冯承钧《景教碑考》(第11—13页)所引:

①方德望(Etienne le Févre)神甫的报告,曾为1663年耶稣会士历史家巴尔多利(Daniel Bartoli)所撰《亚洲第三部之中国》(*Da Cina terza Purte dell Asia*)一书所引,其言云:

> “方神甫云,昔晚有一老人来告云,此碑出土之地冬日四围积雪,惟碑土之上无之,数年如此,居民以为其下必有伏藏,掘土而碑见。盩厔县令见其碑甚古,上有外国字,未能解其义,乃运赴长安,置于城外一英里之道观。盩厔举人某拓其文,寄于其杭州友进士凉庵(Léon 李之藻)。凉庵面告予此事始末,且为注解碑文。保录(Paul)徐光启进士亦继之刊行其文,遂行于世。”

②卜尔格神甫曾继鲁德照之后亲往视察此碑,有1653年11月4日的通信,见德国传教师刻射(Kircher)所撰《著名中国》(*China Illustrata*)中所引云:

> "1625年耶稣会某神甫因为进士Philippe(姓王)全家举行洗礼,特赴三原。数月前盩厔人筑墙掘地得石,至是神甫偕进士同往观之。"

③金尼阁(Nicolas Trigault)的日记,曾为夏鸣雷所撰《西安碑》(70页)所引,其言云:

> "此世纪之二十五年(1625)在陕西始有定居(按为王某所建)。此地有进士王君,前在北京受洗,兹丁母忧回籍,欲延一神甫至家,为全家举行洗礼,金尼阁神甫被派而赴西安,及抵陕西,病卧五日,病痊,王君介之以见省中诸大吏。是年盩厔人建屋,工人掘地得碑,上有汉文及迦耳都(Kaldon)文。碑高八尺,宽四尺,厚五寸有奇。据碑志,基督之法,古时已入中国矣。"

依此则是此碑乃从盩厔掘地所得,其有史料之价值应无疑义。尽管如此,据洪业《驳景教碑出土于盩厔说》却不免提出疑问,以为"此三条皆非史料之佳者。方德望神甫之函作于碑发现后十余年,而山中老人,亦不过以耳为目。又二十余年,然后巴氏笔之于书,其误谓盩厔为在西安之东,固无论矣,其晚出之性质,已足以启疑也。卜尔格之函,亦作于碑发现后二十余年,所举亦传闻之辞耳。况三年后(1656),……乃谓其出土于三原,……然则卜氏言何足据乎？三条史料之中惟金神甫书为较重，盖金氏曾于 1625 年至西安，然余细读夏氏全书所引有关金氏书若干条，而苦不能证实金氏曾亲见景教碑，况所谓金氏遗稿者，乃何大化（Pere Antonine de Gouvea）所订定也。夏所引者适居稿之末，文中称谓，适见其作者为何而不为金。且盩厔之去西安何止十里，金氏之误必不至此。然则何亦不过捃拾传闻异辞，以续金氏书而已，何足据？”在驳正了西人传闻之误以后，洪氏更举碑文为证，以立碑之大施主为证，以地理为证，证明碑所立原地，必在长安，碑出土处即长安大秦寺之旧址。洪业氏说，似较可信。其云大秦寺旧址即指西安西郊崇圣寺即金胜寺境内，据足立喜六《长安古迹考》（《长安古迹研究》，东洋文库论丛第二十），此寺位置与唐义宁坊大秦寺遗址吻合。而据乾隆五十年《盩厔县志》卷五有在黑水谷东有大秦寺之语，苏东坡、杨云翼均有大秦寺诗，向达在《盩厔大秦寺略记》（见《唐代长安与西域文明》，第 110—115 页）称，碑文中之大秦寺固然是宋敏求《长安志》所揭之大秦寺，而盩厔县亦曾有大秦寺，这就是景教碑之出土问题之所在。究竟是那一说更为合理，在没有新的地下发现作为铁证之前，还是可以争论的。大概认为碑之出土是在长安与盩厔之间，是不会大错的吧。

（二）景教碑的真伪问题——原刻与仿刻——中外学者对于碑之真实性的疑问——窝尔的真伪相杂说——景教碑真实性的论证

事实也是如此，据刻射所撰《著名中国》所引卜尔格在 1653 年

11月4日通信中，所记景教碑出土后情况，还说及：

> “碑至长安，西安守是日适丧长子，深以为异，为作碑赞，又仿此碑，别刻一碑，皆置之西安城外一哩道观中。”

这段话甚可疑。如果当时西安碑有原刻也有仿刻，则仿刻之碑今虽不存，当时也必有人注意，或竟误以为原碑。据《景教碑考》（第13页），“仿刻之碑，其拓本已流传欧洲，因而拓本之殊异，遂有驳此碑为耶稣会人所伪造者。”伪造之说，固不足信，但如有原刻与仿刻之碑，分置西安城外，则出土之地，自亦可以讹传讹，其在西安抑盩厔，不足深辨。现在的问题，重要的倒是原刻之真伪问题。不但欧洲学者有此怀疑，即在中国方面反对天主教的人，也曾欲证明此碑为伪，例如：

1. 天下第一伤心人《天主邪教入中国考略》。见同治辛未夏季重刊《辟邪纪实》（第7—8页）：

> “弘治二年，匪徒赵瑛金钟赵俊俺都剌曹左傅儒等，又增造妖书，广买地基，建造妖寺，分党于陕之西安，浙之宁波等处，偏传邪教。且伪造大秦景教流行中国碑序，载大秦国阿罗本载真经至长安。贞观十二年，太宗诏所司于义宁坊造大秦寺，并及高宗元宗肃宗代宗德宗，皆崇尊其教，广建祠学，首载寺僧景净述，末载建中二年立，朝议郎吕秀岩书云云，埋西安府城外，佯掘之以证其教由来之久。”

2. 钱润道撰有《书景教流行中国碑后》。案钱润道松江金山县附生，此文本上海求志书院课艺，光绪二年丙子冬季，收入夏鸣雷《西安碑》第389页中。其文称：

> "此碑明时始出土，宋人金石书皆未著录，不知果真唐碑否？碑言景教殆即明之天主教，今之耶稣教耳。碑中所言多与此二教合，故前人已谓此天主教入中国之始。碑中言三一妙身即二教谓上帝、圣神、耶稣三者合为一体也。碑言真主阿罗诃即二教言天主耶稣，音近而译者字异也。碑言判十字以定四方，即二教所言十字架也。碑言室女诞生，即二教所言室女摩利耶生耶稣也。碑言七日一荐即二教言七日一礼拜也。然此碑所言，虽与二教合，窃疑是明时利玛窦入中国后，令中国习其教之人，伪作此唐碑以自夸诩。故碑言太宗贞观九年至长安，唐太宗命房玄龄宾迎入内，翻经内殿，问道禁闱，诏令传习，而考之内政实无其事。又碑言贞观中诏赐名大秦寺，钱竹汀《景教考》已据《册府元龟》辨天宝四载始改波斯寺为大秦寺，则碑之所言实误，与《册府元龟》不合。故疑此碑，乃明时中国习彼教之人伪撰，以夸张其教。故碑为明人伪撰，诈为明时始出土云。"

在欧洲则法国哲学家伏尔泰（Voltaire）虽极端赞美中国文化，而对于景教碑则力证其伪。伏尔泰反对在中国传教行为。由他看来，欧洲的基督教根本就不能统一，例如同在基督教之中有多默（Thomas）与巴那文图（Banaventure），有喀尔文与路德，有若塞纳（Jausenius）与摩利那（Molina）这种种不同（见《哲学辞典》中国条），以那样派别的分歧，还遣人传教，这不能不说是欧洲人特有的毛病。他尤其反对耶稣会，解释“Jésuitisme”一字，为虚伪狡诈之代称，又在其《中国书札》（*Lettres-Chinoises*）第147札中认为景教碑“不外耶稣会派教士之敬虔的赝造物，用来欺诳中国人之眼的”。此外疑此碑者，如德之那曼（C. F. Neumann），英之荷恩（Horne），法之勒农（Renan）、朱利安（Julien），美之骚尔斯巴利（Salisbury），还有如卫礼（Wylie）在《中国研究》（*Researches in China*）中所举之斯彼兹利阿（Spizelius）、拉·克罗子（La Croze）等，皆先后对景教碑之真实性发生疑问。如据那曼之说“同碑面上所记汉字及叙利亚字体，二者皆为近代字体而非第八世纪所使用之字体”（见Wylie上书，第73页），因此他简直认此碑为耶稣会士鲁德照之伪作。又美国耶鲁大学之阿拉伯语及梵语教授骚尔斯巴利则说“景教碑在今日一般为各学者所认为赝物”（见*On the Genuineness of the So-called Nestorian Monument of the Si-ngan-fu*, p. 401, Sinologica V）。但一方面有人怀疑，一方面又有人极力辩护，如羽克（Huc）所著《基督教在中国》（英文版第一卷，第21页）中即痛驳伏尔泰的结论，力证景教碑之为真物。卫礼亦支持羽克的见解，他搜集各国学者研究的成绩，认为此碑之为真实，绝无可疑之余地。此外考证家就此碑上有叙利亚文及许多人名详细研究，认为无作伪可能。而热心肯定碑文为真者，还有雷麦萨（Abel Rémusat）、克拉勃罗德（Klaproth）、鲍梯（M. G. Pauthier）、雷盖（James Legge）等，甚至当伯利（Bury）校订吉本（Gibbon）的名著《罗马衰亡史》时，在其所加注中，认景教碑为真物，而且称扬了作此认识之吉本的史识。直到今日，碑之真确性已明，几乎不再有人对此发生疑问了。

尽管如此，因为此碑传有原刻和仿刻之不同，如刻射在

Prodromus Coptus(1636),与在 *China Illustrata*(1663)两书中所作碑之模型,就碑石之外形看,即使人有与今碑异样之感,这就需要作解说了。因此窝尔(Wall)博士在所著《古代犹太缀字法》(*Ancient Jewish Orthography* 第二卷)中即持有此碑真伪相杂之说。即以碑文中叙利亚文为真,汉文为伪。他的论点,第一从一般世人所传闻的颠末上看,第二从碑文之内容的性质上看,第三从其字体上看,确定了此碑文之为伪作。首先"据所传闻当陕西巡抚听到景教碑之发现,即遣人妥为安置,为供一般世人研究之用,而有精确的复制,却是原物究持往何处去,全然不知消息"(窝尔书第二部,第160页)。接着提出第二问题,"若此第二碑的碑文实为照原碑文的复制,花费许多精力与款项,而制出同样的东西,其理由不是不可理解的吗?"无论怎样精确,复制总比原物的价值为低。至于今日所传这样复制品的事,是由于前举刻射所著两书中肯定下来,据刻射就卫匡国(Martin Martini)所著《中国地图》(*Chinese Atlas*)中言及景教碑之发现,也承认同样事实。为了说明作此代用之碑的理由,窝尔说是由于中国古代文字到今日全然不能解读,所以中国官吏隐蔽其自己不能解读的无能,常把所得古代记录,不是削去其一部,即是全文破弃。但景教碑既经公众注意,他们不甘于暴露自己的无能,乃执行从来惯用的手段,在耶稣会派传教士的帮助之下以造出比较原碑更为完整的拓本为口实,竟以实力施行其计划。在他们传教士中,有归依耶稣会派的改宗者几人之中国大官,即刻射所称阁老,至少也有奉基督教之中国官吏张赓虞、李之藻二人,与此碑有深切的关系。这就是说,仿造碑是中国官吏与来华耶稣会士共同作伪的产物。其二关于此碑的内容性质。鲁德照述其获睹此碑时,耶稣会派教徒

无人能解读同碑之叙利亚文字，在这意味上，自己把那碑的拓本，送往罗马。窝尔认为这是不足信的，耶稣会派教徒，至少其中有几人熟识叙利亚文字，虽中国大官因耶稣会传教士的帮助得以抹削同碑文之汉文部分，为维持彼等学术上之信用，而隐蔽其不能读本国之古文体之弱点。耶稣会传教士给彼等以助言或助力使其造出第二碑上所刻汉文部分。在那刻上的汉文序并颂中，故意写上叙利亚文字，这分明因为有两三人认得它的缘故。而且这也给耶稣会派传教士以一个机会，记下古代基督教的教义和当时罗马教会之教义一致的东西。窝尔引用了景教碑文之两种译文，即一为卜弥格之逐字的拉丁文译，一为刻射之自由意译，在两种译文中，较多引用卜弥格之拉丁文译，他认为碑文中可注意的，不但有天主教之净火涤罪之事，且说及以僧侣之手给死者休憩这原来是罗马加特力教之赎罪教义，而是那时代景教徒所不能承认的。又有景教徒之礼拜式书中所看不到的教义。同样还有与古代乃至景教的习惯相矛盾之点。如第一，碑文中所示事项对于异教徒之中国人的迷信大为让步，又关于基督诞生与死之间，基督的生平事迹，碑文中一概没有。甚至基督受苦之事，除极间接的外，什么也不说，是值得注意的。第二，对于庸太宗皇帝以下历代帝王阿谀追随，与以礼拜帝王为目的，将历代皇帝肖像下赐景教会，认为非常光荣，别的不说，即这么一件事，就足以断言此碑之为伪物了。因为景教无论何时代，什么画像都不许把它在教会内外礼拜，即如皇帝的肖像也罢，圣人的也罢，崇拜画像是景教徒所绝不许可，现在还是这样。作为自己信仰心之象征，而非常尊重十字架，却是把十字架作为崇拜目标，也是不许可的。他引罗马天主教学者福尔泰斯叩（Fortescue）（*Lesser Eastern Churches*, pp. 136—

177)关于画像,言及今日景教之习惯说"他们,即在他们的教会,自己的家,都没有圣的画像,他们非常嫌弃圣画像这个观念"。当1599年在马拉巴基督教徒展览圣母玛利亚之像时,卧亚之大僧正美内则斯(Menezes)竟然说,"我们是基督教信者,什么偶像都不崇拜",这就是好例。其三是关于同碑文中所用汉文部分之字体,由于窝尔对于汉文汉字之无知识,竟妄断碑文中之字体全部是象形文字,因其不断变化,用第8世纪文字所写碑文至第17世纪的今日便全然不可解了。由于汉字字体之不一定,以致意义时常变化,那久已不用的古代碑文,其意义不是中国学者所能了解,因此证明了此碑所以伪作的原因。相反地窝尔又就景教碑文之叙利亚语部分认以为真。在《古代犹太缀字法》(第二部,第239页)中,他就碑文举例,先就第一列僧正一人与长老28人及其他38人,计共67人之名,有如下文字:"中国(Chinestan)教父兼乡土教长老阿当","在主教之长公教(qataliqu)主大主教诃难尼苏(Hananison)之时","时有在希腊纪元一〇九二年吐火罗(Tahouristan)大夏(Balk)城长老弥利(Milis)之子长安(Koumdan)国都乡主教兼长老耶质蒲吉(Jazedbouzid)主建此石碑,录救主之法,及在中国诸帝治下传教之事于上","僧副大德Yesbuzid之子执事阿当","大德僧Mar Sergius","僧Sabarjesu","在长安及洛阳(Sarag)教会之首座寺主僧Gabrie"。窝尔举此作为碑文之为真物的证据,是第一、为此碑出力的建立人物中,有人是僧人之子,甚至其一为副大德之子,若为耶稣会派教徒所捏造,则依照彼等之习惯,决不会于此文极重要条中插入与僧侣独身正反对之事实。第二此碑记录建于希腊1092年,即耶稣781年。教长Hanan-ishu即法主僧宁恕(Hananison)没于纪元778年,而在此碑文中“时法主僧宁恕知东方之景众也”作为现存之人处理，这是表示此碑之作者，在彼殁二年以上尚未接讣音，这讣音所以久未到达之故，由于其地与报达城之距离，是容易理解的。若使此故事为伪作，则此伪作者不会插入当时景教会法主之名。按这里谓希腊1092年当耶稣纪元781年，据明加那博士认为窝尔自身所提供的证据谓为纪元781年毋宁谓为779年，更与塞琉西(Seleucid)朝历年之1092年相当(*Early Spread of Christianity*, *Bulletin of the John Rylauds Library*，第九卷，第333页)。谁都会看出，这与其说是否定窝尔博士的主张，毋宁说是相反，因为窝尔就是主张法主宁恕是死在纪元778年的。(以上关于窝尔之说参照斯图尔特书。)总而言之，窝尔认此碑汉文为伪、叙利亚文为真之真伪混杂说，说叙利亚文为真，是正确的，其说汉文为伪，则出于其对汉字汉文之无知识，不理解此碑汉文之可读性。惟其中所述碑文中景教之礼拜式与天主教有混同之处，和碑文中诵帝德之词过于自卑之处，确成为问题提出，让我们在讲到第七章景教碑中之景教思想时再详加分析。要之，景教碑虽传有原刻与仿刻之不同，而此原碑具在，由于出土后经中外学者数百年之研究，其中汉文、叙利亚文亦相次翻译，今后似再不会如窝尔一流之妄肆否定，妄发议论了。至于景教碑之所以有真实性，如《汉书解题》之著者卫礼，《四书》、《五经》之译者雷盖，《中国史》之著者威廉(William)，《中国图书》之著者鲍梯，这些东方学者们已经作了许多论证，可将疑问一扫而空。关于碑文中之内部问题，例如碑文之述者僧景净的问题，已由高楠顺次郎在《通报》发表之《贞元新定释教目录》之论文而解决；关于大德及烈的问题，由于桑原骘藏在《艺文》第六卷第十一号所作关于《册府元龟》柳泽传之文而解决；又如佐伯好郎所著关于景教著作亦解决了许多问题（参看《景教之研究》，第580—581页）。现在为方便起见，只将张星烺《中西交通史料汇篇》（第一册，第188—190）所作综合报告，加以补充。其证据约略如下：

1. “玄宗天宝四载九月诏曰：波斯教经，出自大秦，传习而来，久行中国，爰初建寺，因以为名。将欲示人，必修其本。其两京波斯寺宜改为大秦寺，天下诸府郡置者，亦准此。”（见《唐会要》四十九卷）据此则碑中大秦寺名之由来，盖有所本，而非虚构者也。

2. 日本东京帝国大学梵文教授高楠顺次郎发现唐德宗时，西明寺僧圆照所辑《贞元新定释教目录》中，有一节载“乃与大秦寺波斯僧景净，依胡本《六波罗蜜经》译成七卷。时为般若不闲胡语，复未解唐言，景净不识梵文，复未明释教，虽称传译，未获半珠，图窃虚名，匪为福利，录表闻奏，意望流行。圣上睿哲文明，允恭释典，察其所译，理昧词疏。且夫释氏伽蓝，大秦寺僧，居止既别，行法全乖，景净应传弥尸诃教，沙门释子弘阐佛经，欲使教法区分，人无滥涉，正邪异类，泾渭殊流。”是则景净、弥尸诃等名，同时亦见之它书也。

3. 《册府元龟》第九百七十一卷载：“开元二十年九月，波斯王遣首领潘那密与大德僧及烈朝贡。”又卷九百七十五载：“开元二十年八月，庚戌，波斯王遣首领潘那密与大德僧及烈来朝，授首领为果毅，赐僧紫袈裟一副及帛五十匹，放还蕃。”

僧及烈之名,亦见于碑文中也。

4. 宋宋敏求《长安志》卷十记“义宁坊有波斯寺(原注本名熙光坊,义宁元年改)。唐贞观十二年,太宗为大秦国胡僧阿罗斯立”。阿罗斯即碑文中阿罗本之误。阿罗本为大秦僧入中国之始,宋时已有言之,固非明时伪造虚构之名也。

5. 碑文称中国为秦尼斯坦(Tzinisthan),长安为克姆丹(Kumdan),洛阳为撒拉哈(Saragh)。(参见梁时科斯麻士之《秦尼策国记》,隋时东罗马史家席摩喀塔《陶格司国记》,宋文帝时亚美尼亚史家摩西之《哲那斯坦国记》。)此等名词为古代亚洲西部各国与中国交通所有之名词,近代史地学专家始发明其究竟,匆促间断不能虚构伪造之也。

6. 1908 年法人伯希和在敦煌鸣沙山石室中发现《景教三威蒙度赞》一卷,《尊经》一卷,法王题名录并按语,均为唐写本。卷中所言唐太宗贞观九年僧阿罗本景净及圣父译为阿罗诃、圣子译为弥施诃,均与碑文同。译经者为宰相房玄龄亦同(《中国天主教传教史概论》,第 78 页)。

由上可证景教碑之史实性。而且唐时聂斯托尔派基督教在中国之兴盛,在外国著作中亦有记载,窝尔即承认此历史事实,认为纪元 780 年顷唐代中国有很明白之有力的基督教徒团体,但一面又悍然否认景教碑之史实性,竟宣称“证明这样事实的中国记录或文书,一个也没有看出”(*Ancient Jewish Orthography* 第二卷,第 231 页),这岂不是等于造谣了吗?

(三)景教碑的翻译及注释——1625年之拉丁文译——英、法、德文之各种译本——夏鸣雷的《西安碑》——佐伯好郎的《景教研究》——汉文之考证及注释——对于耶稣会士的影响——盗窃行为的何尔谟

我们不承认基督教的宣传有价值,认为景教碑的发现,在中国当时除金石家认为宏宝之外,只能助长了耶稣会派基督教士之宗教气焰,不过历史事实毕竟是历史事实,在西方基督教传华史的第一页上,竟是作为异端的聂斯托尔派的出现,而且见之碑文。明末在华之耶稣会士研究此碑文,而实不知其为异端。例如《口铎日钞》(卷七),艾儒略以唐之贞观九年为天主教传入中国之始。汤若望崇祯十三年十一月《进呈书像疏》有"天主大发仁慈,戢隐真威,同人出代"及"救世功毕,亭午升天"等句即出于景教碑。他们即因向景教碑学习,而不免于自称'景教后学',而自己坠于异端者之列,以致与罗马法王厅渐渐分离,这是中国的大幸而罗马天主教的不幸。即因如此,景教碑仍然值得我们注意,不过我们的研究目的,当然和信奉基督教者不能相同,我们是以科学态度客观地研究景教碑。下面一段叙述景教碑传入西方及对于西方学者的影响,虽只作为历史叙述,但在叙述之中,亦不忘记有人怎样要把景教碑夺为己有,怎样想利用景教碑来宣传基督教,这还是有其必要的吧。

景教碑自公元1625年罗雅各(佐伯好郎认为是金尼阁)发表拉丁文译本以后,至1939年福斯德(John Foste)教授之出版英译

本，过去300余年间，在欧美各国作为著书发行之景教碑文研究，约有80余种，而与碑文有关之东西学者所发表大小论文，尚不计在内，关于这可参看戈遂尔（Henri Cordier）《中国学书目》（Bibliotheca Sinica Ⅱ及Supplement）。盖自景教碑发现以后，即宣传于耶稣会西方教士间，1628年留驻西安的鲁德照（Alvarez de Semedo，谢务禄后改名）曾试为检讨，译汉文之一部分。在此以前早在1625年（天启五年）已有成于一无名耶稣会士之手的拉丁文发表，据云是景教碑文中之最初译本，其作者有种种异说，难于确定。对此沙畹及伯希和两氏归之于葡萄牙人罗雅各（Giacomo Rho），夏鸣雷神甫则认为金尼阁之作。近时毛尔教授赞同沙畹、伯希和两氏，更增加一些论据，强调成于罗雅各之说。其叙利亚部分之译则于1629年或以前早为北京耶稣会士邓玉函（lean Tereng = Schreck）译成。此外译文远者有1628年（崇祯元年）之法文翻译，惟仅译四分之一，1631年有从葡萄牙文重译之意大利译本，1636年耶稣会士刻射有拉丁文译，刊于"Prodromus Coptus"中，又以碑铭全文及卜弥格之译本，另制铜版揭载刊入于《著名中国》（*China Illustrata*）中，这已是1663年了。又1638年（崇祯十一年）鲁德照将全文译成葡文附加注解，1652年（清康熙二年）有何大化之拉丁文译本，寄藏罗马耶稣会总院，未刊行。1653年（清康熙二年）卜弥格在维也纳刊行《中国植物志》内有景教碑之篆文图像，同年巴尔多利（Daniel Bartoli）亦辑有碑文研究汇编，附于其所著《中国史》中。1688年（康熙二十七年）来华之法国耶稣会士刘应（Claude de Visdelom）有书名《鞑靼史》（*L'Histoire de la Tartarle*）刊于戴倍洛（Bart d'Herberet）书后，书中亦有景教碑之译文。至19世纪时，又有许多重译，英文中有1845年（清道光二十五年）白里枢曼

(Bridgman)译本,有 1854 年(咸丰四年)卫礼(Alexander Wylie)译本,见《中国研究》(Chinese Researches, pp. 25—34)及何尔漠(Fritz v. Holm)《景教碑》(The Nestorian Monument, pp. 11—20)书中,又 1888 年(光绪十四年)雷盖(James Legge)译本,见《基督教在中国》(Christanity in China, pp. 1—31)。1857 年(咸丰七年)有羽克(Abbé Huc)法文译本"*Le Christianism en Chine en Tartaric et en Thibet*",(pp. 48—58),尚有 1858 年(咸丰八年)鲍梯(M. G. Pauthier)译本(Vol. Ⅰ,并载于同书英译本中),及 1902 年(光绪二十八年)夏鸣雷(Père Havret)译本,见"*Varietés Simologiques*, No. 20"(1902)。德文中则有 1866 年(同治五年)那曼(Neumann)译本,1885 年(光绪十一年)海楼(J. E. Heller)译本,1897 年(光绪二十三年)海楼之再译本。日本则有明治 44 年佐伯好郎(P. Y. Saeki)之《景教碑文研究》与 1916 年(民国五年)之英译本,见"*The Nestorian Monument in China*"(pp. 162—181),尤为研究者所广泛使用(例如 C. E. Couling:*The Luminous Religion*, pp. 49—63 附录佐伯译文,又 Holm:"*My Nestorian Adventure in China*," pp. 159—183 亦全录佐伯译文与 Wytie 译文对比)。但毛尔(A. C. Moule)《景教在中国》(*Nestorians in China*, p. 5)则批评他,说他译本有遗漏与含糊之处,也有不少新奇可喜之论。碑文翻译之外,更有许多注释书或研究著作,如卫礼(A. Wylie)所著 *The Nestorian Tablet in Si-ngan-fou*(最初刊于 *North China Herald*, 1854, 1855, 次为 *Journ. of the American Oriental*, 1856 年所转载,后收入于论文集 Chinese Researches 第二部中),又雷盖"*The Nestorian Monument of Hsian Fu*",1888,海楼"*Das Nestorianische Denkmalin Singanfu*",1897,皆可称名著。尤其是夏鸣雷(Havret)之《西安碑》(*La Stéle Chrétienne de*

Si-Ngan-Fou)，共三册，第一册1895，景教碑文之写真版，第二册1897，可作景教碑史读，第三册1902法译景教碑及其注释，此书可称资料最丰富之作，立场、观点则不出天主教的范围，不足取。再就叙利亚文之译，有阿塞曼律(Joseph-Simonius Assémeni)叙利亚名字之重译，雷迈与该律(T. J. Lemy et A. Gueluy)之"Le Monument Chretion de Si-ngon fou"(1897)亦可供参考。景教碑即因过去有许多外人不断的翻译与钻研，而名闻世界，引起中外学者之热心研究，截至近日，尚有如毛尔之英译两种，一见"*Christians in China, before the Year*1550"(pp. 45—52)，一见"*The Christian Monument at Sian Fu*"(1935)，又福斯德(John Foster)之英文新译本见"*The Church of the Tàng Dynasty*"附录一(pp. 134—151(1939))，真可算是洋洋大观了。

汉文方面在毛尔所著《1550年前中国的基督教》(p. 27)所举潘绅《景教碑文注释》及阳玛诺之《唐景教碑颂正诠》(1644)之外，更应该数及广东番禺杨荣志撰《景教碑文纪事考正》，惟此书实搜集资料性质，其按语无多，与夏鸣雷《西安碑》第二册(第376—413页)附录之性质相同，与注释无干，仅供参考而已。此外清儒考证景教碑者，实寥寥无几，顾炎武《金石文字记》卷四惟志其碑名、撰人、字体、立碑年月、地域，卷六摘录古今异文，无所发明。王昶(1724—1806)撰《金石萃编》卷一〇二，记此碑云，"碑高四尺七寸五分，广三尺五寸，三十二行，行六十二字，正书，在西安府。"其系碑文后之诸家考证，有林侗《来斋金石刻考略》，叶奕苞《金石录补》，毕沅《关中金石记》，钱大昕《潜研堂金石跋尾》及《景教考》，杭世骏《道古堂文集》中《景教续考》及王昶按语，要之皆零星之作，且多牵强附会。至如魏源撰《海国图志》，其二十六、二十七两卷中所引有关景教碑之文三则,即为南怀仁《坤舆图说》卷下、俞正燮《癸巳类稿》卷十五、徐继畬《瀛环志略》卷三所收,皆地理家言,稍近事实而有附会,亦意中事。以上各文及钱念劬《归潜记》均见冯承钧《景教碑考》1931 中。《景教碑考》的长处在搜集诸家记述之文证,与近年汉学家研究之成绩,是汉文中唯一的研究著作,但仍不免为识者所讥。岑仲勉《隋唐史》(第 308 页)中称其虽"力仾前贤,但于碑之出土地点、建立原因,却乏卓见,此外更无所发明,处境优而成绩少,何未知躬之自厚也"?可见景教碑之科学研究之难,尚有待于吾人今后之努力。

综观西人基督教史家之重视景教碑研究,多出于宣传宗教之动机,景教碑发现后所以轰动欧洲,盖以此碑足以辩护其时之所谓"圣教",给宣传天主教以历史的基础。所以阳玛诺《唐景教碑颂正诠》开头一段,即答客问:

"问者谠谠,以诺辈弗远九万,梯航备历,至即如归,不能无惑;因尝具述天主宏慈,惠兹士民,默镛至是,导正辟邪,宜颂宜感。客谓默镛远来,训正吾士若民,询足颂感,然曷弗于数代以前,俾吾先人咸蒙接引,延迨今兹,诚所未解。诺辈时为太息曰,浅哉智慧,乃妄议天主意如是乎? ……且中贤既言之矣,孰先传,孰后倦,贤师教其弟子与天主率厥下民,亦若是焉尔。……抑圣经喻圣教如日,其初出未曜普地,由近逮远,渐被厥光,被早固忻,被迟勿憎,旋至旋被矣。西方距中土几十万,圣教来滋迟固也,理论至此,必不复惑。矧溯厥繇,又弗惟今日始。迩岁幸获古碑,额题景教。粤天主开辟迄降临,悉著厥端。时唐太宗九年,为天主降生后六百三十五年,至而镐广行十道,圣教之来,盖

千有余岁矣。”(《唐景教碑颂正诠序》)

李之藻《读景教碑书后》(同上书,第16—17页)亦称“距知九百九十年前,此教流行已久,虽世代之废兴不一,乃上主之景命无谕。是佑诸贤,间关无阻,更留贞石,忽效其灵。所繇仁覆闵下,不忍令魔锢重封,天路终阏,故多年秘奇厚土,似俟明时,今兹焕启人文,用章古教。……此学自昔有闻,唐天子尚知庄事,而况我圣朝重熙累洽,河清玺出,仪凤呈祥之日哉”?景教碑在明末,确尽了宣传天主教之作用。

其次就是景教碑的发现,使当时来华耶稣会士得此凭依,获得意外的成功。据羽克《基督教在中国》(英译本第二卷,第290页)引卫匡国的话,述及在纪元1637年,中国七省之基督教徒的总数,实际达4万人。又摩斯海姆(Gibbing Mosheim)所著《中国基督教史》(*History of Christianity in China*,第16页)亦指出明朝皇帝因此景教碑证实基督教从1000年前即行于中国的事,因而那唱基督教为新宗教而反对其流行的说法便不能成立了。这就是明末中国天主教教会的大收获,可以断言。《中国天主教传教史概论》(第68页)引耶稣会士历史家巴尔多利在“la China Livre”中(LV, pp. 793—795)慨乎其言:“长久埋没遗忘在地下之一宝藏,卒于1625年出现,起初公布于中国,继而传至全球教会、东方、欧洲及新获见之大陆,盖此与整个圣教会有关之一事也。此事为何即在千载前,基利斯督教之盛行于中国十省也。景教在一百五十多年之时期中,不但得到许多皇帝之表扬爱护,且享有特典殊荣,如在每一大城市中许以建筑教寺,奉事真主,司铎及主教得以施行圣事等”。他们所以看重此古昔宗教的遗迹遗物,实亦出于古为今用之心理,欲于古昔宗教之废墟上面,树立起新的天主教的旗帜,他们所以大事宣传,决不是偶然的吧。

然而耶稣会士过去的努力,毕竟是徒劳无功,中国人虽曾欢迎景教乃至耶稣会派天主教,都无非为着重视他们的科学技术,合于当时需要。中国人是善于应用"一分为二"的方法,无论景教乃至来华耶稣会士,中国多数人都只欢迎其科学技术,而反对其迷惑人的宗教。尽管景教徒与来华耶稣会士他们兼具传教者与科学技术为幌子的二重资格,却是中国朝廷的政治领导人和知识分子和他们殷勤结纳,甚至信奉受洗,其初都只为要吸收其科学技术。方以智在《通雅》等书屡称引利玛窦的科学,却不信他们所附会的一套上帝的话,全祖望《二西诗》一面赞赏西学,一面又警惕于外患之可畏。"五洲海外无稽语,奇技今为上国取。别抱心情图狡逞,妄将教术酿横流。天官浪诩庞熊历,地险深贻闽粤忧。夙有哲人陈曲突,诸公幸早杜阴谋。"这诗很可代表中国进步人士的心理。景教也罢,耶稣会派天主教也罢,在中国那时最高的封建统治者都不过为其制造珍奇物品所动,或要求其制造武器,修理自鸣钟,如是而已。唐代因与西方各民族接触,须要景教徒作翻译,碑文中"为公爪牙,作军耳目"的伊斯,即因佐郭子仪有功,这和明清耶稣会士之治历有功,同样是受统治者所欢迎。至于说到宗教,作为异端的景教,与步景教后尘而亦步亦趋的耶稣会士,都不受中国人欢迎。康熙五十九年谕令"以后不必西洋人在中国行教,禁止可也,免得多事";因此而亦决定了基督教在中国的命运。

最可耻的是在1909年10月2日竟有一个丹麦人何尔谟(Fits V. Halm)冒充学者,竟欲将此作为中国历史重要纪念物的景教碑,用盗窃手段,偷偷把它掘起,装运出境,拟载至纽约博物馆保管,在他所著关于景教碑的两书中(*The Nestorian Monument*, pp. 29—32 与"*My Nestorian Adventure in China*"),竟亦不甚讳言。幸而原碑尚未出陕西境,终令运回,移置于西安碑林中。据足立喜六《长安古迹考》记当时情形是:

> "由发掘后之二百三十四年韩泰华重修碑亭,其后复罹回乱,碑亭与寺院俱被烧毁,遂使此碑暴露旷野,幸未遭毁损,诚属天惠。后经欧美学者之认识,遂使委弃于西安城郊外受天然与人为迫害之景教碑,舆论一致主张保护。另有一部人士,以移往欧洲为妥,于是丹麦人何尔漠等仆仆至西安,出银二千余两收买此碑,以便运往伦敦,正在秘密商量搬运之际,为北京政府得悉,急电陕西巡抚,令妥加保护。其时陕西高等学堂教务长王献君擅长英语,爰当此折冲之任,百方交涉,始得解除契约,允许何尔漠照原碑制造模造碑持归。按此模造碑,虽未得亲见,殆亦精巧酷似原碑,若后世原碑损毁,复足眩人眼目。陕西巡抚为加意保护计,移入碑林,时光绪三十三年(公元1907)八月二十七日也。"(第191—192页)

无论何尔漠的本意是运往伦敦,或他自己所说的运往纽约,总之这种盗窃行为是应该加以谴责的。此模造碑后运往美国,有耶鲁大学的照像,见何尔谟所著书中(*My Nestorian Adventure in China*,第312—313页),其运往外国的经过,同书亦一一拍照。何尔漠又基于此模造碑,更造儿多分寸不差之模造碑,分送欧美各国大学,也于日本大正13年寄赠京都帝国大学,在佐伯好郎《景教之研究》(第591页)中有其拍照。又于何尔谟前后英国人戈登夫人

(Hon. Mrs. E. A. Gordon)也有一个景教模造碑,建立于高野山寺院正殿,更别作一个建立于朝鲜金刚山长安寺门前。景教碑之模造品虽已成为许多国家的装饰品而容易看到,但是公元781年唐朝建立的原碑,则在我国人民坚决保护古物的行动下,仍然屹立于西安碑林,为中国人留下了历史纪念。

何尔漠在所作书中自述其制造模造碑的经过的同时,亦揭发了清王朝的腐败情形,对于景教碑几乎无力保护。据说于1891年,欧洲学者注意委弃于西安郊外无人过问之景教碑,乃由驻北京之公使馆请求总理衙门设法保护,结果由北京汇银百两,递送西安,令另建碑亭,而此款到西安时,只剩五两,乃草率从事,筑一瓦轮以为掩庇。因为清官吏的贪污无能,故引起何尔谟的盗窃行为。何尔谟自以为幸的,是由于他的盗窃行为,使清王朝在他完成模造品之后,赶快将原碑移置于西安碑林,景教碑以后不致风吹雨打(*The Nestorian Monument*, p. 32)。

六、景教碑在景教文献中的位置

(一) 叙利亚文学——景教经典数目——罗马法王厅所藏的景教文献——阿塞曼那斯编《东方文献》——试作《东方文献》中景教著作目录分类

景教会的礼拜式用叙利亚文，其宗教书籍亦占叙利亚文学之大部分。叙利亚文学以第4世纪至第8世纪为隆盛时期，而第9世纪以后随着伊斯兰教的勃兴与景教的衰亡，叙利亚文学亦次第陷于萎靡不振的状态，至第14世纪顷更见每况愈下了。关于叙利亚文学研究有许多学者，如赖特(Wright：*Syriac Literature*, London, 1894)，丢发尔(Duval, R. :*La Litté rature Syriaque*, Paris, 1899)，包姆斯塔克(Baumst ark, A. : *Geschichte der Syrischen Literatur*, Bonn, 1911)等专著，可供参考。现在只就其直接有关于景教文献的来说。在1888年德国学者内斯特尔(Eberhard Nestle)在"Porta Linguarum Orientalium"第五编所载作为《叙利亚文典》(*Grammatica Syriaca*)附录的《叙利亚文献目录》(*Litteratura Syriaca*)不过约1000部，其中约650部是第15纪以后学者关于景教的著述。论文全部多以拉丁文或英德法诸国文字写成，算不得景教本教文献，收入目录中的景教经典，仅不过150部。(参照佐伯好郎《景教之研究》，

第422页。)然而据伯希和在敦煌与《景教三威蒙度赞》一卷同时发现可说是景教之位牌的《尊经》,其末尾有云:

"谨案诸经目录,大秦本教经都五百三十部,并是贝叶梵音。"

这可证大秦景教,也如佛教一样,当时有其诸经目录,而这诸经目录所录的"大秦本教经五百三十部",也就是说作为景教经典的总数,共有530部。至于"贝叶梵音",这是中国文字用以统指所有未经译出的西方横行文字包括叙利亚文字的代名词而已。"大秦本教经都五百三十部"之多,当然不止于狭义之景教经典,即圣书与礼拜式文,因为景教会所用的圣书或经典,据佐伯好郎所作统计,不过100部,这是据景教碑便可明白的(同上书,第421页)。碑文所说"圆女四圣有说之旧法",该当《旧约全书》之41部;所说"经留二十七部",该当新约全书27部,而此68部之经典,加以景教法规或礼拜式等20部,尚未易达到100部。即以第13世纪末(1298)收于《东方文献》(见 Assemanus:Bibliotheca Orientalis)之阿美尼亚及尼锡比斯城之京城大德埃培特·耶稣(Ebed Jesus)所著《景教文献总目录》所载总数,亦不出300种,假如再加算前述狭义之景教经典,亦未达到500种。由此可见这《尊经》末尾之530部,无疑是表示了当时景教文献之全部最大的数字而言。

因为景教元祖叙利亚人聂斯托尔自被宣告为异端而被破门之后,所有景教文书悉被投之水火,从第4世纪至第14世纪约一千年间的景教文献,几皆不传于现在。其偶传到现在的景教文书,是限于罗马教廷所认为害处较少的东西。虽然在罗马教廷所不许刊行的景教文书，如聂斯托尔的遗书，也偶然发现，但那是凤毛麟角，可称景教之唯一资料；至于汉译本经典如《三威蒙度赞》等之发现，则根本不是叙利亚文了。现在即本此历史事实，来考证一下景教碑在景教文献中的地位。

首先罗马教廷所保存之景教文献，现存只有三种。即第一、《东方文献》(*Bibliotheca Orientalis*)，第二、《圣遏拂林全书》(*Sancti Ephraen Syri Opera Omnia in Sex Tomos Distributa*)，第三、罗马教廷所保存之叙利亚语、阿拉伯语、希伯来语、波斯语等之稿本文献目录，而这些文献均为巨型大册，是以每册约660页乃至950页之全部13册所成。其中《东方文献》与《圣遏拂林全书》为J. S. 阿塞曼那斯(Joseph Simonius Assemanus)编纂，全部10册。又第三之教廷稿本文献目录是J. A. 阿塞曼那斯(Joseph Aloysius Assemanus)与其侄S. 阿塞曼那斯(Stephanus Assemanus)共编，全部13册，通常称此为"阿塞曼尼(Assemânî)文献"。就中尤以J. S. 阿塞曼那斯所编《东方文献》为与景教有重大关系，北京大学图书馆善本室有藏书。盖当1719年至1725年顷阿塞曼那斯奉教皇克雷门特第十一世之命，出入于罗马教廷的书库，以景教文书256种为资料所编，曾出版四册，即第一卷、第二卷及第三卷上下册，此书全书名是：

Bibliothecat Orientalist Clementino-Vaticana in qua Manuscriptos Codices Syriacos, Arabicos, Pericos, Turcicos, Hebraicos, Samantanos, Armenicos, Aethiopicos, Graecos, Aegypticos, Ibericos, & Malabaricos, Jessu ct Munificentia Clementis XI, Pontificis, Maximi, en Oriente Conquisitos,

Comparatos, Ayectos, & Bibliothecae Vaticanae addictos, Recensuit, dessesit, & genuina Seri pta è Spuriis secrevit, addita Singulornm actorum Vita, Joseph Simonius Assemanus Syrus Maronita Sacrae Theologia Dactor, atque in eadem Bibliotheca Vaticana lingu run Syriacae & Arbicae Scriptor.

译为汉文即是：

“罗马教廷图书馆叙利亚语及阿拉伯语文献主任神学博士、叙利亚马罗奈塔(Maronita)派教会所属J. S. 阿塞曼那斯奉上最高教皇克雷门特第十一世陛下之大命，由于陛下许多之赏金，探讨东方诸国所带来之叙利亚、阿拉伯、波斯、土耳其，希伯来、萨美利泰诺斯、阿美尼亚、阿提彼科斯、希腊、埃及、意俾利亚及马拉巴等诸国语与罗马教廷图书馆之所有物而校订编纂的罗马教廷之东方文献。”

此书三卷四册，第一卷一册共648页，1719年罗马出版，分56章，全部属于叙利亚教会之正统派基督教文献，与景教无关系。第二卷共546页，1721年罗马出版，所载悉为基督单一性说派文献，因为单一性说是异端，特于序文5页中述其出版理由。又有教廷文书检阅裁判所之决定书3页，附以出版许可证予读者以警告。本文第一编共160页，第一，基督单一性说派是异端邪说之开端；第二，此派在埃及、叙利亚、阿拉伯各地的发展；第三，基督单一性说派归顺罗马天主教；第四，属于基督单一性说派之叙利亚雅各派之误谬与异端性；第五，述雅各派教会组织等。本文第二编共48

章485页，载公元450年至1494年约1000年间基督单一性说之文献100余种。因为第二编是与景教相反对之单一性说派的文献，故与景教文献亦无甚关系。第三卷分上下二册，上册共707页，1728年罗马出版，下册共962页，1728年罗马出版。上册本文199章载第1世纪（公元50年）至第14世纪景教会所用文献，附录63章载第13世纪末（1298年）埃培特·耶稣之《景教文献总目录》。下册全部为景教论，即景教的历史与景教之异端性的证明，作为景教研究资料，盖无出于此书之右者。因此，佐伯好郎曾据此书下册，叙述景教的变迁史，据此书上册，译其《景教文献总目录》全文。因为景教一般被认为异端，故关于景教文献上下二册的出版，在罗马教廷严格的检阅制度之下，经过了相当的删削和订正。所以在第三卷第1669页对于聂斯托尔有利的地方悉行删去，甚至第三卷上册第611页以下载《景教历代法主略传》（*Patriarchac Chaldaeoun Sive Nestorianorum*）中把聂斯托尔及其一派的姓名，尽行削除。甚至第三卷上册对于所载第13世纪末埃培特·耶稣在《景教总目录》中原文“法主聂斯托尔”（Nestorius Patriarcha）一句也加以“非法主”的注解。第三卷下册分15章，第一章37页，说明迦尔底教会或亚述教会通俗称为东方教会或聂斯托尔教会，从第3世纪中叶（公元247年）至第4世纪初期（公元326年）传播波斯境内，以泰锡封（Seleucia-Ctesiphon）附近为东方基督教的中心。第二章述基督教正统派之信仰树立以后，为聂斯托尔所说的异端邪说所侵入的叙利亚教会，乃传布景教于安息的传说，次论摩尼教的异端性，更述及基督教修道院的起源，详述波斯基督教之受迫害及殉教者之实情。第三章第15页再论聂斯托尔之异端性。第五章第56页说明在罗马帝国、波斯、阿拉伯、鞑靼、土耳其等领地内从485年至

1726 年景教的位置。第六章 35 页叙景教之内讧与分裂，第七章用 250 余页摘登景教所说新旧之误谬与异端性，主张聂斯托尔及其师狄奥多等破门处分之为正当。第八章第 20 页详述景教徒舍弃了异端而归顺正统派的信仰，并加以奖励。第九章第 150 页余页叙基督教之传播印度、波斯、安息、大夏、中国等，主张印度称为圣多默之基督教非即景教，又第 7 世纪以前（唐太宗贞观九年以前）在中国、西域所传基督教，非所谓景教，而力辩其即为基督教正统派即天主教。即回溯中国天主教从第 3 世纪至第 4 世纪，此天主教之清流自第 7 世纪至第 9 世纪乃为景教异端之浊流所污。可是这关于中国古代天主教的提出，实和中国基督教传教史的历史事实不符。天主教之传入中国是从第 13 世纪末（公元 1294 年）到达北京之天主教方济各派之约翰·孟德高维奴（John of Monte Corvino, 1247—1328）开始。即如《中国天主教传教史》著者德礼贤（Paschal M. D'Elia）虽欲力证中国主教区的创设不由于聂斯托尔派却由于天主教正宗，但亦不得不说"这些事实，确实的来历，无从追溯"（第 51 页）。即在此章，作者又根据 1667 年刻射所著书述及 1623 年在中国陕西省西安府西郊外有景教碑文之发现。第十章 60 余页论阿拉伯的基督教，叙基督教单一性说派与聂斯托尔派的斗争，暗中表示同情于基督单一性说派。第十一章 60 页以下，述景教法主略传，认为法主这尊称竟为景教会所使用是僭越之至，又批评 498 年景教之独立，记述景教法主之根据地的变迁。第十二章详细论述景教法主，及京城大德、大德等，示其任命的形式与天主教会等相违。第十三章约 150 页详述前章之大德、京城大德、法主之外，景教僧位及僧侣之种类品级，而以其名称、制度并任命、升进等与其他宗派作比较。第十四章约 70 页详论关于修道僧。第十五章20余页概论景教学校及学科课程,述景教学科以神学与文、医、理、法之学为主。景教学校所在地有①伊得萨、②尼锡比斯城、③塞琉西阿(Selucia)或摩登那(Modaina)、④多肯那(Dorkena)、⑤马休萨(Mahuza)、⑥加玛(Garma)、⑦以栏(Elam)、⑧波斯、⑨阿拉伯、⑩呼罗珊(Khorasan)、⑪阿德查本尼亚(Adjabenia)等,并附以修道院及教会之附属学校,说明景教徒之如何热心于学习圣书或讨论。因为此书为研究景教之必不可缺少的参考文献,所以吉本的《罗马衰亡史》中关于景教的记述,即全部根据于此。此书既然成于罗马教廷严格的检阅制度之下,而且是以景教作为异端的攻击对象,所以应用此书时,是应注意此书的局限性的。

《东方文献》之外,还有《圣遏拂林全书》六卷,是由叙利亚语拉丁语对译三卷,与希腊语拉丁语对译三卷而成。前者第一卷1737年,第二卷1740年,第三卷1743年,罗马出版。后者第一卷1732年,第二卷1743年,第三卷1746年出版。叙利亚语拉丁语对译之第一、第二卷皆关于《旧约全书》一部分之注脚,第二卷第317—560页及第三卷之687页,全部为圣遏拂林(Sancti Ephraeus)之说教论文集。此书可能与汉文《尊经》中所称之《遏拂林经》有关,但因汉译本尚未发现,其有否为史料价值,尚存疑问。又此外尚有《东方稿本文献总目录》,其第一卷希伯来语稿本目录,第二卷叙利亚教会稿本文献目录,第三卷景教稿本文献目录,全书虽揭出第3世纪以来之稿本文献大小57380页的题目,但可作为景教研究的资料之处甚少。因此在罗马教廷所保存之景教文献可供研究用的,不得不推《东方文献》了。尤以收于《东方文献》之埃培德·耶稣所著《大秦景教诸经总目录》,给研究者以许多方便。今试以我之浅见，就此大量文献，更加以分析，约分为数类：

1. 关于《旧约圣书》及《新约圣书》的数目最多，约180种，《新约·旧约圣书》注释约46种，尤以关于《诗篇》之注释为多，圣书研究约8种，教父著书注解约5—6种。

2. 关于教会之法宪法规约20种，教会之诏敕及法令、文书等约5种，教会大会议事录及报告书约9种，又教会裁判论4种。

3. 关于宗教仪式约30种，包括圣餐式、洗礼式、圣职任命式、会堂献纳式等。又关于祭坛、祭典、祭日等11种，祈祷文（礼拜文）等约15种。

4. 关于修道院及修道院僧约6种，僧位论1种，关于僧院生活方法及信徒心得、圣灵慰安录等约共31种。

5. 关于历史约16种，年表1种，教会史16种，传记23种，殉教者传5种，基督传3种，尤以与景教史有关著作，如Babaeus Nestorianorum Patriacha《波斯景教志略》、Theodorus Episcopus Maru《东方教会学者列传》、Maser Salomonis Eilius《景教法主传》（阿拉伯文）、及Jaballaha Ⅲ. Patriarcha《景教僧旅行志》、Thomns Episcopus Margensis《统治志略》（修道院史）、Josephes Ⅱ Patriarcha《归顺罗马教会之理由》等为最可注意。

6. 关于神学约50种，内有Maruthas Episcopus《基督教证据论》、Eutherius Tyanensis《神死论驳义》、Honainus Medicus Filius Isaaci《神可畏论》，尤以与景教讨论有关的如Achudemos Metropolita《基督两人格论》《基督两人格质义》、Gabnel

Catarensis《基督唯一无二论》等为最可注意。

7. 关于异端驳义约50种，信仰论约15种。信仰论包括关于拥护正统信仰之书简及论文，辩论书中如《景教反对论驳义》、《景教反对论辩妄》、《偶像崇拜驳义》之外，更可注意的是关于异教的驳义，如 Eusebius Emessenus《犹太人排斥论》、Ephraem Syrus《犹太人诸经驳义》、Absaham Bazdascendad《犹太教驳义》，又 Titus Bostrensis，Eranistes《摩尼教驳义》、Diodorus Tarsansia《摩尼教排斥论》、Maanes Persa《波斯教所说驳义》、《哲学者及波斯教所说驳义》等，可见景教徒与异教的斗争情形。

8. 关于哲学的约55种，逻辑学约6种，道德学约3种。哲学书题，如《人间出生不灭论》、《人间创造论》、《极乐论》、《灵的生活论》、《完美论》、《万物有始有终论》、《认识论》、《知识之源泉》、《烦琐哲学论》、《灵魂哲学》、《世界之不可思议》及亚里士多德之《辩证法释义》等。道德学如 Georgius Nerracus 之《服务论》及 Jesudenha Episcopus Kosrae 之《节操论》等亦可注意。

9. 书简集约38种，质义应答文约13种，说教集约8种。

10. 诗歌集包括诗歌、诵咏歌、赞美歌约76种，可见景教徒中不少是擅长文学者。

11. 关于科学技术著作，有如 Salomon Spiscopus I Bassorae《天地图解》、Timotheus Patriarcha《星学》及《星占术驳义》及《博物志》等。更可注意的是医学，有 Simeon Taibutha《医学》、《卫生学》、Joannes Mesne《医学》、Sapones Saheli《医术及治疗方法》、Joreph Sahes Presbyter《病床论》、Jahia

Giazaalae Filius《实验医学业》等。又关于经济学，有《相继财产分配论》之作3种，又 Isaac Ninivita 之《食物论》、《粮食分配论》，Joreph Huzila 之《灾害论》、《商业心得》，均可认明景教徒之经营商业行为。又关于语言学有《叙利亚文典》、《叙利亚字母论》、《单语篇》及《叙利亚语及阿拉伯语之书简集》等共10种。此外尚有如叙利亚译书、希腊文译书及波斯语阿拉伯语、希腊文献之叙利亚语等共数种，此亦可证明景教徒对于语言学上之贡献。

尽管如此，《大秦景教诸经文献总目录》因为编者认景教为异端邪说是应该加以排斥的，故如景教元祖聂斯托尔著书虽多，以其学说渎神的原故，均被没收烧却，所残留者只有目录上所列7种：

1. 悲剧（Liber）；
2. Heraclides 之书（Liber Heraclides）；
3. 送 Cosmas 书函（Epistola ad Cosmu）；
4. 礼拜式文（Liturgia）；
5. 书简集（Liber unus Epistolarum）；
6. 说教集（Liber Homiliazum）；
7. 祈祷文集（Liber Orationum）。

不但如此，这第13世纪末埃培特·耶稣所见之景教文献，现存毕竟只有目录而已，我们现在除了所见罗马教廷允许发表的《东方文献》中的景教文献之外，实在找不出什么东西。因此我们的注意，乃不得不转向于散在于罗马教廷以外的景教文献。

(二) 罗马法王厅以外之景教文献——聂斯托尔遗书《关于赫拉克利特子孙的事业》——聂斯托尔语录——宝珠经——元主忽必烈派往欧洲景教僧的旅行志

罗马教廷以外保存于西洋各国的景教文献虽则非常之少，但仍然是研究景教的重要对象，尤其关于聂斯托尔的遗书的发现，给研究者以颇为贵重的资料。还有从聂斯托尔反对党所引用作为攻击材料的辑佚工作，虽然只是零星片段，而对于明了聂斯托尔的学说却大有用处，现在即本这见地，依照佐伯好郎《景教之研究》中的介绍文（见第436—452页）撮要述之如下：

第一是称为聂斯托尔遗书的"The Bazaar of Heraclides"，原文是叙利亚文，意译即为"关于赫拉克利特子孙的事业"，盖研究景教的本质，无出此书之右。因为对于聂斯托尔1500年的破门处分，在罗马教廷现仍然存在，所以这异端的遗书不为法王所保存。又这聂斯托尔的遗书稿本，全世界也只有5部，其一部是1889年美国宣教师团在景教的根据地乌鲁米亚（Urumia）的写本，由此第一写本复制出英国剑桥大学之一部，与德国斯特拉斯堡（Strasburg）大学之一部。此外则为培德扬（Bedjân）博士所有之一部。培德扬的写本，一半是从景教法主秘藏原本在乌鲁米亚之凡（Van）抄出，另一半则是在科昌内斯（Kotchanes）写出，但博士为保存重要文献，订正错误之外并加以有益的脚注和附录，于1910年出版。原来1886年由于英国康忒培利（Canterburg）大僧正本松（Benson）博士开始提倡之景教徒教化团（The Arch bishop of Canterbury's mission）最初派遣宣教师访旧波斯领之景教徒，团员一人从1892至1899年在库提斯坦（Kurdistan）地方之贞克斯（Rev. D. Jenks）初探知在景教法主处秘藏有颇为贵重之聂斯托尔遗书的稿本，意欲获得而到底购求不成，乃用尽种种手段，欲得此稿本之新写本，遂派遣有名之叙利亚学者哈利斯（Rendel Harris）博士，使叙利亚僧奥什昌那（Auschanâ）自内秘密抄出而达到目的。这是聂斯托尔遗书收入欧美学者手里的第一步，而这写本就是今存于美国者。又贞克斯自己同年又携带别的写本回到英国，这就是剑桥大学保存的稿本。同时复制的还有在德国斯特拉斯堡大学的一部。但是把这贵重的聂斯托尔遗书的真价值报道学界，骤然唤起欧美知识界研究景教之兴趣者，却应归功于德国古孙（H. Goussen）博士。古孙博士在这叙利亚语译本的写本尚未归入欧美人手中时，即在1897年莱比锡出版的著作中，已经言及作为聂斯托尔遗书之本书的重要性。次之，1900年德国之东方学者布劳恩（Oscas Braun）博士在其著书中亦提及本书。而最初以此遗书作为资料介绍于德国学界的，实为《聂斯托尔语录》即《小品集》的著者卢佛斯（F. Loofs）。至1910年乃有P. 培德杨，"*Livre d'Heraclide*"（Paris）之叙利亚本之出版，至瑙（F. Nau）博士而有法译"*Le Livre d'Heraclide*"（Paris，1910）出版，共404页。继之乃有德利培（G. R. Driber）与荷治松（Hodgson）两氏共译之"*The Bazaar of Heraclides*"英译本，1925年出版，共425页，译者站在新教立场译出，较法译本为佳。

原本题为"赫拉克利特子孙的事业"的遗书，分上下二编，上编是三大章叙利亚文，共193页，下编是二大章叙利亚文，共327页，但在1842年土耳其酋长巴德汗贝格（Badr Kshan Beg）虐杀景教徒之际，这叙利亚文原本亦蒙受损害，失去上下全卷约六分之一，不无遗憾。这书据内容判断，当为450年秋聂斯托尔尚生存时，至少是450年末或451年顷所写，盖原文第515页（法文第330页）中有听到450年7月28日驾崩之狄奥多西第二世（Theodosius Ⅱ）讣音而有叹息于"皇帝对我（聂氏自称）所表示的情谊，都是虚伪的"一语。而本书原本写时所以不在452年以后，则因对于聂氏多年的宗敌亚历山大城之西理禄之友代俄斯科拉斯（Dioscorus Bishop of Alexandria）无一言及之。代俄斯科拉斯是于451年11月9日在迦勒色端宗教会议，得破门处分的。由于聂氏遗书的发现，从来教会史家认为聂氏之死在440年顷之说也可不攻自破了。

原书既定为450年前由聂斯托尔本人以希腊语写成，而由希腊语翻译为叙利亚语则在450年后。由于译者之无能，对于本书题目，不能有正确的认识，原希腊文本应译为"business"即"事业"，乃误译为"bazaar"即"市场"，以致"Bazaar of Heraclides"变成精神的知识之陈列所了。卢佛斯虽明知其为误译，却主张把"bazaar"解作英语之"treatise"即"论"之意。佐伯好郎批评卢佛斯，认为仍有问题，因为希腊语之"Heraclides"是说Heracles的子孙，这是根据希腊古代神话，聂斯托尔以Heracles自比，以景教信徒比Heracles之子孙，言外之意，希望将来他的子孙所作事业是从不正当的反对党手里夺回精神界领土，以为自己雪耻，因此认为本书应译为"赫拉克利特子孙的事业"（《景教之研究》，第450页），我同意这种新的提法。本书原来是聂氏为辩护自己主张的正当的目的而作，内容分为历史的部分与神学的部分，从第96页至142页、从第265页至293页并从第329页至380页详述西理禄对聂氏争论问题之历史，全部悉属神学上的议论。其论述方法是希腊哲学者所好用之问答的辩证法，聂氏悉摘出反对党的误谬。而证明安都派神学主张之所以正当。聂氏之为人在本书完全活跃出现于读者的眼前，虽不足400页的小册子，但在景教文书中，无疑占极重要的位置。

其次就是题为《聂斯托尔语录》(*Nestoriana*)一书了。此书全名“*Nertoriana*：*Die Fragmente des Nestorius gesammelt*，*untersucht und herausgeben*”。(Halle，1903)，编者为德国哈礼大学神学教授卢佛斯，助成之者有英国库克(Stanley A. Cook)与哈礼大学语学讲师卡姆普夫迈尔(Dr. George Kampfmeyer)。此书为卢佛斯教授1905年的辑佚工作，全书由407页所成之聂斯托尔小品集，其内容大致有二：一为428年至451年前后聂氏反对派当攻击聂氏时所引用他在各处的演说，又从所称为聂氏的文章里引用其可资攻击的材料，是将聂氏的语句拔萃搜集而成。因聂氏著作是禁书不传于世，所以这只从攻击聂氏文中搜集其语句整理而成之一书，虽所引用的未必能传聂氏真意，但是卢佛斯苦心集录的片言只语还是很可珍视的。另一是从散见于聂氏同时代历史家的著作里，搜集聂氏的片断语句而加以整理，批判其真伪，使1500年后的今日得以窥见聂氏言论之一斑。在这里卢佛斯博士充分应用了拉丁、希腊及叙利亚之引用文，仅仅407页的书本，却成为站在基督教新教立场研究景教本质之重要的文献(参照《景教之研究》第440—442页)。

再就是1297年京城大德马尔·阿布得·伊斯(Mar Abd—is—ho)所述《宝珠经》(*Kethâbha dhe Marghânîthâ*)了。此书见巴泽(Badger，G. P.)所著《景教及其礼拜式》(*The Nestorians and Their Ritnals*，*London*，1852)第二卷第380页后附录，是对景教教理研究之最好资料。此外更可数及巴奇(Budge，Sin E. Wallis)之英译“*The Monks of Kublai*，*Emperor of China*”(London，1928)，此书与《宝珠经》之名均见于《东方文献》所收之《景教文献总目录》中，原为波

斯文，被景教徒抄译为叙利亚语。最初之波斯文尚未发见，叙利亚语的写本亦至 1887 年始发现，为迦尔底教会神父叙利亚语学之泰斗培德杨（P. Bedjan）博士所收存，由于他的努力整理之后，订正写本之误谬并补充缺字，于 1888 年出版。而将此培德杨之叙利亚语本第一版翻译为法文附以注解和参考资料出版的，是 1895 年之沙荅（Abbeé Chabot）博士。此书在巴黎出版，题为《雅八・阿罗诃第三世传》（*Histoire de Mar Jab-Alaha* Ⅲ）。同年，培德杨亦订正其叙利亚之原稿写本，题为景教之《教父雅八・阿罗诃及把扫马法师之历史》（*Histoire de Mar Jab-Alaha Patriarch et de Raban Sauma*）在巴黎与莱比锡两处出版。又荷尔（H. H. Hall）教授于 1886 年亦得到把扫马及马可传之叙利亚文本而将其重要部分译为英文，在美国出版，但已绝版。现在英译本可见者，有 1927 年宾夕法尼亚大学教授蒙特哥美利（J. A. Montgomery）在纽约发表的《雅八・阿罗诃第三世的历史》（*The History of Yaballaha* Ⅲ, Nestorian Patriarch, and of His Vican, Bar Sauma, Mogol Ambassador to the Frankish Courts at the End of the Thirteenth Century, Translated from the Syriac and Annotated, New York, Columbia University Press, 1927），全书仅 84 页，翌年即 1928 年始有巴奇之叙利亚文全译本出版。这即是佐伯好郎所据之日译为《元主忽必烈派往欧洲之景教僧旅行志》一书。此书优点不但因此两中国人之景教僧，是代表元代乃至中央亚细亚一带景教势力消长及其教会之盛衰兴亡的历史，尤其是书中所述在中国北京附近出身之把扫马法师当 1288 年赴罗马时所陈述于罗马教廷之大主教的声明，是代表在波斯、中国当时宗教之信仰信条，而与正统派信仰有不同的地方。即景教法主雅八・阿罗诃，确信圣灵乃“从子出”即“从父与父出之圣灵”，这关于基督教神学上另一种三位一体之说的提出(参照《景教僧旅行志》,第263—266页)就可见此书在景教教理史上有其特色所在。

(三) 汉文景教文献的发现——景教流行中国碑——《序听迷诗所经》——《一神论》——《三威蒙度赞》——《尊经》——《志玄安乐经》——《宣元思本经》——《景教大圣通真归法赞》——《宣元至本经》为伪经考——北京发现之叙利亚文古钞本

在景教文献中提供最丰富资料的,还是汉文景教文献的新旧发现。在汉文文献中具最特殊的意义的,却是《大秦景教流行中国碑》。由于1623—1625年间景教碑之发现,各国学者才重新唤起景教的研究,这是历史事实,只要注意到关于景教碑各国学者研究著作之多,已经够惊人了。中国发现的景教资料,有直接的与间接的两类,由景教徒之手所制成的景教经典及景教文书是直接资料,其景教徒以外所制成,如夏鸣雷《西安碑》(1897)附录第371至413页及佐伯好郎《景教之研究》卷末附录约达220页之中国文资料,就是间接资料。景教碑虽不是景教经典,但是和新发现之汉文景教经典比较起来,无疑是全世界无可比拟之最重要的景教文献。正如佐伯氏所说"中国景教的研究,即谓实从景教碑文之研究开始,又以碑文之研究告终,亦非过言"(《支那基督教之研究》第一册,第181页);"加之中国景教文书中,吾人所信为最古之《序听迷诗诃经》外七种之景教文书,悉与景教碑文中之文章或字句相互关涉,不研究景教碑文,到底不能理解其他景教文书的"(同上书)。

由此可见景教碑在景教文献研究中的重要性，而景教碑在景教文献中的位置也就很容易明白了。景教碑文称阿罗本之初来“占青云而载真经”，贞观十二年七月诏亦称阿罗本“远将经像来献上京”。景教碑颂并序作者是长安大秦寺僧景净，伯希和发现之《景教三威蒙度赞》亦为其所译。据《尊经》末尾一段，则其所进呈汉文景教经典有三十余种，即：

①常明皇乐经　②宣元思（至）本经
③志玄安乐经　④天宝藏经
⑤多惠圣王（Davil）经　⑥阿思（恩）瞿利容（Svangelium）经
⑦浑元济　⑧通真经
⑨宝明经　⑩传化经
⑪罄遗经（“罄遗”二字出景教碑“不聚货财，示罄遗于我”，石田干之助疑为“謦遗”，误）。
⑫原灵经　⑬述略经
⑭三际经　⑮征诘经
⑯宁思（恩）经　⑰宣义经
⑱师利海经　⑲宝路法王（Paul）经
⑳删河律经　㉑艺利月思（Georges）经
㉒耶宁顿（遡）经　㉓仪则律经
㉔毗遏启经　㉕三威赞经
㉖牟法王（Moses）经　㉗伊利耶（Elijah）经
㉘遏拂林（Ejhraim）经　㉙报信法王经
㉚弥施诃（Messiah）自在天地经　㉛四门经
㉜启真经　㉝摩萨吉斯（Mar Sargis）经
㉞慈利波经　㉟乌沙那郝（Hosanna?）经

接着是“谨案诸经目录,大秦本教经都五百三十部,并是贝叶梵音。唐太宗皇帝贞观九年西域太(大)德僧阿罗本,届于中夏,并奏上本音,房玄龄、魏征宣译奏言,后召本教大德僧景净,译得已上三十部,卷余大数具在贝皮夹,犹未翻译”。这里不但告诉我们景教文献“都五百三十部”,而且知道景净和景净之徒等所译景教经典有30余种,其中第㉕种《三威赞经》当即现存之《景教三威蒙度赞》。固然35种经典之中,很可能混入非景教的东西,如第⑭种《三际经》是摩尼教的经典,又第⑯种《宁思经》当为《宁恩经》之误写,亦摩尼教经典,又引《四门经》是占星术书,当即《新唐书》艺文志所载《聿斯四门经》之简称,其佚文见《宿曜经》一文条。日本平安朝末《宿曜运命勘录》十四条是占星术书,以诸星之运行讲招福攘灾之法(参照石田干之助:《都利聿斯经及其佚文》,见羽田博士颂寿纪念《东洋史论丛》第56页,又《支那之耶稣教》,第13页)。大概经过汉译的经典,只有如上所述“三十部”而已。但这“三十部”之中,在敦煌石室发现的,也只有②《宣元思本经》、③《志玄安乐经》与㉕《三威赞经》三种,其余尚无发现的消息。惟按照景教碑文所记“翻经书殿,问道禁闱,深知正真,特令传授”之语,知有这些景教文书的翻译为可信。就现存所传景教文书来说,《大秦景教流行中国碑》之外,在中国领域截至1943年已发现之汉译景教文书存有10种,内伪作一种或两种:

①大秦景教三威蒙度赞	②尊经
③喻第二	④一天论第一
⑤世尊布施论第三	⑥序听迷诗所经
⑦志玄安乐经	⑧大秦景教宣元本经
⑨大秦景教大圣通真归法赞	⑩大秦景教宣元至本经

就中《序听迷诗所经》是汉译景教文书中最早的，大约是635至678年作品；《志玄安乐经》和《大秦景教三威蒙度赞》这两部书大约是在第8世纪末叶大秦寺僧景净所译。《喻第二》、《一天论第一》、《世尊布施论第三》则为与《序听迷诗所经》同时发现的手抄本，大约是642年所作的《一神论》之三个组成部分，按次序排列应为《一天论第一》《喻第二》《世尊布施论第三》。至《大秦景教宣元本经》与最后发现之《大秦景教宣元至本经》，即佐伯氏所称为《小岛文书》附刊于《清朝基督教研究》中者，均疑为伪作。现在试将汉文景教文献分述如下：

①大秦景教流行中国碑　　②序听迷诗所经

③一神论（喻第二、一天论第一、世尊布施论第三）

④景教三威蒙度赞　　⑤尊经

⑥志玄安乐经　　⑦宣元思本经

⑧大秦景教大圣通真归法赞　　⑨大秦景教宣元至本经

①《大秦景教流行中国碑》　案《金石录补》，"碑高四尺七寸五分，广三尺五寸，三十二行，行六十二字，正书。在西安府。右碑下及东西三面皆列彼国文式，下有助检校试太常卿赐紫袈裟寺主僧业利检校建立碑石，僧行通杂于字中，字皆左转，弗能识也"；这盖指叙利亚文字而言。近人方豪《唐代景教史稿》（见《东方杂志》第四十一卷第八号，第44页）述此碑最详，文曰："是碑为我国景教第一文献。碑顶有额作蟠龙状，中镌十字，为马尔特（Malte）式。十字下题大秦景教流行中国碑九字，分列三行，碑下有龟承之。碑身上狭下广，上薄下厚，计碑额高八公寸二分，碑身高一公尺九寸七分，全高二公尺七寸九分，碑身上广九公寸二分五，下广一公尺零二分，上厚二公寸六分七，下厚二公寸九分。碑以汉文为主，文体

极似头陀寺碑，景净汉文不精，必我国人代作，书碑者‘朝议郎前行台州司参军吕秀岩’。碑文题名下有叙利亚文一行，正文末亦有一行，正文下共十九行，内二行附汉名；右侧有叙利亚文三行，第一列十一行，第二列十三行，第三列五行；左侧凡四列，第一列十一行，第二列六行，第三列十三行，第四列十一行，亦有附汉名者。”据张星烺《中西交通史料汇篇》第一册（第184页），“此碑全文，可分四段，第一段叙述基督教大义，第二段叙述自唐太宗时入中国后之蒙优待，第三段颂词，第四段诸僧署名，汉名及叙利亚名并列。”景教碑之表面情形大概如此，详细内容分见本文各篇。

②序听迷诗所经　敦煌石室写本发现后，原归我国人所有，后竟辗转为日本高楠顺次郎藏。全经分两部分，前部叙述教理，凡7节，148目，后部为耶稣行实，凡4节，206目。原本经题以下存160行，2830字一见似为完本，但据高楠顺次郎审阅，乃从卷首移入并非原形，从其末尾文义来看，缺失第171行以下。其体裁纸幅与景教经典《一神论》略相同，现已与《一神论》合为一册，全卷影印于昭和6年，东方文化学院京都研究所出版。关于此书经题，经羽田亨博士详密研究（见内藤博士还历祝贺《支那学论丛》大正15年京都刊所收《关于景教经典序听迷诗所经》），知道“迷诗所乃”“迷诗诃”即“弥师诃”（Messiah）之误。盖景教碑与《三威蒙度赞》之“弥施诃”、《一神论》之“弥诗诃”同为今译“弥赛亚”即救世主之义。又“序听”之“听”字，殆为与“数”“鼠”等同音相近之字之伪，或即“序聪迷诗诃经”。假令以窣利语即中古波斯语对音，则“序”字中古ziwo音之外有iwo音，即以“序”字写作ye，所以“序数”“序鼠”之类见于本经典第121行、第124行之“移鼠”与见于《一神论》之“翳数”，见于汉文摩尼教经之“夷数”同为窣利语之yîšo。中古波

斯语 yîšŏ 之对音，即意味着耶稣之意。所以“序数？迷诗诃”即可解读当为窣利语之耶稣教（聂斯托尔派）经典所习见之 yišō mšihâ，即亦可译为见于本经第 124 行之“移鼠迷诗诃”。可知《序听迷诗所经》原即是《移鼠迷师诃经》（*Book of Jesus Messiah*）。“迷诗诃”在《至元辨伪录》卷三作“弥失诃”，谓“迭屑人（即基督教人）奉弥失诃，言得生天”，便知是经内容所述原是补缀新旧两约圣书之文，以略说景教之教义及弥师诃即耶稣之一代记。此经中“天尊”一语屡见，如“天尊法”“天尊教”“天尊法教”，盖皆指“天主”之教而言。“天主”即“天尊”，本经第 1 行“佘时弥师诃说天尊序娑法”，即“天尊序婆（Jehovah）之法”＝耶和华法。首先说明天尊不可得见，“谁见天尊在于众生，无人得见天尊，何人有威得见天尊。”但“善有善福，恶有恶缘”；“有人怕天尊法，自行善心，及自作好，并谏人好，此即是受天尊教”。接着讲天尊序婆法是如何不违忠孝之道。“众生若怕天尊，亦合怕惧圣上”；“此三事一种，先事天尊，第二事圣上，第三事父母”。又述景教之个人的及社会的道德原则，把天尊所说十愿，和摩西之十诫对比。羽田亨研究的结果是：

十诫之第五	当十愿之第二
同　第六	同　第五
同　第七	同　第六
同　第八	同　第七
同　第十	同　第八

（见《支那学论丛》，《关于景教经典序听迷诗所经》，第 21—22 页。）

还有许多吻合之处：如讲到原罪，即“众生背面作恶，遂背天尊”；“天尊见众生如此，怜愍不少”，“天尊当使凉风向一童女名为末艳，凉风即入末艳腹内，依天尊教，当即末艳怀身。”这里“凉风”是三位一体中“圣灵”(Spiritus Sancta)之代称。对于希腊语所用“圣灵”，东方教会及景教教会用“净风”即“圣净之风”。然景教碑文《三威蒙度赞》、《一神论》均用“净风”二字，而本经则译为幼稚字眼“凉风”。“末艳”(Maryam)即处女玛利亚，“末艳”怀胎后产一男名为“移鼠”，此所述即贞女产子、天主降孕的故事。后面述耶稣基督一生的行实，较为详尽。讲他诞生时的异星出现，“当产移鼠迷师诃，所在世间居见明果在于天地，辛星居知在于天上，星大如车轮”。又讲若翰保第斯大给他付洗，天主圣神借着白鸽的形象降临。“即有凉风，从天求(来)，颜容似薄闷，坐向弥师诃上，虚空中问道弥师诃是我儿，世间所有众生皆取弥师诃进止”。次述及耶稣的神迹，“瞎人得眼，形容异色者迸(迟)差，病者医了得损，被鬼者趁鬼，跛脚特差，所有病者求向弥师诃边，把着迦沙(娑)，并惣得差”。最后述他的受难，“年过三十，其习恶人等，即向大王毗罗都思(Pilatos)进言，告毗罗都思前即道，弥师诃合当死罪。”但审判时，毗罗都思曾宣告“我实不能杀此人”，但迫于恶缘人等，“弥师诃将身施与恶(缘人)为一切众生遣世间人等，知其人命如转烛，为今世众生布施，代命受死”；结果是为了要救赎众人，把他“即木上缚着，要将两个劫道人，其人比在(左)右边，其日将弥师诃，木上缚着五时，是六日斋平明缚着，及到日西，四方闇黑，地战山崩，世间所有墓门并开，所有死人并悉得活”。这所述耶稣一生行实，和新约圣书《马太传》或《路加传》所记述神话无异。这部书是否奉诏所撰虽成问题，大约成立时代在贞观九年景教传入以后数年，是635

至638年间的作品,可算汉文中最古的圣经了。现存经卷的书写年代,据书法风格当为中唐以前缮写,文章译者似汉文不甚通,极为难懂,且多误脱之处,但经羽田亨一番整理,解决疑难之处不少。是经发现后已译成西文,见佐伯好郎(P. Y. Saeki)“*The Nestorian Documents and Relies in China*”, pp. 147—191, “*Notes on the Jesus-Messiah Sulra*”,又可参看 Moule:“*Christians in China, before the Year 1550*”第59—64页。

③一神论(喻第二、一天论第一、世尊布施论第三) 是与《序听迷诗所经》同时发现的敦煌石室写本,归日本富冈谦藏,现为其嗣子益太郎所藏。全经分三部,喻第二、一天论第一、世尊布施论第三。按次序应先述一天论。一天论共94目,原本60行,1045字,喻第二共217目,142行,2620字,世尊布施论共262目,187行,3360字。全书现与《序听迷诗所经》合为一册,由东方文化学院京都研究所影印。全书首部残缺,据卷尾题《一神论卷第三》,故出版时题为全帙之名。此书喻第二,主要论述万物悉皆一神之创造,“万物见一神,一切万物既皆是一神,一切所作若见,所作若见,所作之物,亦共见一神不别,以此故知一切万物并是一神所作,可见者不可见者并是一神所造。之时当今,现见一神所造之物,故能安天立地,至今不变”。强调一神论,谓“天地并是一神之力”;“天地唯有一神更无二,亦无二”;“唯一神遍满一切处”;这可见景教徒神学的特色。又分别魂魄与神识,主张“譬如一人共魂魄(soul)并神识(spirit),共成一人,若人(无)身不具足,人无魂魄,人亦不具足,人无神亦不具足”。以上是喻第二的大意。其最后一句“天下万物尽一四色”,实即为《一天论第一》的要义。《一天论》“劈头便”问曰:人是何物作?答曰:“有可见无可见,何在(有)作何无

作,有可见则是天下从四色物作,地水火风神力作";既说可见之物尽皆是四色,又强调"天地并一神所作";"此神力不用人力,自然成就皆是一神之力";这就是在可见者之上加上不可见之神力,以统一四色。"神力意度如风,不是宍(肉)身亦神识,人眼不见少许。"更进而强调魂魄不灭,"魂魄今常住无损伤。"述人类肉体与魂魄的相互不可分的关系,"身署(觅)魂魄何许富在,前借贷五荫谁贫,彼此勿疑";"似身两共五荫共魂魄自一身;"这就涉及景教神学所谓特质交换性之说,即作为 Communicatis idiomatum 理论之基督神人两性各性质所有特征之交换性之一面(参看佐伯好郎《中国基督教研究》第 292 页)。又教人"唯事一神天尊,礼拜一神";人生善事须作于此世,方有效果。"如是此天下生,亦不生常住此处,为如此生能修善种果报,彼天下须者,皆得在先此天下种于后去,彼天下是何处,此处,须母胎。"譬如布施功德,"喻如作功德,先须此处作,不是彼处,布施与他物功德,此处施得,彼处虽施亦不得";"以此思量,……至心礼拜天尊,一切罪业皆得免除,此处礼(拜)得,彼处礼(拜)不得;"真能如此,则"于处种果报得具足","于彼天下唯见快乐,亦不见阿谁";这就到达了极乐世界了。只有"愚痴缘(人)被恶魔迷惑,未得晓中事";"不解礼敬一神,亦不解祠祭"。在此讲到恶魔鬼怪即娑多那(Satana,与景教碑文中之娑弹 Satan 同)及参怒(Shianda)即娑多那之首。"嫉妒众人为善,以是缘不令人尊敬一(神)";"迷惑众人使堕恶道者恶魔也,是故一神始末愿惣成圣";这是《一天论第一》的大意。最后就是《世尊布施论第三》。开始引用《新约全书》之《马太传》第六章述以博爱为宗旨,"若左手布施,勿令右手觉;若礼拜时,勿听外人眼见,外人知闻;会须一神自见,然始礼拜。"此经所述布施精神实即完全包含《马太传》第五章、

第六章及第七章所谓山上垂训。如“财物皆须向天堂上,必竟不坏不失”;此与《马太传》第六章三节义同。“有财物不须放置地上……有盗贼将去,”与《马太传》六章十节义同。“唯看飞鸟亦不种不列,亦无仓窖可守,”与同书六章二十六节义同。“似如梁柱着自家眼里,倒向余人说言,汝眼里有物除却;”与同书七章四节义同,“汝等于父边索饼即得,若从索石,恐畏自害即不得,若索鱼亦可,若索蛇恐螫汝,为此不得”;与同书七章九节义同。尽管如此,而多年学界所称为后世伪造之《马太传》第五章之“主之祈”(Lord's prayer)则被除去,这是最值得注意的。此外残余的五十余事,则记耶稣三年六个月之传道,与耶稣升天后六百余年之基督教变迁的大势。讲到肉身的复活与天神和地狱等事,最后一句是“谁依直心遂行者得上天堂,得快乐处无有尽时”;“若有不乐不听者,即共恶魔一处,于地狱中永不得出”。以上是《世尊布施论第三》的大意。因为在《世尊布施论》中有“弥师诃向天下见也,向五荫身六百四十一年不过”;知《一神论》大约成于641年。又本经中有云“所以一切拂林,如今并礼拜世尊,亦有波斯少许人被迷惑与恶魔鬼等”;《喻第二》有“喻如从此至波斯,亦如从波斯至拂林”;知《一神论》作者是来自拂林与波斯,而此书乃其撰述。译成西文的有佐伯好郎“*The Nestorian Documents and Relics in China*”,pp. 161—168,《喻第二》即 The Parable Ⅱ,pp. 174—193,《一天论》第一即 *Discourse on the Onenes of the Rules of the Universe*,Part Ⅰ,pp. 206—236,《世尊布施论第三》即 *The Lakadjyêchtha's Discourse on 'Dana' or Exhibition of Charity*,Part Ⅲ。

④景教三威蒙度赞及⑤尊经 1908年(清光绪三十四年)法伯希和在敦煌鸣沙山石室发现并盗窃去的写本,即为天主教的司

铎们在举祭时天天要念现在还要念着的拉丁文 Gloria in excelsis《荣福经》,而杂以 Te Deum landamus《赞美经》。这是对于天主圣三的颂赞,今存巴黎国民图书馆,编号伯希和目录 3847。蒋斧收此书于《敦煌石室遗书》第三册中,又 1910 年考古学会《石室秘宝》中有玻璃版本,毛尔《1550 年前中国的基督教》第 52—53 页间,有写真版。全经分三部分,一、赞文,二、《尊经》,三、按语。除《尊经》之诸经目录及按语已见前外,《大秦景教三威蒙度赞》实自成一卷。据佐伯好郎"三威蒙度"之"三",表示汉字之"三","威蒙度"为叙利亚语"imuda"之音译,而 imuda 即为"浸礼",合之即意味着三度受洗者之浸水,因谓此书系景教徒受洗时所诵朝拜圣三经,此自可备一说。据方豪《唐代景教史稿》,"三威"即今称"圣三","蒙度"者仰望救赎之意。盖经中言三才、三身,俱指天主三位一体而言;而所用"蒙"字"度"字,若"藏依止"、"蒙圣慈光"、"蒙润"皆言"承蒙"或"蒙受"也;"广度苦界"、"大师能为普救度","度"字俱有拯拔之义,是《三威蒙度赞》者即呼求"圣三经也"。方豪之说盖本于毛尔。毛尔前书中(第 53 页)则将"三威蒙度"译为"A Hymn of the Brilliant Teaching to the Three Majesties for Obtaining Saluation",即以"三威"译为"three majestics",当圣父、圣子、圣灵三者;更以"obtaining saluation"译"蒙度"二字,其说似较佐伯为长。证之以《尊经》开头所云"敬礼妙身皇父阿罗诃(Elōah),应身皇子弥施诃(Messiah),证身卢诃宁俱沙(Ruha da qudsa 圣灵),以上三身同归一体"二行,则《蒙度赞》之为押韵之七言四十四句所成之圣三位一体之颂,更为明白。《尊经》在列天主圣三三位之名以后,即接着六行一连举出三十一法王(圣人)即是瑜罕难法王(Yahana)、卢伽法王(Luke)、摩矩辞法王(Markos)、明泰法王(Matthew)、牟世法王

(Moses)、多惠法王(David)、景通法王(Mar Sergis)、宝路法王(Paul)等,与作为《旧约全书》诸篇撰者二十四人之二十四圣法王。《尊经》末尾又列记汉译景教经35种,按语中附记"召本教大德僧景净译得已上三十部"。这《尊经》与《三威蒙度赞》本各别行,《尊经》乃景教礼拜式之位牌(Diptych),与赞不同,毛尔英译之为"The Honoured〔person〕and Sūtras"亦可存一说。现在与《三威蒙度赞》已连成一卷。《尊经》中诸经目录所列《三威赞经》亦即《三威蒙度赞》无疑。大约成于780年前后,此书先有明加那(Dr. Alphones Mingana)英译,继有佐伯好郎英译,见"*The Nestorian Documents and Relics in China*"第266—268页。又《尊经》(*The Book of Praise*)见上书,第273—276页,毛尔英译见《1550年前中国之基督教》,第53—57页,1939年福斯德"*The Church of the T'ang Dynasty*"书中(pp. 154—157),且将《三威赞经》英译与叙利亚原文对照。

⑥志玄安乐经 敦煌石室遗书之一原作《志玄安乐经》,旧归李盛铎藏。先发表于《东洋学报》第十八卷第一号(第1—24页)羽田亨所著《关于景教经典〈志玄安乐经〉》中。本经原本188行,2660字,前10行残阙80字,字体近《三威蒙度赞》,属于晚唐期所写抄本。是书内容是假定景教本尊"天上一尊弥施诃"与岑稳僧伽问答的经典。岑稳僧伽(Simon Sanga 即当窣利语 Simon Petro),与《大秦景教三威蒙度赞》所见岑稳僧法王为同一名。"岑稳"二字唐代音 s'im-won,无疑是 Simon 之对译。经中有"反魂宝香"及"宝山"等名词,见景教碑文,其所云"无欲无为,无德无证"所受道家之影响亦同,只就经题"志玄"二字就很明白了。本经主旨在教导人们达于安乐的方法。第一节说:"是故我言,无欲无为,无德无证,

如是四法,不衒已,能离言说,柔下无忍,潜运大悲,人民无无边欲,令度尽于诸法中,而获最胜。得最胜,故名安乐道。”第二节解释问“无中云何有乐?”说:“汝当审听(我)与汝重宣,但于无中能生有体,若于有中终无安乐,……求安乐者,一但当安心静住,常习我宗,不求安乐,安乐自至,是故无中能生有法。”又说:“此经所说神妙难思,一切圣贤流传法教,莫不以此深妙真言,而为其本。”第三节解释问“以何方便作渐进缘?”一尊弥师诃对之先举诸人之情态行为的弱点,以后即说“十种观法为渐修路”。“云何名为十种观法?一者观诸人间,肉身性命积渐衰老,无不灭亡”;“二者观诸人间,亲爱眷属,终当离拆,难保会同”;“三者观诸人间,高大尊贵,荣华兴盛,终不常居”;“四者观诸人间,强梁人我,虽欲自益,及(反)为自伤”;“五者观诸人间,财宝积聚,劳神劳形,竟无所用”;“六者观诸人间,色欲耽滞,昏从身性起,作身性冤”;“七者观诸人间饮酒淫乐,昏迷醉乱,不辨是非”;“八者观诸人间犹玩戏剧,坐消时日,劳役精神”;“九者观诸人间,施行杂行,唯事有为,妨失真正”;“十者观诸人间,假修善法,唯求众誉,不念自欺”。以为“观此十种,调御身心,言行相应,即无过失,方可进前四种胜法”,而达到安乐道。所以结论是“惟此景教胜上法文,能与含生度生死海,至彼道岸安乐宝香”。又说“若有男女,依我所言,勤修上法,昼夜思惟,离诸染污,清净真性,湛然圆明,即知其人终当解脱”。最后言及“行吾此经,能为君王安护境界”。全文体裁模仿佛经,羽田亨谓其思想与《道德经》所说相近,要之是景教流行中国后所受佛道二教影响的明证。译为西文的,有佐伯好郎前书第281—302页“The Sûtra on Mysterious Rest and Joy”。

⑦宣元思本经 原经残存经题及本文共10行,仅190字,敦煌

写本,旧为李盛铎氏藏。经名亦见《尊经》中诸经目录,作《宣元思本经》。此经与《志玄安乐经》字体相同,就其内容开头是“时景通法王,在大秦国那萨罗城(Nazareth)和明宫宝法云座”,对于“诸明净士,一切神天等妙法王,无量觉众及三百六十五种异见中民”而说景教的真谛。但即在此10行的残片之中,如“景通法王”之“景通”,疑即景教碑文侧面僧名中之“僧景通”,又“三百六十五种”文字亦见碑文中。本经“常启生灭死”,与景教碑文“启三常之门,开生灭死”略同,“妙有非有”与景教碑文“后后而妙有”略同。如是等例疑此经属伪作,盖乃略通景教碑文之书贾伪作以牟利者,与《大秦景教宣元至本经》之为伪作相同。《宣元思本经》10行载佐伯好郎《景教之研究》第741—742页,及《支那基督教研究》第403页,译为西文的见同作者“*The Nestorian Document and Relics in China*”第312—313页。

⑧**大秦景教大圣通真归法赞**　这和《大秦景教宣元至本经》断片卷末30余行,是1943年2月和11月由日本小岛靖从李盛铎的遗品中发现的,现刊入佐伯好郎在昭和24年3月出版的《清朝基督教研究》中,作为附录。《大圣通真归法赞》和《大秦景教三威蒙度赞》同为赞美歌的性质,同为七言一句的文体,原文颇短,且为新发现的资料,人多未及见,录之以供参考:

“敬礼大圣慈父阿罗诃,皎皎玉容如日月,巍巍功德超凡圣,德音妙义若金铎,法慈广被亿万生。众灵昧却一切性,身被万毒失本真,惟我大圣法皇,高居无等界,圣慈照入为灰尘,驱除魔鬼为㠯彰,百道妙治存平仁,我今大圣慈父,能以慧力救此亿兆㠯。圣众神威超法海,使我礼拜心安诚,一切善众普奉,

同归大法垂天轮。敬

礼

瑜罕难法王位下。

以次诵《天宝藏经》、《多惠圣王经》、《阿思瞿利律经》。开元八年五月二日沙州大秦寺法徒索元定传写教读。”

在这《赞》的全文里，“𡰥”即“民”，是避唐太宗“世民”之讳。据佐伯好郎研究这是今日东西教会在“耶稣变貌日”或即天主教会所使用耶稣显圣容日（Transfiguration）祭日所唱的赞美歌。因这首二句“敬礼大圣慈父阿罗诃，皎皎玉容如日月”是与《新约全书》中《马太传》第十七章、《马可传》第九章的记事及《路加传》第九章第二十八节至三十六节，并《彼得后书》第一章第十六节至十八节所示耶稣变貌即显圣容之传说记事完全相合。据景教会历规定每年8月6日为变貌祭日，因而此赞即为纪念此一祭日之礼拜式所使用。赞文题“大圣”以表示神之子耶稣，又以神之子具有不可思议之变貌，即所谓显圣容的奇迹，故称之为“通真归法”。文末“同归大法乘天轮”谓信耶稣者悉可得救，与耶稣同归大法乘天轮而归还于神处，其不胜感谢之情洋溢赞文之中可见。其次“敬礼瑜罕难法王位下”二行，与次一行，共为关于景教会礼拜式之尾声，盖诵赞毕，同时司仪者指令会众敬礼圣徒瑜罕难法王，敬礼既毕，同会者诵《天宝藏经》、《多惠圣王经》、《诗篇》，最后诵《阿思瞿利律经》，即《福音书》也。《天宝藏经》载于僧景净所进译书30种之中，佐伯氏疑其为使徒书简之一。盖东西基督教会之礼拜式公祷，规定所奉读者（一）使徒书，（二）诗篇，（三）福音书。景教会以使徒保罗为“圣灵之宝藏”（The Treasure of the Holy Ghost），《天宝藏经》或即使徒保罗书简之汉译，亦未可知。此《赞》传写教读既明载为开元八年五月二日，而传写者又自称为沙州大秦寺法徒，则当为唐开元时甘肃沙州大秦寺之景教徒无疑（参照佐伯好郎之《清朝基督教研究》附录《小岛文书》，第1—14页）。

⑨大秦景教宣元至本经　现只存卷末30余行，420余字的断片，佐伯好郎疑其即为《宣元思本经》的后部。兹为辨别真伪起见，不惜将原文录后，以供参考：

“□□□□□□□□□□不灭除，若受□□□魔鬼道，天仇，阋□□□王，法王善用谦柔故能摄化万物，善救群生，降伏魔鬼。妙道能包含万物之奥道者。灵通之妙理，群生之止性，奥深密也，亦丙灵之府也。妙道生成万物囊括，百灵大无不包，故为物灵府也。善人之宝，信道善人达见真性，待善根本复天极，能宝而贵之。不信善之徒，所不〔可〕保，保守持也。流俗之人，耽滞物境，性情浮竞，岂能守持丙灵，遥叩妙明？夫善言可以〔加〕市人，尊行可以加人，不信善之徒，心行浇薄，言行佞美，好为饰辞，犹如市井（人）更相觅利，又不能柔弱，麾谦，后身先物，方自尊高乱行加陵于人。不信善之徒，言行如是，真于道也不亦远乎？神威无等，不弃愚鄙，恒布大慈，如大圣法王。人之不善，奚弃之有？奚何也，言圣道冥通，光威尽察，救物弘普，从使群生不善，何有可弃心，明慧慈悲，覆被接济无遗也。夫信道可以驱逐一切恶魔，长生富贵，永免大江漂迷流。所以贵此道者何耶？只为不经，一日求之则得，此言悟者目击道有迷于累劫不复也。假使原始以来，生死罪谴，一得还源，可以顿免。有此神力不可思议，故为天下人间所尊也。凡举圣以勖行人，明动不乖寂，是依信之方，妙契以源，不失真照妙理，宁真宗照不乖宁虽涉事有而即有体定，内真虽照而无心，外真虽涉而无事也。”

大秦景教宣元至本经一卷

开元五年十月廿六日法徒张驹

传写于沙州大秦寺

案此末尾所题年月，当《大秦景教通真归法赞》写经之前二年六、七月，虽题名《宣元至本经》，实与《宣元思本经》似无关系，以《宣元思本经》无“至”之一字，即为明证。盖《宣元思本经》是景教文书；而《宣元至本经》则为道教的信徒所作以注释《老子道德经》者，案《老子》六十二章云：

“道者、万物之奥，善人之宝，不善、人之所不保。美言可以市尊，行可以加人。人之不善，何弃之有？故立天子，置三公，虽有拱璧，以先驷马，不如坐进此道。古之所以贵此道者何？不曰求以得，有罪以勉，故为天下贵。”

《宣元至本经》中“妙道能包含万物之奥道者”至“奥深密也”，“百灵大无不包，故为物灵府也”，是释“道者万物之奥”一句。“善人之宝”；“不信善之徒所不保，保守持也”，是释“善人之保，不善人之所不保”二句。“夫善言可以市人，尊行可以加人”，是完全引用老子原句。“人之不善奚弃之有，奚何也，言圣道冥通，光威尽察，救物弘普，从使群生不善，何有可弃心”，均为“人之不善何弃之有”作注释。“所以贵此道者何耶？”至“有此神力不可思议，故为天下人间所尊也，”均与《老子》原文一致。由此可见，此开元五年法徒张驹所传写之《宣元至本经》作为景教文书看，则属于伪作，张驹无疑是道教信徒而住于沙州大秦寺，故有此误会。尤以佐伯好郎书中(见《清朝基督教研究》附录《小岛文书》，第21页)误将《宣元至本经》中“人之不善，奚弃之有？奚何也，言圣道冥通，光威尽察，救物弘普”，误读为“人之不善奚弃之，有奚何也言，圣道冥通，光威尽察，救物弘普”；将“奚何也”一句，解释《老子》六十二章本文的字眼，竟妄断为与《大秦景教宣元思本经》之“今柯通常，启生灭死”，认为文句中之“柯”与“何”字相通，“有奚何也言”与“有奚诃也言”相通，因而认为《宣元至本经》中与《宣元思本经》两经中有一脉相通之处。《宣元至本经》中之“神威无等”或“光威尽察”与“永免大江漂流”，“有神力不可思议”等文句，也和伯希和所发现之《景教三威蒙度赞》文句完全相同了。这当然是非科学的附会态度，是应该加以批评的。

上述汉文的经典资料以外，在中国本部及塞外边疆地方也发现了一些叙利亚语、窣利语和其他外国语之景教关系文献，就中尤以北京故宫城午门楼上发现之叙利亚文古钞本较为重要。此古钞本旧为北京大学明清史料整理会所藏，其发现的经过及其年月均不明，但据发现地点乃在北京故宫城午门楼上之一室，与前清帝室图书馆文渊阁距离甚近，可推测为文渊阁的旧藏。古钞本的性质是景教礼拜用的赞美颂，即在景教礼拜时分唱歌队为两组之前后唱咏(Kdham Dwathar)之一部分，而景教之前后唱咏的目的，是专为赞美殉教者的功德的。这古钞本的年代，据推测不出于第10世纪至第13世纪顷，全部八页，就内容来看，是赞颂当时从事商贾的景教徒为传播景教而牺牲的殉教者之事迹，其文句有日文全译见佐伯好郎《景教之研究》(第756—774页)。特别可注意的是其中文句,例如说:"正直的殉教者们!汝等经营商贾的人们!看吧!汝等的财宝,不是藏在天上了吗?这就是汝等以汝等的颈血所买得的宝珠啊!"又如说:"殉教者啊!汝等从事商贾的人们,汝等渡河海,越山野,遍历诸国,最后流出汝等的血潮去世了。"由此可见当时景教的传教士或僧侣,从事商业以自给自立的情形。景教徒原来就是披着宗教外衣的商人,他们不可能像罗马教会徒一样受国家的保护,他们常常是兼管商工业,或畜牧,这是历史的事实。法国景教研究者之一人瑙(F. Nau)站在罗马教会徒的立场,曾批评景教说,"景教的僧侣所以过于庸俗,是因为景教会中商人照样做了僧侣,又使僧侣很快转向为商人"(F. Nau: L'expansion Nestorienne en Asia,〔Annales du Musée Guimet, Tome Ⅺ, 1913, p. 244〕,此据《景教之研究》第755页引)。这古钞本正好证实了景教僧侣在长期间做行商人的事实,这不但是景教会和罗马教会的根本区别,而且也可以看出在"尘世"和"天国"的生活矛盾之中,他们和天主教士一般处于不同的观点立场。

七、景教碑中之景教思想

（一）景教碑中之"景"字及其意义——碑文中之基督教思想成分——与天主教的合致——特点之点——与基督新教的一致点

景教流行中国碑出土330余年，至今尚为世界研究景教之第一文献，尤其传入中国的景教思想，借此碑而传。景教既为基督教中的异端，则分析研究此异端的中国景教思想，实有其新的意义。首先教碑上屡见"景"字，教称景教（"真常之道，妙而难名，功用昭彰，强称景教"；又"明明景教，言归我唐"）；教会称景门（"天姿泛彩，英朗景门"；又"更效景门"）；教堂称景寺（"于诸州各置景寺"；又"重立景寺"）；教主曰景尊（"景尊弥施诃"），又曰景日（"悬景日以破暗府"，潘绅注："景日喻救主"）；教规曰景法（"法非景不行"）；其传播曰景风（"景风东扇"）；其作用曰景力（"我景力能事之功用也"），曰景福（"家殷景福"），曰景命，（"阐九畴以惟新景命"）；教徒曰景众（"颁御馔以光景众"；又"时法主僧宁恕知东方之景众也"）；教士曰景士（"白衣景士"）；僧之命名者有景净、景福、景通等。这一个"景"字，据阳玛诺《碑颂正颂》的解释，谓"景净士将述圣教，首立可名曰圣教景教也。识景之义，圣教之妙明矣。景者光明广大之义”。但近人研究,即此景教名称已经表示其对于其他宗教有协调的倾向。原来中国基督教是于 635 年从波斯传来,当时叫做波斯教或波斯经教,次则称“弥施诃教”或“迷师诃教”,最初其寺院称波斯寺,其僧侣称波斯僧,后天宝四年(745 年)始改称其寺院为大秦寺,其僧侣改称大秦僧,同时波斯经教亦定名呼为景教(Mingana:*The Early Spread of Christianity in Central Asia and the Ear East*, Manchester and London, 1925, p. 12)。这自命为景教的理由,据佐伯好郎所举四点:①当时弥施诃教徒说弥施诃是世之光,景字第一字义即光明之义。②景字通京,为日与京二字合成,而“京”有“大”字之意。“鲸”之“京”意味着大鱼,“京都”之“京”亦为大都,故景有大光明之义。③对于佛教的政策,当时长安颇有属于佛教密宗特征的“大日教”的势力,景教为扶植势力故加以利用,“大日教”或“日大教”民众看来是易于接受。④对于道教,道教的主要经典有《黄帝内外景经》,这《景经》与景教相似,可以给予暗示(参照 *The Nestorian Monument in China*, Introduction, pp. 127—130;《景教之研究》,第 552—553、984—990 页)。照以上所说则①②两点,是与当时流行中国的祆教、摩尼教相混,以两教均崇拜太阳;③④两点对中国原有宗教之佛道二教亦有混水摸鱼之感。所以即就景教名称,已经看出传入中国的最初基督教所取“机会主义”的传教方法,和后来明清之间来华耶稣会士所取的“机会主义”传教方法没有两样,而且是为其先驱的。尽管如此,景教在适应和吸收东方封建伦理的道德观念之外,究竟保留了其为基督教的特点。虽然景教是基督教的变种,而据景教碑上的教理分析来看,所宣扬的基本上和天主教还是一致。樊国梁的《燕京开教略》(上篇,第 13—16 页)曾力主景教即天主教之说,谓“景教碑乃罗玛圣而公会之传教士所立”，举出四证，虽均不足为据，但景教与天主教之关系仍有蛛丝马迹可寻，则无疑义，如据徐宗泽的《中国天主教传教史概论》（第88—90页并注）所举如下：

论天主三位一体——

粤若常然真寂，真言天主之本体，寂言天主之本性；先先而无元，言天主无始无终；窅然灵虚，窅阬也，虚纯无杂也，言天主之灵靡所弗知，自彻厥体；后后而妙有，总玄枢而造化，妙众圣以元尊者，其唯我三一妙身，三位一体；无元真主阿罗诃欤，阿罗诃即希伯来文 Elohim，古经上称天主之名，叙利亚文则曰 Alana，或 Aloho。佛教有阿罗汉名，不可相混。

论天主造物及原祖性体之完美——

判十字以定四方，鼓元风而生二气，暗空易而天地开，日月动而昼夜作，匠成万物，然立初人，别赐良和，令镇化海，浑天之性，虚而不盈，素荡之心，本无希嗜。

论原罪及其害处——

洎乎娑殚，魔鬼也 Satan（今译撒旦），施妄钿饰纯精，闲平大于此是之中，隟冥同于彼非之内。是以三百六十五种，言异教之众，肩随结辙，竞织法罗；或指物以托宗，或空有以论二，或祷祀以邀福，或伐善以矫人，智虑营营，恩情役役，茫然无得，煎迫转烧，积昧忘途，久迷休复。

论天主降生——

我三一分身，景尊弥施诃，Messia 默西亚也又，书弥尸诃或弥失诃，戢隐真威，同人出代。神天宣庆，室女诞生于大秦，景宿告祥，波斯睹耀以来贡。

按此处分身二字，研究景教者之解释不一，有谓此即聂斯托尔之异端，分身解说耶稣有二性而二位；有谓分身在中文书中并不解说性及位，是混言天主降显于世，隐其无穷之尊贵而为人也。

论救赎——

圆周全也二十四圣先知圣人有说之旧法，古经也，理家国于大猷，设三一净风无言之新教，陶良用于正信。制八境真福八端之度，炼尘成真；启三常信望爱三超性德也之门，开生灭死。悬景日光大之日即天主受难之日以破暗府，古圣所也，尘网于是乎悉摧，棹慈航以登明宫，真福所天堂也，含灵于是乎既济。能事既毕，亭午升真。经留二十七部，新经，张元化以发灵关，正道之要枢。

论圣洗瞻礼祈祷等——

法浴水风，言圣洗之礼，涤浮华而洁虚白，印持十字，融四炤以合无拘。击木震仁惠之音，东礼趣生荣之路。存须所以有外行，削顶所以无内情。不畜臧获，均贵贱于人，不聚货财，示罄遗于我。斋以伏识而成，戒以静慎为固。七时礼赞，大庇存亡，七日一荐，洗心反素。

实则景教之与天主教合致，李之藻《读景教碑书后》早已论及，如云“景宿告祥，异星见也；睹耀来贡，三君朝也；神天宣庆，无神降也；亭午升真，则救世传教功行完而日中上升也。至于法浴之水，十字之持，七时礼赞，七日一荐，悉与利氏西来传来规程吻合。而今云陡斯，碑云阿罗诃；今云大傲魔魁，碑云娑殚”。即由景教碑文所述教理，可以见景教教义原来即是基督教义，虽与天主教有小异，而毕竟大同。从大同处看，两教同拜天主，同尊耶稣，同讲天主创造天地和人，同说三位一体，同信耶稣降生救世神话。景教作为宗教，是基督教的一种，当然不出此例，我们如果只强调其与天主教之异而不见共同，便要犯了错误，其实许多只是名词不同，乃至译音不同，景教碑以外其他景教经典如《三威蒙度赞》、《尊经》中均可参证。而且据钱念劬《归潜记》说，碑额两旁有基路冰（即 cherubim 有翼的天使），正中有十字纹，这就是基督教的特征。至于碑文中所载之教仪与教规，如七日一荐即七日礼拜，行洗礼，敬十字无不相同。即就每日所诵经来说，德礼贤《中国天主教传教史》（第 11 页）即称“《三威蒙度赞》这是一篇对于天主圣三的颂赞，和东叙利亚式的《荣福经》一般无二，这是一篇经文，天主教的司铎们在举祭时候，差不多天天要念着的，便是现在，也还念着”。可见景教虽为天主教所斥为异端，而毕竟同出于一源，是有其一脉相通之处的。

然而景教也有其特异之点，和天主教不同，据佐伯好郎（Saeki: *The Nestorian Monument in China*, pp. 112—115，参照张星烺：《中西

交通史料汇篇》第四册，第116—120页译文）所述聂斯托尔派与罗马加特力教分离以后，其特殊之点可略举如下：

1. 不拜玛利（Mary）不承认玛利亚为天主之母（Mother of God），此点最与希腊（即东罗马所奉，今俄国亦奉之）及罗马天主教相异，欧洲信徒攻击聂派为邪说者，亦即以此。

2. 不用偶像保留十字架，此亦与希腊、罗马两派殊异，然据景教碑文阿罗本入唐时，似又持经像同来也。

3. 不承认罗马派之死后涤罪说（doctrine of purgatory），然自其圣徒名簿观之，聂派似容许奉祀祖先也。景教碑有“七时礼赞，大庇存亡”之语。

4. 反对化体说（theory of transubstantiation），然承认圣餐（Eucharist）时，耶稣基督实来光临也。

5. 行监督制，教士共分八级：

Ⅰ、监督……………… (episcopate)	(1)教务大总管（catholicos or patriarch） (2)总主教（metropolitan） (3)主教（bishop）
Ⅱ、司祭……………… (Presbyterate)	(4)司祭（presbyter） (5)副僧正（archdeacon）
Ⅲ、执事……………… (diaconate)	(6)助祭（deacon） (7)佐祭员（sub-deacon） (8)读经师（reader）

6. 司祭以下五级皆可娶妻，最初即大总管、总主教、主教等亦皆可娶妻，此制或受波斯祆教僧制之影响也。其在中国之主教及僧人皆娶妻，可于景教碑上之叙利亚文见之。例如“助祭亚当（Adam）为总主教叶嗣布锡德（Yesbuzid）之子，而总主教叶嗣布锡

德乃僧人米理斯(Milis)之子也"(以上为叙利亚文之译语),既有子则必有妻也。其人远从万里外来中国传教,古代陆道交通尤为艰苦,不便携带妻女,必与中国妇女通婚姻也。两国教堂之出家主义(monasticism)袭自东方人,独身不娶不嫁主义发源于埃及,故亚历山大港之锡利耳派(Celibacy)之独身不娶不嫁主义必受之埃及人也。印度佛教之悲观主义,甚早即传至美索不达米亚,基督教不无受其影响,然波斯之袄教徒视独身主义为不可思议之事,聂斯托尔派既抵波斯,受波斯主之保护,必又受袄教之影响,而允许僧人牧师娶妻也。

7. 聂斯托尔派斋戒时期,多而严谨,景教碑所谓"斋以伏识而成,戒以静慎之固"也。其戒斋时期如下:

甲　四旬斋(lent)复活祭前四十日间。

乙　圣徒斋(the fast of the Apostle)自圣灵降临节后第一月曜日至立夏后第一星期日。

丙　圣母迁徙斋(the fast of the migration of the Virgin)在八月间。

丁　也里牙斋(the fast of Elijah)

戊　通告节斋(the fast of the annunciation)在三月二十五日天使 Gabriel 通告圣母玛利亚以耶稣降生,行纪念祭也。

己　尼尼微斋(the fast of the Ninevites)

庚　圣母斋(the fast of the Virgin)

8. 茹素　教务大总管不食肉,其下不禁。

9. 教务大总管,由管长三人之互相选举而决定。

10. 多半宗教书籍皆用叙利亚文,然希腊文、拉丁文以及各地土语皆不禁止。拉丁教会专用拉丁文,希腊教会专用希腊文,而在中国之聂斯托尔派则用汉文以举行礼拜,可于1908年(光绪三十四年)法国伯希和教授(Prof. Pelliot)在敦煌石室发现之《景教三威蒙度赞》见之也。

由上所述景教特异之点,又可见景教与罗马天主教及基督教新教有其同也有其异,因其同故亦称为基督教,被认为基督教传入中国之始;因其异所以天主教徒斥之为异端道理,谓"此异端寄生于中国,不即消灭,为圣教之传扬不特是一阻碍,且为信德之一致,是一扰乱"。(徐宗泽《中国天主教传教史概论》第108—109页)然此被排斥之异端景教,其不拜圣母马利亚之说与基督教新教同。又无论新教、旧教乃至景教,他们无不遵奉1600余年前罗马帝国官方教条(The Offical Dogmas)所规定之尼西恩信条(The Nicene Creed)与使徒信经(The Apostles' Creed)与阿塔内西恩信条(The Athanasian Creed),但关于此等信经或信条的字句的解释及其解释权问题,新教主张可以基督教信者各自主观之灵的经验来解释,因而强调福音无拘束主义、信仰自由主义,而反对天主教之罗马教皇绝对至上主义与教皇无误论(infallibility)。又天主教规定信徒必须服从教皇(pope)、司教(bishop)、司祭(priest)的指导,新教则否认此罗马教皇之绝对的权威,乃至否认其解释圣书的传说即圣传的权威,即因新教在耶稣基督之外,不认有介在神与人之间的仲保者,因而亦认圣母玛利亚的介在无其必要,这反对圣母玛利亚崇拜主义,基督教新教很明显是受了景教的影响。话虽如此,景教与基督教新教虽同为从天主教之绝对权威中分离独立出来,而后者不过作为一个分派，而景教则被判为异端，究竟分派和异端不同。欲知异端之所以成为异端，更须注意景教在东渐之时，所受当时流行于波斯和中国各异教之重大影响。

（二）景教与波斯各种宗教思想的混合——摩尼教的特点——景教与摩尼教相同之点——火祆教的影响

景教是从波斯传入中国的，其在波斯时曾受摩尼教与火祆教二教的影响。

摩尼教创自波斯人摩尼（Mani，Manes 生于 215 或 216 年），与祆教不乏相类之点。1269 年宋代僧人志磐所撰《佛祖统纪》卷三十九及卷五十四中述波斯之苏鲁支云，“初波斯国之苏鲁支立末尼火祆教”；案苏鲁支即 Zoroastra，盖此混火祆与摩尼二教为一。摩尼教之来中国，据蒋斧说当在周隋之际，盖依敦煌《摩尼经残卷》（北京图书馆藏）及《长安志》光明寺后改大云经寺之记载。沙畹及伯希和于 1911—1913 年撰《摩尼教人中国考》不采其说，谓摩尼教以 694 年始入中国，最初记载摩尼教之书为唐玄奘之《西域记》，其记波剌斯国（即波斯）云：“天祠甚多，提那跋外道之徒为所宗也；”此提那跋即摩尼教之 Dênâvarî。玄奘所记 630 至 640 年间之波斯摩尼教，不久即入中国，据《佛祖统纪》卷二十九云：“延载元年（694）波斯国人拂多诞持《二宗经》伪教来朝。”然则摩尼教与景教输入中国的时期实相差不远。其教乃公元第 3 世纪波斯国内的一新宗教，本集合祆教、佛教及基督教而成。据岑仲勉综合所得资料，其教义是：

严行制欲主义(《统纪》三五云:“男女不嫁娶,互持不语。”)

不祭祖(陆游《渭南文集》五,称摩尼教“以祭祖考为引鬼,永绝血食”。)

不茹荤(《国史补》云:“其法日晚乃食,敬水不茹荤,不饮乳酪。

宋绍兴四年王居正言两浙有吃菜事魔之俗。”)

不饮酒(《释门正统》三九,“其法不茹荤饮酒。”)

白衣白冠(见《统纪》四一及五四,元代禁令亦有“白衣善友”之名称。)

死则裸葬(同前《统纪》“病不服药,死则裸葬”。)

但他认摩尼教“盖波斯型之基督教而又兼犹太及佛教色彩者”(《隋唐史》,第312—313页),则不知何所见而云然。摩尼经在波斯本土曾受祆教正统派的峻烈的迫害,一度传播西方,又受基督教正统派的压迫,传至东方,又蒙唐末会昌的禁压。但其汉文经典,据《夷坚志》称如《二宗经》、《三际经》曾收入《道藏》中,又现敦煌发现之摩尼教经典尚有《摩尼光佛教法仪略》、《下部赞》、《摩尼教残经》三种收入《大正大藏经》卷五十四。据《摩尼光佛教法仪略》出家仪第六中述二宗三际之教义云:

“初辨二宗。

求出家者须知明暗各宗,性情悬隔,若不辨认,何以修为?

一初际,二中际,三后际:

初际者,未有天地,但殊明暗,明性智慧,暗性愚痴,诸所动静，无不相背。

中际者，暗既侵明，恣情驰逐，明来入暗，委质推移。大患厌离于形体，火宅愿求于出离，劳身救性，圣教固然，即妄为真，孰敢闻命？事须辨析，求解脱缘。

后际者，教化事毕，克妄归根，明既归于大明，暗亦归于积暗。

二宗各复，两者交归。”

摩尼教和景教有相同之处：其一，即其人多长于科学技术。《册府元龟》卷九七一载开元七年（719）吐火罗上表献解天文人大慕阇（此名亦见《摩尼教残经》）云：“其人智慧幽深，问无不知，……知其人有如此之艺能，望请令其供奉，并置一法堂，依本教供养。”景教碑立于781年2月4日所称“大耀森文日”即为摩尼教译名。沙畹《摩尼教流行中国考》云，“景教之教语固为古叙利亚语（Syriaque），及第景教徒由伊朗（Iran）至中国，据西安景教碑所载人名，其间不乏波斯教师，如 Mahdad Gusnasp 或 Msihadad 显为波斯人名。此碑建于781年之耀森文日，卫礼已于一八七一年鉴定此耀森文即杨景风所记之耀森勿，经吾人考定即古波斯语 Ev-sanbat，今波斯语 Yaksanbah 之译音”；这就可见在七曜历上景教与摩尼教之关系。其二，景教与摩尼教同用佛教术语。摩尼教所用如无明、业轮、三轮、三灾铁围等皆佛教术语之转用。但如《下部赞》中列举十二尊之名，其七者信心净风佛，此云净风，即指三位一体中之圣灵，与景教之净风同。又十者知恩夷数佛，夷数即 Isa，即耶稣 Jesus，此亦与景教相同。又关于人类起源及历史问题，据腓利斯特（Fihrist）所传摩尼教义，很明白是一部分取自《旧约》圣书，这也可见其与基督教的关系。其三，景教与摩尼教、祆教同称三夷寺，舒元舆《重岩寺碑》(此碑建于824年)所云："亦容杂夷而来者，有摩尼焉，大秦焉，祆神焉，合天下三夷寺，不足当吾释氏一小邑之数"(《全唐文》卷七二七《唐鄂州永兴县重岩寺碑》)；文中大秦即景教，祆神即祆教。因而与景教同出于波斯，故常易混淆，如《尊经》目录中之第一四《三际经》，及第一六之《宁恩经》即为摩尼教经典，而混于景教目录中者。

次言祆教。此教创于苏鲁阿士德(Zoroaster)，当时可称波斯国教。其教圣经名《阿维斯塔》(*Avesta*)，教之主旨注重化畜牧为农耕，很符合封建社会的需要。祆教传入中国较景教为先。《西溪丛话》载贞观五年有传法穆护何禄将祆教诣阙闻奏，敕长安崇化坊立祆寺，号大秦寺，又名波斯寺，可见早期祆、景两教混淆不清。穆护即教士，乃古波斯文 maguš 之音译(英文作 magi)。因其教以火代表善神而崇拜之，故又称拜火教，日为光明之原，故亦拜日，其余月星辰诸天体，皆在崇拜之列。《旧唐书》卷一九八："于阗国事祆神，"又同卷："波斯国俗事天地日月水火诸神，西城诸胡事火祆者，皆诣波斯受法焉。"据冯承均《景教碑考》，以为《新唐书》于阗传，"贞观九年于阗遣子入侍"，而景教阿罗本之来中国，即是随于阗王子入朝者(见第56—57页)，如此假说属实，则景教之与祆教的关系实极密切。还有就是景教自司祭以下五级皆可带妻，此带妻主义亦分明是在波斯受了祆教的影响。古代波斯除穷人以外普遍实行一夫多妻制，祆教以不娶妻为罪恶，即反映此思想。景教受其影响，故景教碑上叙利亚文，译称"助祭亚当为总主教叶嗣布锡德之子，而叶嗣布锡德乃僧人米理斯之子"。这就可见中国景教之主教及僧人皆娶妻，而推究其起源，则在485年在斯宾所开景教总会已承认僧侣与僧尼之婚姻，又499年于总会规定“上自教祖，下至小僧道士均可从圣书而结婚养育子孙”。固然在《哥林多前书》第7章第9节已经有“倘若自己禁止不住，就可以嫁娶，与其欲火攻心，倒不如嫁娶为妙”之文，但是把这僧侣带妻主义为适应环境而订入景教法规，却无疑是受了波斯袄教的影响的。

（三）景教传入中国后与中国思想的混合——道教思想的影响——佛教思想的影响——儒家伦理思想的影响

唐代是儒道佛三教的鼎立时代，景教传入中国后即极力顺应中国固有之宗教迷信和宿命论思想，不但袭用道、佛二教经典的词语、模型与形式，而且为布教传道的保护方便，简直接受了为封建社会统治阶级服务的‘尊君’的儒家思想，以代替天主教之教皇至上主义。现在先从其与道教的思想关系说起。

景教碑开首即叙述基督教教义，采用了道家所常用的语句，几疑乎是出于道家者之手。如：

“粤若常然真寂，先先而无元，窅然灵虚，后后而妙有，惣玄枢而造化，妙众圣以元尊。”

又如“无元真主”；“鼓玄风而生二气”；“浑元之性，虚而不盈”；至于“真常之道，妙而难名，功用昭彰，强称景教”；与颂“真主无元，湛寂常然”；这就完全是《老子道德经》“道常无名”与“有物混成，先天地生，……吾不知其名，字之曰道，强为之名曰大”的语气了。碑文中引贞观十有二年秋七月诏曰:“道无常名,圣无常体,随方设教,密济群生。大秦国大德阿罗本远将经像,来献上京。详其教旨,玄妙无为,观其元宗,生成立要。词无繁说,理有忘筌,济物利人,宜行天下”一段和《唐会要》第四十九卷所载全同,唯大秦国大德阿罗本作波斯僧阿罗本,由此可见唐之历代君主所以欢迎景教,正因为认景教教义与道德之言相合。碑文云:“宗周德丧,青驾西升。巨唐道光,景风东扇”;更分明影射周末老子乘青牛车西入流沙的故事,而景教东来,比于再兴老子之教。阳玛诺《碑颂正诠》云,“青驾西升,谓老聃也,言周德丧而道人西去,唐道光而真教乃东矣;”即因此故。清乾隆时耶稣会士宋君荣(Gaubil)以为此碑作者是道教徒;美人李提摩太(Timothy Richard)与佐伯好郎均认为景教碑书字之吕秀岩,即金丹教祖纯阳祖师吕岩洞宾,其说虽不足信,然亦可见景教士在当时为扩张宗教势力,竟不惜以道教附会基督教义,运用了机会主义。至如《序听迷诗所经》之以道家之“天尊”称基督教之“天主”;《志玄安乐经》说“无欲无为”,“能清能静”,其为应用道教的修养方法,也不待详证而自明了。

然而更可注意的,就是来华的景教士不但附会道家之言,更借助于当时号称极盛之佛教的思想形式。景教碑、《三威蒙度赞》等屡屡援用佛典名词,例如“妙有”、“慈航”、“世尊”、“僧”、“大德”、“法王”、“慈恩”、“功德”、“大施主”、“救度无边”、“普救度”之类术语,《志玄安乐经》亦一见而知其模仿佛教经典形式。现即以《三威蒙度赞》首段为例:

“无上诸天深敬叹,大地重念普安和,人元真性蒙依止,三才慈父阿罗诃,一切善众至诚礼,一切慧性称赞歌,一切含真尽归仰,蒙圣慈光救离魔。”

又以《序听迷诗所经》为例,经中屡言及佛,盖即以佛称天主。据羽田亨所举:

“诸佛及非人平章天阿罗汉谁见天尊。

人急之时,每称佛名。

谁报佛慈恩。

突坠恶道,命属阎罗王。

此人凡一依佛法不成受戒之所。

先遣众生礼诸天佛,为佛受苦,置之天地,只为清净威力因缘。”

且景教人名之汉译者,普通皆称僧,作景教碑文的景净亦称僧,立碑时景教法主宁恕亦称僧;碑下方僧业利、僧行通、僧灵宝称僧,碑侧列名的65人也都冠以僧字,如僧宝达、僧惠明、僧灵寿、僧景通、僧德建之类,皆乍见未有不认为其出于佛教者。至如景教碑中所列教士汉名,如曜轮、曜源即今译若翰或约翰,明泰即今译玛窦或罗太,宝灵即今译保禄或保罗,来威即今译诺厄或挪亚。又如《尊经》之诸经目录,有法王名22人,瑜罕难法王即圣约翰(约翰),卢伽法王即圣路加,牟世法王即圣梅瑟(摩西),摩矩辞法王即圣玛尔谷(马可)。又有译义者如千眼法王与报信法王则仿佛似护守天神与嘉俾伦尔天神,而用字亦多为佛经中所常用的字眼。尤其景教碑作者景净,也曾同时参与佛教经典的翻译工作。据日本东京帝国大学梵文教授高楠顺次郎发现唐德宗时(780—804)西明寺僧圆照所辑《贞元新定释教目录》卷十七《般若三藏续翻译经纪》文曰：

> "法师梵名般刺若（唐言智慧），北天竺境迦毕试国人也（言罽宾者之化用名）。……洎建中三年，届于上国矣。至贞元二祀，访见乡亲，神策正将罗好心即般若三藏舅氏之子也。……好心既信重三宝，请译佛经，乃与大秦寺波斯僧景净，依胡本《六波罗蜜经》译成七卷。时为般若不闲胡语，复未解唐言，景净不识梵文，复未明释教，虽称传译，未获半珠，图窃虚名，匪为福利，录表闻奏，意望流行。圣上睿哲文明，允恭释典，察其所译，理昧词疏。且夫释氏迦蓝，大秦寺僧，居止既别，行法全乘，景净应传弥尸诃教，沙门释子弘阐佛经……。"

又《大唐贞元续开元释教录》卷上文同。虽然景净受佛教徒排斥，而曾一度参加佛典翻译，则为历史真实。正因为景净与佛教有关，故景教碑中竟可将希伯来文之 Eldhjm，译作梵文之阿罗诃 Arhat，以见于建碑前 102 年唐高宗时（679）杜行𫖮译《佛顶尊胜陀罗尼经》中佛之阿罗诃，作为景教经典中之阿罗诃。又《尊经》虽非景净所作，而其末尾称"大秦本教经都五百三十部，并是贝叶梵音"；又云："余大数具在贝皮夹，犹未翻译"；此处并用"贝叶梵音"，可见景教徒之喜欢混淆景佛二教，其意在利于宣传可知了。

景教不但采取道家习用的词汇，模仿佛教经典的形式，更且强调儒家思想之忠孝二道以为其传教张目。景教碑极力宣扬帝王功德，宣扬以帝王将相为历史的原动力之荒谬观点。他们赞美唐太宗"赫赫文皇，道冠前王"；赞美高宗"人有康乐，物无灾苦"；赞美玄宗"皇图璀灿,率土高敬";赞美肃宗"止沸定尘,造我区夏";赞美代宗"德合天地,开贷生成";赞美德宗"武肃四溟,文清万域";又说"道非圣不弘,圣非道不大,道圣符契,天下文明"。据阳玛诺《碑颂正诠》,"言国主助圣教之广,圣教助国主之光,盖圣教流行之益,缘帝王从奉;居高作倡,大道广敷,教法相资,而皇猷熙奏也"。又云:"帝王之势,譬之宗动天然,昼夜恒运,枢纽九重,力能带下强之同动,……此帝王从宗圣教,上行下效,而异端邪说,不能而阻之也"(第62—63页,上海土山湾印本)。这不但可见景教是为封建统治阶级服务,而且这种传道方法也为明清之间来华耶稣会士所继承。《序听迷诗所经》中关于忠君思想有云:

"为此普天在地,并是父母行据。此圣上皆是神生,今生虽有父母见存,众生有智计,合怕天尊。又圣上,并怕父母。"

又云:

"众生若怕天尊,亦合怕惧圣上,圣上前身福私(利)天尊补任,亦无自乃天尊耶。属自作圣上,一切众生,皆取圣上进止,如有不取圣上(进止),驱使不伏,其人在于众生即是返逆(叛逆)。"

又关于孝道思想说:

"第二须怕父母祗(祇)承父母,将比天尊及圣帝,(所)以若人先事天尊及圣上,及事父母不阙,此人于天尊得福不多。

此三事一种,先事天尊,第二事圣上,第三事父母。"

"第二愿者若孝父母并恭给,所有众生,孝养父母恭承不阙,临命终之时,乃得天道为舍宅。(第三愿者,所有众生)为事父母,如众生无父母,何人处生?"

虽则基督教从摩西以来(如旧约圣书《出埃及记》20 章 12 节及《申命记》5 章 16 节)从不反对孝养主义,然而将孝养主义与祖先崇拜合一,则实为景教所受儒教思想的影响。景教碑文"七时礼赞,大庇存亡";景教徒既为生存者祈求息灾延命,又为死亡者祈求冥福。祈祷书中所称《尊经》即是牌位,正是祖先崇拜的思想表现。景教徒以尊君事父相号召,这种与中国传统思想的妥协精神,正是中国景教的特点。羽田亨曾考得"《新约》中说掌权的应当服从(《罗马书》十之三,《提多书》三之一等),视帝王为当权者,即当敬事服从,这是教义所许。然以帝为神生,实神所命,又说:'无自乃天尊耶,属自作圣上',事圣上即是事神之说,却非本来之教义"。又"此派之三位一体思想受他派非议,至宣布为异端,不得不退避东方,而此教派至于说帝王神生,神所显现,事君父同于事神,则变化可谓非常,此之变化谓由于东传所经,不如谓有在中国发生之可能性"。(《关于景教经典'序听迷诗所经'》见内藤博士还历祝贺《支那学论丛》,第 17—79 页。)至于《志玄安乐经》所云:"行吾此经,能为君王安护境界,譬如高山,上有大火,一切国人无不睹者,君王尊贵,如彼高山,吾经利益,同于大火";这就完全把宗教力量和政治力量结合起来,更进而为中国的统治阶级服务。同样景教碑中的政治观念,也只可能是封建统治思想的表现。

八、景教碑中之史地问题

（一）碑文中之历史捏造和历史真实——大秦国的地理问题——大秦国即叙利亚说——大秦国中的中国道家思想——长安与洛阳之考证

景教碑的发现，给基督教宣传宗教以一个绝好的机会，因此无论天主教徒也好，基督新教的教徒也好，对此都异口同声肯定它的历史的意义和价值。天主教徒教士阳玛诺有《唐景教碑颂正诠》之作，基督新教传教士丁韪良（W. A. P. Martin）所著《天道溯源》（1913 年刊本中卷，第 55—58 页）中亦收景教碑为载道之文，又称“故此上帝莫为之先，乃先先而无元，莫为之后，乃后后而妙有”（第 19 页），居然引用景教碑文以证明上帝之存在。又中华圣公会潘绅亦作有《景教碑文注释》，其实这所称“圣教千年前之真迹”的碑文，姑不论其所言上帝救世之旨，纯属于宗教说辞，即就其述历史、地理来看，虽也反映景教会在中国的传教活动这些事实，但有许多是歪曲历史与出于虚构的。例如碑文称“惟道非圣不弘，圣非道不大，道圣符契，天下文明”；下文称唐太宗为“明圣临人”，称玄宗为“圣无不作”，称代宗之“圣以体元”，称德宗之“圣神文武”，皆以圣为帝王之尊称，此盖景教徒之帝王崇拜（emperor worship），来华之耶稣会士亦然。故阳玛诺注此段云："帝王者行道之车，凡人或闻道而多阻者，一则旧习难割，一则欲情恣肆，一则贪利昧理，当非帝王用善法以御之，期民于善，不亦难乎？……帝王之势，譬之宗动天然，昼夜恒运，枢纽九重，力能带下，强之同动，……此帝王从守圣教，上行下效，而异端邪说不得而阻之也。"这就是说传教方法要利用最高的统治势力来欺压和诱骗人民，宗教和政治互相利用，而基督教之为封建最高统治阶级服务，自不待言。景教士站在帝王崇拜主义立场，来讲唐代帝王本纪，当然帝王的恩德不啻恩比南山，泽如东海（"宠赉比南山峻极，沛泽与东海齐深"），每一位帝王几乎都是对越神明而无愧于心（"化通玄理，视无愧心"），但事实不是如此。阿罗本之来中国是在唐太宗时，碑文称"太宗文皇帝光华启运，明圣临人"，而这一位从前杀弟杀兄杀叔之滔天罪状就可以过而不论了。唐王朝以与老子同姓，特尊重道教。碑文"宗周德衰，青驾西升，巨唐道光，景风东扇"，此言周德衰而老子骑牛西去，唐道光而真教东来，分明影射景教乃道教之复活，以此而求博统治者之欢心，于是"令有司将帝写真，转模寺壁；天姿泛彩，英朗景门"；异端的景教居然也违背初衷而拜起皇帝的画像来了。而在太宗方面，也下诏以为"详其教旨，玄妙无为，观其元宗，生成立要，词无繁说，理有忘筌，济物利人，宜行天下"；即认景教与道家的宗旨相合，而谓其教能救世益人，可传行于天下。它能够"法流十道"，"寺满百城"，贞观初中国三百余州，分为十道，十道是指景教流行全中国而言。高宗时"于诸州各置景寺"，可见当时景寺已不止一处，加以玄宗时临题堂中楹联，亲书堂中匾额，悬于高空，碑文称其"灼烁丹霞"，"腾凌激日"。肃宗时"于灵武等五郡，重立景寺"；代宗朝又有锡天香颁御撰之事（"锡天香以告成功，颁御撰以光景众”)。景教在唐代宽大的民族政策之下，确也曾盛行一时，这就怪不得他们感激涕零，说什么“道无不可，所可可名，圣无不作，所作可述”；说什么“元善资而福祚开，大庆临而皇业建”；这些阿谀奉承的话。案易乾卦“元者善之长也”，履卦“大有庆也”，这借《易经》为溢美之词，当然不能作为信史。尽管如此，在碑文中也有一部分确能反映历史事实无讹。例如说：

“圣历年，释子用壮，腾口于东周；先天末，下士大笑，讪谤于西镐。”

案“圣历”指则天武后圣历年间，即中宗嗣圣十五、六年(698—699年)，景教徒受佛教的压迫；“先天末”指睿宗太极元年(712)至玄宗开元元年(713)景教徒受道教的排斥。“用壮”和“腾口”二义见《周易》，“下士大笑”见《老子》。易大壮卦“九三小人用壮”，咸卦上六“咸其辅颊舌”，象曰“咸其辅颊舌，腾口说也。”《老子》四十一章，“下士闻道大笑之，不笑不足以为道。”此处乃埋怨在圣历年间，佛教徒依众恃强，肆口谩骂于东周，即东都洛阳；又在先天之末年，无知小儒，随声讪谤于西镐，即西都长安。此虽景教徒自为辩护之言，其历史背景尚可信。又如云：

“肃宗来复，天威引驾。”

见《旧唐书》卷九“本纪”，即在肃宗至德二年(757)“九月郭子仪收复两京，十月肃宗遣中使入蜀奉迎上皇，丁卯上皇发蜀郡，十一月丙申次凤翔郡，肃宗遣精骑三千至扶风迎卫，十二月丙午肃宗具法驾至咸阳望贤驿迎奉上皇，御宫之南楼，肃宗拜庆楼下，鸣咽流涕不自胜，为上皇徒步控辔，上皇抚背止之，即骑马前导”。此处“天威”指肃宗，引驾事有正史可征。至于景教徒之自我宣传，叙大施主伊斯的美行，是“能散禄赐，不积于家”，将所赐颇黎（即今玻璃）、金罽（即毛织物氍毹之类）等物，献于教堂中，且修建教堂，使气象一新，这尚近事实；但称其“馁者来而饣之，寒者来而衣之，病者疗而起之，死者葬而安之”，不易使人相信。实际东来传教者多习于经商图利，伊斯即使能积财散财，亦不过一个大施主的假面目，作自我吹嘘，且不要说歪曲历史的真相。

以下试就碑文中的几个尚待考证的问题，略加以审查研究：

首先关于大秦国的地理问题。据“大秦景教流行中国碑”，碑文云：“神天宣庆，室女诞圣于大秦”；又“大秦国大德阿罗本，远将经像来献上京”；这大秦国究竟是什么地方，碑文中曾自作解说云：

> “案《西域图记》及汉魏史策。大秦国南统珊瑚之海，北极众宝之山，西望仙境花林，东接长风弱水。其土出火绲布、返魂香、明月珠、夜光璧。俗无寇盗，人有康乐。法非景不行，主非德不立。土宇广阔，文物昌明。”

碑文叙景教的发祥地，假借《西域图记》及汉魏史书以证明大秦国所在地。大秦国之名见于《后汉书》卷八八《西域传》，《三国志·魏志》卷三十注引《魏略·西戎传》、《晋书·大秦传》、《北史》、《魏书·西域传》。其他据岑仲勉《西突厥史料补厥及考证》

谓："黎轩、大秦、拂菻一类名称都无非西方、西域的意义，不过所指地域，却因时因人而广狭不同。……大抵最初常用于罗马，往后专用指东罗马，甚而再东之叙利亚，如果胶柱鼓瑟，必至矫说难通"（第 22 页）。又云："我国号西亚至罗马曰大秦，在我为有音而略带孕义之称谓；中亚西亚号我国曰 Machin（即 Maha 与 Chin 两字之组合），在彼为半孕义译音之称谓，如转作华文，亦同是'大秦'；可为东西文化圈在历史上恰巧对照也"（见《中外史地考证》上册，第 292 页），其说极是。唯碑文中之大秦国，应即指叙利亚。夏德（F · Hirth）《大秦国全录》（*China and the Roman Orient*，1885，汉译本，商务版，1964）称："在第七及第八世纪，景教已传入中国，在西安府附近立有景教碑，1625 年出土，碑文说大秦乃其故邦，且有'室女诞圣于大秦'之语，显然是指叙利亚"。赞成以大秦定为叙利亚或叙利亚一部分的（即犹太 Judea，巴勒斯坦 Palesticne），有巴拉威（Paravey：《犹太古代象形文字新探》）于 1836 年采用此说，约 20 年后卫礼（Wylie：《西安景教碑考》，1854）和鲍梯（Pauthier：《西安府景教碑考》，1857）亦然。这三位汉学家立论的理由，主要以景教碑为根据（第 11 页）。夏德则于景教碑以外，更从中国古代及中古的史籍文献中，搜集论据以证明大秦即叙利亚（第 12 页）。但他怎样来解释"拂菻国一名大秦"（《旧唐书》、《唐书》）呢？夏德以为拂菻即伯利恒（Bethlehem）的音译，"教徒在他们著名的景教碑中，实际上说过'室女诞圣于大秦'的话，也许他们会这样对人说'我们来自主诞生之地'，而主乃诞于 Bethlehem；Bethlehem 一字之音如以两音来表达，最好莫过于当时读作 But-lin 的拂菻，把弥赛亚（Messiah）诞生之镇名 Bethlehem 来作为它所属的国家的名称。因为这是出于热诚的宗教信徒,他们一定认为以来自圣地为一大光荣,所以绝不是一件奇怪的事。佛陀诞生之地摩揭佗(Magadha),唐代常用为印度之总称,亦是一例"(同上书,第128页)。因此夏德的结论是"大秦就是叙利亚,作为罗马的一省,拂林是叙利亚,唐代阿拉伯人的一省,到宋人就是赛尔柱人的省"(第133页)。固然大秦即叙利亚说当无疑义,但拂林是否为伯利恒,却成疑问。法国戈迭尔即不同意此说,以为伯利恒一地为唐人所不知。夏德又谓"拂林一名的应用约在阿罗本来华的时候,唐太宗时代所编的《隋书》说波斯国拂林挠其西北,言拂林最先者无过于此。《大唐西域记》撰成于公元646年所说亦同,但把拂林写作拂懔国,懔之一字与林字同音"(第126页)。但岑仲勉说:"拂林"之初译,余曾推原于梁元帝《职贡图》之拂懔,其语原当为于阗文之H. Varam,此之右,即西也,犹近世称泰西、西洋而已。中古时于阗为我国与西方之介人,故译语与之有关(《突厥集史》,第673—675页),其说当近是。

更据白鸟库吉考唐代景教徒所以推定景教本土为大秦国者,此中实含有"侨寓中国"的基督教徒之用意和计划,这大概是可信的。以下介绍其说,作为参考。他说:"案建中二年大秦寺僧人景净所撰景教流行中国碑文中有'室女诞圣于大秦'一语,指玛利亚生耶稣于犹太事,所以可以知道当时景教徒所称的大秦国,大概指犹太,所以如此至少有两种理由。第一,因大秦之名已与中国有相当渊源,而且相传此国'本中国一别',故新入中国的异教徒,广求信徒之际,苟欲于汉史中求一符合本教教祖本国的国家以博华人信仰,舍大秦国外无一可适合此项目的。第二,在大秦国制度文物具备,风俗淳良,财宝丰富,如果目之为耶稣诞生之地以及景教开祥之地,景教徒或认为最适合。大致景教徒因有上述的关系,所以考定其为景教的本国(犹太)了。此种考察决无谬误,可以景教碑文证之。……本文虽云曾据汉魏史策,然此段文字是否确曾细案《魏略》、《后汉书》忠实考察而后记载?夏德氏以为'珊瑚之海'即为红海,'众宝之山'为托洛山,'弱水'为幼发拉底河,'仙境花树'为伯利恒仙境,而此段文字大体所叙述者,即为叙利亚的境域(*China and the Roman Orient*,p. 90,293),此种推定即谓为大体已切中景教碑之寓意亦无不可。惟此文所述的大秦国,系景教徒的大秦国,而非汉魏时代的大秦国。……碑文一节节首虽有'案……汉魏史策'一语,但就'非景不行'一句而言,绝未见于当时的史籍,此句系全文精神所寄,阅此不难明确著者的用意及目的所在了。据此而言,著者假借汉魏史策编成一景教徒所渴慕的教祖本国已见成功,而且其手腕能令编成的大秦国与汉人所朝思夕想的仙境自然符合,更不能不令人惊服其巧妙。……弱水一名最初见于汉籍中者,即在《书经·禹贡》篇中,其名与昆仑并记,当时汉人所知的弱水与昆仑均信为世界的极西端,故其后群信此水此山在西方仙境西王母国内。……碑文中大秦国东境既有弱水横流,则其周围附近,亦必有昆仑山耸峙;碑文依据此种心理,故在大秦国北境,置一'众宝之山',盖昆仑山之出产宝玉如璆琳琅玕之类,为周知之事实,碑文所称为'众宝之山'显指昆仑山无疑了。……而'仙境花林'应读为仙境的花林,所谓仙境显指西王母而言。……所以适用花林者,或许为爱美之故,但推究其主要理由,则其胚胎于道家思想之处,与'竹林'一名无异。……此种考察如幸而不失其当,则景教碑文中所述的大秦国乃系唐代侨寓中国的耶稣教徒,为便于传教起见,故假借汉魏史籍,任意将大秦国附会于叙利亚,决非根本解释史料的正当方法。……由此而言,碑文所述的大秦国,与《魏略》及《后汉书》所述的大秦国,性质全然相异,决不容混杂,……大致可与附会此国为叙利亚者,出于景教徒的考案,而润色碑文时所用西王母的神话,则渊源于道家思想。"(白鸟库吉《大秦国中的中国思想》,见《塞外史地论文译丛》第一辑,第148—153页。)

景教碑中还有叙利亚文之 Khumdan 与 Sarag 这两个地理问题,但从1927及1928年合刊《通报》(第91—92页,译见《西域南海史地考证译丛》,第39—40页)伯希和提出《景教碑中叙利亚文之长安、洛阳的报告》引用义净三藏之《梵语千字文》为证,已经算是解决了。报告云:"中国古基督教之最重要的遗物,就是781年所建立、1623或1625发现之汉文叙利亚文的景教碑颂。此碑上面著录有一个 Khumdan 同 Sarag 的主教,这个 Khumdan 地名并见 Theophylacte Simocatta 的希腊文记载,同九世纪阿拉伯旅行家的行记著录,就是外国人称呼唐代西京全部或一部的名称,别言之,昔之长安,今之西安。"又"这个 Sarag 名称,有人以其为长安的一部分,别有人以其为新疆喀什噶尔(Kashgar)的古名,并且有人将此地位置在波斯境内,乃考一种梵汉字书,其中著录的洛或洛阳的梵文对称,则名娑罗诚(Saraga)。洛阳是唐代的东京,此梵文的 Saraga 必为叙利亚文的 Sarag 无疑。如此看来,Sarag 即是洛阳。"案 Khumdan 据佐伯好郎的考证(*The Nestorian Monument in China*, pp. 248—249, 250—252),认为即"关内"(Kuan-nei),Sarage 则以波斯之 Sarakhs 城相比,当然不能解决问题。

(二) 碑文中的人名问题——中国景教会的组织——法主宁恕——阿罗本——伊斯——吕秀岩问题——碑文中叙利亚文及汉文人名——鲍梯《西安府碑》之误谬

次就景教碑文中的人名问题，有汉文及叙利亚人名，可以约略得悉唐代中国景教会的组织，可分如下十级：按其叙利亚职名及拉丁文、英文译名并汉文名列之，即：

1. 宗主教（大主教、僧正、法主）patriarkis（叙利亚文），patriachae（拉丁文），patriarch（英文）

2. 总监督（教父）papas，papas，papas（pope）

3. 主教（大德、监督）appisqopa，episcopus，bishop

4. 省主教（乡主教）korappisqopa，chorepiscopus，chorcpiscopos

5. 教正（六级修士长）arkediaqon，archidiaconus，archdeacon

6. 牧师（司祭）mśamśsana，minister，minister and secretary

7. 司铎（长老）aaśśiśa，presbyter，priest

8. 修士 ihidaia，monachus，monk

9. 博士 maqriana，doctor，doctor

10. 守墓 qatra，qatrae，priest of the sepulchre

由以上组织来看，唐代的景教会实模仿叙利亚的教会组织。其中最高职位，即景教碑末所称“法主僧宁恕知东方之景众也”；宁恕盖东方教会领袖，即当日聂斯托尔派驻报达城之宗主教 Hananishu Ⅱ之省译，事迹详下。真正中国景教的最高领袖，则为撰碑文人景净，他是司铎兼省主教并中国总监督，但其位置乃在宗主教之下，冯承钧《景教碑考》（第 88 页）误以中国总监督作教父（pope）解，置之大主教之上，实误。又碑文中景教士俱简称僧，就中有称“上德”及“大德”之阿罗本，有称“大德”之及烈与僧佶和及大德曜轮。上德亦即大德，大德为主教（bishop）之职。又“法主”宁恕之“法主”，“寺主”僧业利之“寺主”，此皆景教职名中之华化可考者。统计碑中景教士有姓名者 82 人，内有叙利亚名之教士 77 人，10 人无汉名，而碑中所叙首来中国传教的阿罗本，开元年间来中国的僧首罗含、大德及烈，“瞻星向化”的僧佶和，及与佶和、罗含同在兴庆宫修功德的普伦，乃至“大施主金紫光禄大夫同朔方节度副使试殿中监赐紫袈裟僧伊斯”等 5 人，则无叙利亚文名。现在先从阿罗本说起。

阿罗本，据玉尔《契丹之路》（Vol. Ⅰ，p. 94）乃具有使徒意味之 Rabban 的音译。张星烺申其说云：“汉文无 r 字母之相当译音，凡外国字前有 r 字母者，辄冠以‘阿’‘曷’等字也”（《中西交通史料汇篇》第一册，第 185 页）。佐伯好郎不同意玉尔的说法，在“*The Nestorian Monument in China*”（pp. 205—265）中曾加讨论，在《景教之研究》（第 510 页）中谓阿罗本乃 Abraham 之音译。据福斯德则阿罗本即叙利亚名之 Yahb-Alaha，希腊名之 Theodore，拉丁名之 Deodotus；阿罗就是 A-lo，A-la-a 相当于神之叙利亚译文，本即叙利亚之 Yahb，合而言之即 Yahb-Alaha（*The Church of the Tang Dynasty*，p. 43）。要之，众说纷纭，尚无定论。《长安志》卷十京城四，“贞观十二年为大秦国胡僧阿罗斯立”，可与碑文参证，此阿罗斯则阿罗本之误。《唐会要》卷四十九叙唐太宗于贞观十二年（638）下诏行景教云：“波斯僧阿罗本远将经教，来献上京”；文与碑文同，惟作波斯不作大秦，盖其名后改也。阿罗本“翻经书殿”，有敦煌发现《尊经》所载诸经目录可证，盖皆历史事实。至阿罗本之入长安，冯承钧《景教碑考》(第54—58页)谓其乃随于阗侍子入朝，其言大抵可信。“盖外国教师之至中国，或出于自动，或出于被动，……阿罗本之至长安也，宰臣郊迎，问道禁闱，其人其教必已知名，质言之有人介绍，不然决不以十年后待玄奘之礼待之。然则由何人介绍耶？考阿罗本等至长安之年，适当大食东取波斯之后。景教自倡立以来，至是已百余年，其根柢地皆在波斯，必因大食之侵，避乱东徙，行程所经必由西域疏勒、于阗、龟兹、高昌诸国。考《新唐书·于阗传》贞观九年于阗遣子入侍，《疏勒传》是年遣使献名马，《焉耆传》自隋乱碛路闭，故西域朝贡多取道高昌(均见卷二百二十一上)。又《旧唐书》卷三，贞观九年夏四月，康国贡师子，五月庚子，太上皇崩，壬子李靖平吐谷浑于西海之上。由是观之，阿罗本之来，或由李靖得之于吐谷浑，此一说也。但阿罗本似不至舍新疆而远至青海，以前东来诸僧取道吐谷浑者，惟六世纪中叶结侣同行之阇那崛多(Jinagupta)等五人(《续高僧传》卷二)，此外取陆路者，皆循南北两道，然则取北道之高昌欤，又一说也。九年前唐使在高昌将光智东归，八年前玄奘西行亦曾取道其境，受其王资供，非不可能也。故阿罗本必须有人介绍通知，始命宰臣郊迎，即玄奘之归，亦由于阗一表，当是之时‘文泰与西突厥通，凡西域朝贡道其国，咸见壅掠’(《新唐书》同卷)，距亡国之时，仅有五年，则阿罗本似必不取北道，必遵十年后玄奘归途所经之南道，而其介绍之人，必非献马之疏勒贡使、献师子之康国贡使，必为是年入侍之于阗王子。按《于阗传》其国‘喜事祆神浮屠法’，当时波斯人必有至其国者。阿罗本随于阗王子至长安，其时必在高祖殁后，太宗或因父死，天良激发，忏悔其从前杀弟杀兄杀叔之罪恶，一反其以前‘诏私家不得辄立妖神，设淫祀，祠祷一皆禁绝，其龟易五兆之外，诸杂占卜皆停断'（《旧唐书》卷二）之行为，故于诸种宗教皆优容之，而阿罗本适应时而至，乃有翻经问道之举"云。

次僧首罗含乃 Abraham 之音译，与清末于洛阳附近发现之波斯人墓石之阿罗喊同为一人。其刻文收入端方《陶斋金石记》卷二十一，题为《大唐故波斯国大酋长、右屯卫将军、上柱国金城郡开国公波斯君丘之墓》。"宣传圣教，实称蕃心，"事迹详本书第四篇第二节景教东传之政治的背景中，此不赘。

次大德及烈，冯承钧谓是叙利亚文乡主教 Korappisqopa 之略译（《景教碑考》，第 60—62 页）；张星烺谓乃 Cyriacus 或 Cyril 之译音（《中西交通史料汇篇》第一册，第 185 页），皆误。岑仲勉谓"及烈切韵约读如 giepliat，唐人读外语之收音 1（r）如 t，故 Gabril > gabliet 正与'及烈'吻合，冯张均不知古代音读，故相差甚远"（《隋唐史》卷下，第 311 页注）。此以 Gabril 为及烈，甚确可从，而碑末叙利亚文总摄长安（Khumdam）洛阳（Sarag）两地景众之主教 Gabril 亦当为一人也。《册府元龟》卷九百七十一、卷九百七十五均有关于开元廿年波斯遣使朝贡之大德及烈的记载，又同书卷五百四十六有其与周庆立等"广造奇器异巧以进"的记载，事迹详本书第四篇第三节景教东传之文化的背景中，此亦不赘。

次僧佶和，据碑文叙玄宗时（744）有僧佶和"瞻星向化，望日朝尊"，佶和乃 Giwargis = George 之译音，方豪谓其瞻星，足证景教士中有天文学者（据瑙〔Nau〕之考证《唐景教史稿》）。

次僧伊斯，乃叙利亚文 Yazdbozid 之译音。据碑文"大施主金紫光禄大夫同朔方节度副使试殿中监赐紫袈裟僧伊斯，和而好惠，闻道勤行，远自王舍之城，聿来中夏，术高三代，艺博十全"；殆亦长于科学技术者。此处王舍城盖即吐火罗斯坦(Tahuristan)地方之巴尔克(Balkh)城,玄奘《西域记》谓之小王舍城,潘绅以为伊斯远自印度来中国误也。伊斯为郭子仪的亲信,碑文云:"始效节于丹庭,乃策名于王帐。中书令汾阳郡王郭公子仪,初总戎于朔方也,肃宗俾之从迈。虽见亲于卧内,不自异于行间,为公爪牙,作军耳目"。据冯承钧《碑考》(第68—69页),"伊斯此行,不特参戎事,且供翻译也,逆料昔日军中舌人必定甚多,不仅伊斯一人。"因伊斯与郭子仪之关系,遂有疑郭子仪之为景教徒者,福斯德以为郭生于山西,可能享有突厥之血统,因而其是否基督教徒,当其与突厥之关系中求之(*The Church of the T'ang Dynasty*, p. 97),此则推测之辞,不足为据。

还有关于景教碑书字之吕秀岩问题,美国人李提摩太谓即金丹教祖吕纯阳祖师吕岩洞宾,日本佐伯好郎亦主此说,详于其所作《关于大秦寺所在地》及《吕祖全书考》(见《东方学报》第五册第87—158页),又见《支那基督教研究》(第一册,第210—214页)。其意谓:第一,吕秀岩与吕岩是同时代人。吕岩若生于天宝元年,则德宗建中二年(781)三十五岁,若为天宝十四年生,则当二十五岁。第二,中国古来有割裂姓名的习例,例如蘧伯玉称蘧伯,苏子瞻称苏瞻,董其昌称董昌,同样,吕秀岩可称吕岩。第三,盩厔之五郡有大秦寺旧址,而即在其楼观附近有吕仙洞等吕纯阳之遗迹。第四,《吕祖全书》中所题吕洞宾之灵应事迹,与《新约圣书》关于耶稣之奇迹类似。第五,《吕祖全书》第二十二天微章、地真章、证仙章、体道章有"天主"文字,其末句有如景教祈祷文意味不明之"嘛婆诃"与"密娑诃"之语作结。但据向达著《唐代长安与西域文明》中《盩厔大秦寺略记》谓曾在洛阳得见新出土吕洞宾父吕让墓志，让有五子，行三者名煜。《新安吕氏家乘》谓洞宾原名煜，后改名岩，纯阳、洞宾又其后改之名，但俱不言何时改作秀岩，故此说尚待证实。又岑仲勉《贞石证史》亦断其非是。

现在且言旧碑文本身，试依照碑文下及左右三面及景净、宁恕两行下所列叙利亚文及汉文人名分别加以考证。

首先碑文“大秦寺僧景净”下之叙利亚文，英译为（据 Saeki：*The Nestorian Monument in China*，下同）：

> “Adam, priest and chorepiscopos, and papash'(pope) of Zhinastan(Zinéstan)”

汉译即：

> “亚当，司铎兼省主教兼中国总监督”

这里争论的问题，是这 papash′读为叙利亚语之 paps，意为“师父”，或以 paphi 发音，解为汉语“法师”。虽从来把这字读作 paps，但从 1898 年海楼（J. Ev. Heller, S. T.）博士认为应读为 papshi，而与汉音“法司”“法土”或“法师”相类似，伯希和赞同此说，认为叙利亚语之 papshi，唐音 fapshi，且景净曾与佛教发生关系，则利用佛教用语，可断定其读作‘法师’。最近毛尔和福斯德两教授亦赞成其说，佐伯好郎则认为不对，因据碑文拓本的严密考查，首先发现无 papshi 之语尾之字，写作罗马字时，只许写作 papsh′而不许写作 papshi；第二，不能把唐音之 p 改作 f，如改则叙利亚语之 papa 之第二个 p 字亦应全改，即成为 fafshi 了；第三，叙利亚语之 papsh 读作

paps 或 papas，比读作 papshi 更为真实；第四，希腊语及叙利亚语之 papas 不止可译“法主”或“教父”，第 9 世纪顷东方教会以此为普通僧侣之敬称，即有“神父”或“师父”之意，因之大秦寺之僧景净，认为有省主教之职，从中国景教会给予“师父”之尊称是不会错的（见《支那基督教研究》，第 214—217 页）。尽管如此，依我意思把景净认为教主（如冯承钧）固然不妥，认为只是中国的师父，也成为问题。景净无疑是中国当时的景教领袖，但因其实际职务在省主教之上还有总管东方教会的宗主教宁恕，所以应称之为“中国总监督”。据方豪《唐代景教史略》称景净为中国北部（原作 Sinertan 为波斯语指中国北部，与 Tacharlstan，Pharsiokan 及 Kurdestan 同）教会之总领袖，总监督，原作 papas，非公教所称的教皇。沙俄斯特（J.-B. Chaost）著 Histoire de Jabalaha Ⅲ（Paris，1895，p. 36）称 13 世纪时聂斯托尔派在中国犹有一总监督与景净所任之职同，然则以‘中国总监督’译 Papash of Zineston 是没有什么不妥当的吧。景净之名亦见于《贞元新定释教目录》卷第十七及《大唐贞元续开元释教录》卷上，其与般若三藏共译佛经事，详本书第七篇第三节中，此不赘。

次则碑文末“时法主僧宁恕知东方之景众也”之叙利亚文，英译为：

> “In the day of our Father of Fathers, my Lord Hananisho Catholicos Patriarch.”

汉译即：

> “时众司铎之司铎，诃南尼苏任公教宗主教也。”

叙利亚文 Hananiśoú，拉丁文名 Hananjesu，英文名 Hananoisho，意思是“Mercy of Jesus”，即汉文法主“宁恕”也。宁恕虽有汉名而身不在中国，岑仲勉（《隋唐史》卷下，第308页）谓“知东方之景众也”，“知”即管理之义，犹之近世称“知府”、“知县”。宁恕即当日报达城大总主教 Hananishu Ⅱ之省译，其人卒于建中元年（780）当建立碑之前一年，因长安与报达城相去遥远，教徒尚未得讯，故碑仍用其名云。

次在碑文正面下尚有与景净并称司铎而兼有省主教者二人（僧业利、僧行通），又司铎一人（僧灵宝）与司铎兼教正者一人（Gabriel）共僧四名，在僧四名之前，先有叙利亚文十一行，英译如下文：

> “In the year one thousand and ninety-two of the Greeks (1092—311 = A. D. 781), my Lord Yesbuzid, priest and chor-episcopos of Kumdan, the royal city, son of the departed Mills, priest from Balkh, a city of Tehuristan, erected this monument, wherein is written the Law of Him, our Saviour, the preaching of our forefathers to the Rulers of the Chinese.”

汉译之即为：

> “时在希腊纪元一〇九二年，吐火罗城大夏司铎为已故司铎弥利之子，古唐（Kumdan 即长安）国都有主教兼司铎耶质蒲吉主建立此碑，刻有救世主之戒律，及我们在中国帝王治下传教之事迹于上。”

接着四僧名，即：僧灵宝，叙利亚名 Savranison 拉文丁作 Sabranjean，职务司铎。次叙利亚名 Gabriel，无汉名，疑即大德及烈。叙利亚文英译为 Gabriel, priest and archdeacon, and the head of the Church of Kumdan and of Sarogh，汉译即司铎兼教正及长安与洛阳二城景寺之首长 Gabriel。次僧业利，叙利亚名 Marsargis，拉丁文作 Dominus Sergis，汉文题“助检校试太常卿赐紫袈裟寺僧业利”，叙利亚文职务是司铎兼省主教。又次僧行通，叙利亚名 Iazedbouzid，拉丁文名同，汉文题“检校建立碑僧行通”，叙利亚文职务是司铎兼省主教。又与僧行通相对有二行叙利亚文，无汉名，为僧司铎 Sabrisho。更左方在僧灵宝侧有叙利亚文字二行，其英译为 Adam, deacon, Son of Yezdbuzid, chor-episcopos, Mar Sergius, priest and chor-episcopos，即僧省主教 Yezdbuzid 之子，执事 Adam，其叙利亚名与景净相同，但无汉名。以上为碑石正面下部之叙利亚文及汉文人名。

碑石正面之外，在左右两面皆有叙利亚文及汉文之人名职名。左面第 1 行 11 名，第 2 行 6 名，第 3 行 13 名，第 4 行 11 名，共 41 人；右面第 1 行 11 名，第 2 行 13 名，第 3 行 5 名，共 29 人；左右两面合计共 70 名。除叙利亚文人名职名参照本文附录所载外，兹参照夏鸣雷（Havret）《西安碑》（1902，第 60—62 页），录叙利亚名之罗马字写法及拉丁文名，并增入汉名及汉名英译列表如下：

左面第一行

叙利亚名	拉丁文名	汉名	汉名英译	职务
①Iouhannsan	Johannan	大德曜轮	Yao-lum	主教
②Ishaq	Isaac	僧日进	Jih-chin	司铎
③Ioel	Joel	僧遥越	Yao-yüeh	司铎
④Mihael	Mihael	僧广庆	Kuang-thing	司铎
⑤Giouargis	Georgius	僧和吉	Ho-chi	司铎

⑥Mahdad	Mahdad	僧惠明	Hui-ming	司铎
⑦M'sihadad	Mschihadad	僧宝达	Pon-ta	司铎
⑧Apprem	Ephrem	僧拂林	Fu-lin	司铎
⑨Avai	Abi	(无汉名)		司铎
⑩Daouid	David	(无汉名)		司铎
⑪Mouśé	Moyses	僧福寿	Fu-shou	司铎
左面第二行				
①Bathos	Bachus	僧崇敬	Chung-thing	司铎修士
②Elias	Elias	僧延和	Yen-ho	司铎修士
③Mouśé	Moyses	(无汉名)		司铎修士
④' Abdiśoù	Ebedjesu	(无汉名)		司铎修士
⑤Sim'oun	Simeon	(无汉名)		守墓司铎
⑥Iouhannis	Johannes	僧惠通	Hui-t'ung	牧师
左面第三行				
①Ahroun	Aaron	僧乾佑	Ch'ien-yu	司铎
②Petros	Patrus	僧元一	Yüan-i	司铎
③Ayoub	Johns,	僧敬德	Ching-te	司铎
④Louqa	Lucas	僧利见	Li-chien	司铎
⑤Mattaï	Mattheus	僧明泰	Ming-t'ai	司铎
⑥Iouhannan	Johannan	僧玄真	Hsüan-chên	司铎
⑦Ieŝou'aneh	Jésuamé	僧仁惠	Jên-hui	司铎
⑧Iouhannan	Johannan	僧曜源	Yao-yüan	司铎
⑨Sabriŝou	Sabarjesu	僧昭德	Chao-tê	司铎
⑩Iesou'dad	Jesudad	僧文明	Wen-ming	司铎
⑪Louqa	Lucas	僧文贞	Wen-chêng	司铎
⑫Constantinos	Constinus	僧居信	Chü-hsin	司铎
⑬Noh	Noé	僧来威	Lai-wei	司铎
左面第四行				
①Izadsafas	Izadsafas	僧敬真	Ching-chên	司铎
②Iouhannan	Johannan	僧还淳	Huan-chun	司铎
③Anouś	Anousch	僧灵寿	Ling-shou	司铎
④Mar Sargis	Dominus Sergius	僧灵德	Ling-tê	司铎
⑤Ishaq	Isaac	僧英德	Yin-tê	司铎

⑥Iouhannan	Johannan	僧冲和	Chung-ho	司铎
⑦Mar Sargis	Dominus Sergius	僧凝虚	Ying-hsü	司铎
⑧Peusaï	Phuses	僧普济	P'u-chi	司铎
⑨Sirm'oun	Simeon	僧闻顺	Wên-shun	司铎
⑩Ishaq	Isaac	僧光济	Kuang-chi	司铎
⑪Iouhannan	Johannan	僧宁一	Shou-i	司铎

右面第一行

①Iagoub	Jaaobus	老宿耶俱摩	Venerable Yeh-chü-mo	司铎
②Mar Sargis	Dominus Sergius	僧景通	Ching-t'ung	司铎省主教
③Gigoï	Gigoï	僧玄览	Hsüan-lan	司铎教正博士
④Palos	Paulus	僧宝灵	Pao-ling	司铎
⑤Sim'oun	Simeon	僧审慎	Shên-shen	司铎
⑥Adam	Adamus	僧法源	Fa-yüan	司铎
⑦Elia	Elias	僧立本	Li-pên	司铎
⑧Ishaq	Isaac	僧和明	Ho-ming	司铎
⑨Iouhannan	Johannan	僧光正	Kuang-chêng	司铎
⑩Iouhannan	Johannan	僧内澄	Nei-chêng	司铎
⑪Sim'roun	Simeon	（无汉名）		司铎

右面第二行

①Iàqoud	Jacob	僧崇德	Chung-tê	司铎
②'Abdisou'	Ebedjesu	僧太和	T'ai-ho	司铎
③Iéśoudad	Jesudad	僧景福	Ching-fu	司铎
④Iagoub	Jacb	僧和光	Ho-kuang	司铎
⑤Iouhannan	Johannan	僧至德	Chih-tê	司铎
⑥Soubhal'maran	Schoubhalmaran	僧奉真	Fêng-then	司铎
⑦Mar Sargis	Dominus Sergius	僧元宗	Yüan-tsung	司铎
⑧Sim'oun	Simeon	僧利用	Li-ying	司铎
⑨Appren	Ephrem	僧玄德	Hsüan-tê	司铎
⑩Zharia	Zacharias	僧义济	I-chi	司铎
⑪Qoriaqos	Cyriacus	僧志坚	Chih-chien	司铎
⑫Bachos	Bachus	僧保国	Pao-kuo	司铎
⑬Ammanouel	Emmanuel	僧明一	Ming-i	司铎

右面第三行

①Gabriel	Gabriel	僧广德	Kuang-tê	司铎
②Iouhannan	Johannan	（无汉名）		司铎
③Slimoun	Salomon	僧去甚	Ch'ü-shén	司铎
④Ishnq	Issaac	（无汉名）		司铎
⑤Iouhannan	Johannan	僧德建	Tê-chien	司铎

由上所述叙利亚名之教士中，有4人题名司铎兼修士，其余当皆为“在俗司铎”，又叙利亚名教士77人，10人无汉名。人名中Noh即Noah，诺亚；Izadsafus与Iouhannan即John约翰；Iaqoub即Jacob雅各；Gigoi即George佐治；Polos即Paul保罗；Mouse即Moses摩西；Louqa即Luke路加；Petros即Peter，彼得；皆为基督教徒常用人名。今碑石虽存有叙利亚文，但经历月久而渐渐磨灭，今除原碑外，冯承钧《景教碑考》虽有《叙利亚人名表》，而缺叙利亚文，其叙利亚之罗马字，亦多忽略之处。惟夏鸣雷神甫（LeP. Henri Havret, S. J.）所作“Le Stèle Chrétienne de Singan-Fou”（Variétés Sinologiques，No. 7 ，1895）中影印本，最能传真，尚可供研究之用。至如鲍梯（Pauthier）之“L'inscription Syro-Chinoise de Si-Ngan-Fou”所载，时间较早，因经其加工反而误谬百出，如书中来威作耒威，照德作胎德，敬德作歒德，乾佑作乾祐，拂林作剕林，惠明作恩明，遥远作廷越，闻顺作问顺，普济作昔斋，凝虚作疑厓，余不备举。殆为不甚通晓汉文者之所为，实不足以征信；然而此1858年用铜版印出的景教碑文，在欧洲当时亦颇唤起学者注意，去伪存真，不可不辨。碑石左面另刻有“后一千七十九年咸丰己未武林韩泰华来观，幸字画完整，重造碑亭覆焉。惜故友吴子苾方伯不及同游也，为怅然久之”共四十七字，此则后世参观碑石者好事之作，反而破坏了碑的原来面貌。

（三）景教碑中的景教教义——阿罗诃——安弹——三百六十五种问题——弥施诃降生的来历——神话所塑造的耶稣基督——净风即圣灵——景教的教仪与教规——达娑与白衣景士

更就景教碑文中关于景教教义与教仪、教规而言，碑文中所述，大致可以反映当时情况。先言教义，如碑文云："揔玄枢而造化，妙众圣以元尊者，其唯我三一妙身、无元真主阿罗诃欤！"案此段为景教徒有意识地培养对"真主"权威之盲目崇拜而设的教义。玄枢谓神妙莫测之权能，众圣指天使与众圣人，三一谓圣父、圣子、圣灵之三位一体，阿罗诃乃译叙利亚文"Eloha"，华言上帝也。一赐乐业教（犹太教）碑作阿无罗汉，玄应《一切经音义》作阿罗汉，调露元年所译《陀罗尼经》作阿罗诃与梵文之 Arhat 同出一源，此亦可见景教与佛教之关系。又碑文"判十字以定四方，鼓元风而生二气。暗空易而天地开，日月运而昼夜作"；此言天地以上帝之命而造，有形由无形而出，乃极明显之反科学的宇宙观。"元风"者上帝之灵，二气谓阴阳二气，盖元气初分，清轻者上为天，浊重者下为地，此上帝创造天地也，说详旧约《创世记》第一章一至五节。又碑文"匠成万物，然立初人，别赐良和，令镇化海。浑元之性，虚而不盈，素荡之心，本无希嗜；"此言上帝造成万物之后，用地上的尘土造人，将生气吹在他鼻孔里，他就成了有灵的活人。"良和"即生气，"化海"即世界，谓令此首出之人使其统摄世界，而人之初生不识不知，既不区别善恶，嗜欲妄念亦不发生。详说《创世记》第二章七、八节及十六、七节。又碑文"洎乎娑殚施妄，钿饰纯精，间平大于此是之中，隟冥同于彼非之内"；案此即关于人生来即有原罪之基督教义，详《创世记》第三章四、五、六节，叙人类始祖受恶魔诱惑食智果事。"平大"，《老子》三十五章语，平者安之志，泰者平之至，此喻伊甸乐园，其民蒙童，侗然自得。"此是""彼非"用《庄子·齐物论》语，谓食智果之后，能辨善恶，而是非纷然矣。又碑文云："是以三百六十五种，肩随结辙，竞织法罗，或指物以托宗，或空有以沦二，或祷祀以邀福，或伐善以矫人"；案此"三百六十五种"，据阳玛诺《碑颂正诠》言，"异教之众，争立门户，若人悉力织网罗禽也"（第35页）。A. C. 毛尔以此指三百六十五宗派，说见 The Christians in China, p. 36）。又以一年三百六十五日"日日罪恶"之意解者如J. 雷盖（见 *The Nestorian Monument of Hsian-fu in Shen-Hsi, China*, p. 5）；以三百六十五种为希腊神话之"三百六十五种天人"（Spiritual being）或"万物之灵"解者，如佐伯好郎（见《景教之研究》，第591—592页）；说皆新奇，恐非碑文本旨。据碑文当以"三百六十五种"为指异教之争立门户而言。"肩随结辙"言其多，"竞织法罗"言其蠢，盖自魔诱始祖，而始祖违命之后，异说纷纭，或如释道者流，沦于空有二边，呶呶不休；或如淫祀邪神者，祷祭而求福；或如妄自尊大者，矫诬真理而自称其功。此言由于生人久迷而不能返璞归真，如盲者失路，故有耶稣降生之事。"于是我三一分身景尊弥施诃，戢隐真威，同人出代"；此叙降生之来历如此。"三一分身"乃三位一体中，其第二位圣子分身下世，"景尊"乃耶稣尊称，"弥施诃"即 Messiah 之译音，叙利亚人、犹太人、阿拉伯人皆以是名耶稣基督；“戢隐真威，同人出代”，谓隐蔽天主之威严，而出世一如恒人也。至“神天宣庆，室女诞圣于大秦；景宿告祥，波斯睹耀以来贡”；此则叙耶稣降生之三大奇迹：第一，“神天宣庆”，指天使颂扬，见《马太传》第一章十八节至二十三节；第二，“室女诞圣”，指玛利亚未迎娶而生耶稣，见同上书第一章二十四节至第二章第一节；第三，“景宿告祥”与“睹耀来贡”，指几个从东方来的博士，到耶路撒冷说那生下来作犹太人之王的在那里，他们在东方看见了星，及见小孩子和他母亲玛利亚，又献上黄金、乳香、没药等作为礼物，见同上书第二章一至三节及七至十二节。以上均属神话性质，而耶稣基督就是用这些神话所塑造的一个最高大的历史人物。至于碑云“圆二十四圣有说之旧法，理家国于大猷；设三一净风无言之新教，陶良用于正信”；案此已涉及基督教的创教中事。“三一净风”指三位一体即父、子、圣灵之圣灵一位而言（one per-son of trinity）。圣灵（Spiritus Sancta）一语是西方教会即罗马教会之公用拉丁语，然在东方教会及景教会则用希腊语之“净风”，即“圣净之风”之意。景教碑、《一神论》及《三威蒙度赞》均以“净风”二字表圣灵，唯早期之《序听迷诗所经》用“凉风”，碑又有时亦简称“风”，如“法浴水风”，潘绅《注释》云“风谓圣灵”（第9页），是也。“二十四”圣指著《旧约》书之古圣先知。旧法谓《旧约》书中所载之律法预言，此谓耶稣降生以后所有言行，无不与古经二十四先知者豫记之言一一吻合，由是圣教之灵，大扶王化，是宗教而通于为政治之用了。“制八境之度，炼尘成真；启三常之门，开生灭死”；此盖基督教为使群众驯顺和忍耐而特设的教义。真福八端即神贫一，良善二，泣涕三，嗜义四，哀矜五，心净六，和睦七，为义被窘难八。三常者谓信、望、爱三德，此言耶稣之教以真福八端，锻炼尘世有罪之人得成圣洁，又开信、圣、爱三德之门，而导人入于永生之路也。“悬景日以破暗府，魔妄于是乎悉摧；棹慈航以登明宫，含灵于是乎既济”；此叙耶稣钉死于十字架，圣灵光明如日，降于阴间传道的神话。“景日”与“暗府”对文，据阳玛诺《碑颂正诠》以天主教义释之谓地中有四重大窌，最下者地狱，稍上一层为炼罪苦所，再上一重为殀殇之所，最上一重是古圣人寄所。耶稣受难之后圣灵降此，首先携古圣升天，是先所谓暗府，今则破暗而为光了，如是则得救者不过古圣之寄所而已。而案之碑文，处暗之民既见大光，于是魔妄之权，悉被摧折，则古圣之寄所以下三重，亦自可从暗府一跃而升至明宫，此则景教所据教义，虽与天主教同为迷信而似胜彼一筹，故以佛典之所谓“慈航”为喻，谓含灵者人，皆可济度，凡处暗者不分彼此，皆可攀航而登彼岸，“明宫”即彼岸也。如此说似更与《路加传》第一章第七八、七九节所云相合。又碑云：“能事斯毕，亭午升真”；此叙耶稣死后第三日复活，四十日以所任之事既毕，然后白日升天的神话，见《马可传》第十六章第十九节，又《路加传》第二十四章第五十至五十三节，又《使徒行传》第一章第九至十一节。当然这些神话都不过把耶稣更添上神化的色彩罢了。于是“经留二十七部，张元化以发灵关”；“元化”称耶稣之大教化，指二十七卷的《新约》圣经。据方豪《唐代景教史略》引 G. 罗斯泰因(Rothstein)之说云，“聂斯托尔派之新经原本二十二卷，惟亦有一时期改作二十七卷，与公教现用新经(《新约》)卷数相符。”

以上揭示了碑文中关于基督教义。至于教仪与教规见于景教碑文中者，虽仅为中国景教徒之规律与生活方式，但在研究景教史者，仍不失为重要史料。例如：

"法浴水风，涤浮华而洁虚白。"

此叙教会所行的洗礼，见《约翰传》第三章五至八节。"法浴水风"乃领洗而入教，风谓圣灵，以水与灵圣，洗涤人心之污点而使之纯白洁净，如《庄子·人间世》所谓"虚室生白"也。

"印持十字，融四照以合无拘。"

因耶稣钉死于十字架，故基督教亦重视十字以为信徒记号而欲使四方普地之人均在十字的旗帜下团结起来而无束无拘，成为一体相似，说见《马太传》第十六章第二十四节，又《加拉太书》第六章第十四节。

"击木震仁惠之音，东礼趣生荣之路。"

案此言礼堂高架巨钟，击之以集众宣讲福音，见《马太传》第四章廿三节、《马可传》第一章第十四、十五节。又"东礼"云者，据《碑颂正诠》云，"自古迄今，西国率以东向瞻礼天主，凡建天主圣堂圣台，厥向概面西方，瞻礼者向东行礼，以示天主如太阳东出，光照普地者然。"

"存须所以有外行，削顶所以无内情。"

此叙修道士之仪容,率皆长髯、髡顶,以表誓愿离俗之情。据方豪云:“聂派教士之行落发礼,为公历502年亚伯拉罕(Abraham de Caschar)所立,说见拉步特书”(Labourt:*Le Nestorianisme dans L'empire pepse*,paris,1904,p. 321;《唐代景教史稿》引)。又存须乃表示其外有道行,据佐伯好郎《景教之研究》(第593页)引英国威格朗等著作(Dr. W. A . Wigram and Sir Edgar T. A. Wigram:*The Cracle of Mankind*,1915,p. 13)云:“景教之修道士决不使用剃刀,彼视剃落须髯,有如英国绅士之裸体行于街道上。”

“不畜臧获,均贵贱于人;不聚货财,示罄遗于我。”

案此本原始基督教义,见《马太传》第十章第八至十节。景教徒借此门面语以自我宣传其教之如何为人类救星,如不役使奴婢,是予人以平等相待,无分贵贱,且不但不私蓄货财,宁尽以所有以济困扶危。“罄遗”即尽其所有之义,《尊经》诸经目录中有《罄遗经》。

“斋以伏识而成,戒以静慎为固。”

案斋戒二字见《易·系辞》,洗心曰斋,防患曰戒。景教斋戒时期,多而严谨,其斋戒时期,略举之有四旬斋、圣徒斋、圣母迁徙斋、也里牙斋、通告节斋、尼尼微斋、圣母斋等,详见本书第七篇第一节中,此不赘。据马尔·亚伯拉罕(Mar Abraham)所定《景教修道僧院清规》(Budge:The Book of Governors,Vol. I. P. CXXXIV,佐伯好郎《景教之研究》,第315—321页引)共十一条,第一条以清宁安泰为第一，第二条即严守斋节，斋即断食，见《马太传》第九章十五节，《哥林多后书》第十一章二十七节，《使徒行传》第十四章二十二节。又第五条当大斋节，守四十日之断食时，修道僧除不得已，非经修道僧全体之许可，不得外出，盖以断食为一切德行之源泉云。

"七时礼赞，大庇存亡；七日一荐，洗心反素。"

此叙教士行礼拜之时日及其功用。所谓"七时礼赞"者，言每日七时祷告歌诗，即昧爽、日出、辰时、午时、日昳、日晡、亥时是。"大庇存亡"者，言诵经之益，不特施及生人，并及在教亡者，因赖教士七日夜在上帝前祷告赞美而获升天也。"七日一荐"者，荐者无牲而祭之谓，古以一周之第七日为安息日，而同集礼拜，教士亦于是日自称洗涤罪污，清心息虑。

以上均关于景教之教仪教规，至于说到景教士之一般品德，如"方大而虚，专静而恕，广慈救众苦，善贷被群生者，我修行之大猷，汲引之阶渐也"；此谓教徒须外行方大而虚，如《易》之坤（坤卦六二"直方大不习无不利"）；内心须专静而恕，如《易》之乾（《易·系辞》"夫乾其静也专"）；"广慈救众苦"，借佛家语；"善贷被群生"，借老子语（《老子》四十一章"夫惟道善贷且成"）；言此等善行乃信徒之大道，亦即引人入胜之阶梯也。这当然又是夸大其辞，与下文颂扬伊斯功德所云："清节达娑，未闻斯美；白衣景士，今见其人"；均涉于想象，不即为事实。景教士分"清节达娑"与"白衣景士"二者，前者按规当常居修院之修士（monk），后者即今称"在俗司铎"（secular priets）（《唐代景教史稿》）。至于达娑有二说，佐伯好郎

(《景教之研究》第584页)谓达娑乃梵文 dasa 之译音,即佛之役人之义;张星烺同此说(《中西交通史料汇篇》第一册第185页)。又如希勒格(G. Schlegel)则谓为波斯文 tarsa 之译音,伯希和、冯承钧同此说。以《至元辨伪录》卷三"迭屑(tersa)人奉弥失诃(Messiah)言得生天"一语为证,则达娑即景教徒之说,似较合理。然而无论清节达娑也好,白衣景士也好,一涉溢美之词就只可算景教徒之传教方法,而与实际无干了。

九、唐以后之景教

（一）宋元之间西北边疆之景教——蒙古族的克烈部、汪古部归依基督教——成吉思汗家族的信仰——马庆祥一家——乃颜——内蒙古百灵庙附近与在七河所发现的景教墓石

自唐末以至五代北宋，在中国本境已经绝迹的聂斯托尔派的基督教，事实上在中亚一带仍旧存在。根据近数十年发现的新材料，首先是德国学者在吐鲁番所得的文件，次则有七河（原名见后）同伊犁聂斯托尔教坟园四所的碑文，这些碑文大致是1200年至1360年间之物。中亚基督教部落的史料，又有如伯希和在1914年《通报》（第623页—644页）、《唐元时代中亚及东亚之基督教徒》（Chrétiène d'Asie Centrale ed d'Extrême-Orient，见《西域南海史地译丛》，第57—81页）之作。固然这些汉学家们一面在中国从事调查发掘，把可贵的文物资料捆载而去，一面力求通过史迹，给在中国进行殖民的政策服务，他们的结论，不尽可置信，但因此也提供了一些可供参考的资料。伯希和以后考古学近30余年，更从内蒙古百灵庙附近发现景教徒的墓石，其重要性决不在七河出土的景教遗物之下。元末唐宋之间在新疆维吾尔自治区的东北部，高昌国

方面有景教徒的存在，这是徵之德国探险队所带来此地方出土文件而略可了解。亘宋元二代，从伊犁地方与七河（Semirechie Semireče 或 Semiryetodie 原为中国领土，伊犁条约时割让俄国，现在苏联境内）这派教徒得维持其信仰，这是从两地方四个景教墓地发现了多数墓碑得悉的。既经法国之瑙（F. Nau）与俄国克佛尔松（Chuvlson）等研究发表，即这些墓地分存于楚河（Chu）即中古之素叶川、碎叶川（Sui-ab）流域、塔克马克（Takmak）附近柏拉那（Burana）的遗址及彼喜培克（Pishpek），由 1885 年奉俄国政府命令从事西伯利亚调查的波加可夫（Porgakov）及安得勒夫（Andrev）等人而发现。在墓石数量颇多的塔克马克墓地，墓石上只刻有十字架，没有勒上志铭，但是从彼喜培克墓地，则掘出有叙利亚铭刻的 600 多块墓石，墓石上均明记 13、14 世纪年月，这可作为彼时彼地基督教徒纪念物之贵重资料。在其北方及东方，11 世纪顷游牧于蒙古北部之蒙古族 Keräit（克烈怯烈）部或据鄂尔多斯北边之土耳其族 Ongtüt（汪古、雍古）部等，均可认其皈依基督教。巴尔·希布拉斯（Bar Hebraeus）曾记载克烈部人 11 世纪之初皈依于基督教，由于后来的克烈部人常有基督教的洗礼名可以看出。据伯希和之说，有个克烈王名 Marghuz，无疑就是基督教名 Markus（Mare），他的儿子名 Qurjaquz 也是聂斯托尔教徒最流行的 Cyriacus 之讹。在 13 世纪上半叶，在欧洲中世纪宣传的所谓约翰（Jean）长老的著名故事，即适用于克烈人，好像他们都是基督教徒，纵若不然，也适用于一部分。伯希和又考基督教之所以传布到成吉思汗的家族，乃因其与克烈王女通婚。蒙哥汗（Mängü，Möngkü）、忽必烈汗（Khublaï）、旭烈兀（Üagü，Hülägü）三人的母亲唆鲁忽帖尼别吉（Sarkutani Bagi）也就是柏郎嘉宾（Plan Carpin）《行记》中的 Seroctan，即是克烈部的一个王女，汪汗（Ong-Khan）的一个侄女，拖雷（Tulni）之妃（死于1252年）。据豪握斯（H. H. Howorth）《蒙古史》第三部（*History of Mongols*，Part Ⅲ，p. 206），旭烈兀尝与瓦儿丹（Yartan）私语"吾母亦基督教徒，吾心中最爱基督教徒也"。此外汪汗之孙女初为拖雷之妾，后为旭烈兀之妃托苦思可敦（Dokuz Khatun）亦为基督教徒。又成吉思汗侍臣中最有名的镇海（Cinqai，Chinkei）是克烈部出身的聂斯托尔派教徒，伊斯兰教记载常误以为是回纥人（一作畏吾儿Quigour），他在1221—1224年间曾偕长春真人丘处机应成吉思汗之召，从中国东部到阿姆河（Oxus）。蒙古初建国时，他同契丹人耶律楚材均为重臣，后因他不附蒙哥汗而被杀。镇海之后人终元之世，皆在做官。镇海的三个儿子皆用基督教名，一名要束木（Joseph）一名勃古思（Bacchus），一名阔里吉思（Georges）。伯希和说，反对蒙哥汗的虽然是基督教徒镇海同夸达克（Qadaq），可是蒙哥汗因为母亲是基督教徒，并不因此虐待基督徒，他的重要近臣博剌海（Bolghai）也是个基督教徒（同上书，第63页）。又汪古部在黄河河套北边，位于中国内地与蒙古之交通要冲，它的别一信仰基督教之部族，中国人常名之曰白达达部。可是汪古部的名称，亦见史书著录，中亚地方的人则名此地曰天德（Tenduk），这是唐代天德军的故地，也就是《马哥波罗游记》中的Teuduc。汪古部有一部分人虽迁到甘肃南部之临洮，后来迁到黄河北方的静洲。13世纪初年这部分人中最活跃的一部族，以马庆祥一家为代表。《金史》卷百二十四列传第六十二有马庆祥传。又《金华黄先生文集》卷四十三世谱云："马氏之先，出西域聂思脱里贵族。"元好问《遗山文集》卷二十四有题为《恒州刺史马君神道碑》，碑文中也说马庆祥洗礼名习里吉斯（Särgis），他的父亲名骚马也里黜（Bar-çauma Eliso）。14

世纪著名文学家马祖常是马庆祥的玄孙，月合乃（Yohanan）的曾孙，所撰《礼部尚书马公神道碑》，即月合乃碑，收入其文集《石田集》，与苏天爵编《元文类》卷六十七，是颇为重要的史料。碑文中习里吉斯作锡礼吉斯，骚马也里黜作把造马野礼属，盖音译不同。又碑文里面有若干聂斯托尔派习用的基督教名，可见此基督教世家的家谱："如审温（Siméon）、阔里吉斯（Georges）、保六赐（Paulus）、岳雄（Jahanan，Jean）、雅古（Yakub，Jacques）、天合（Denha）、易朔（Yiso，Jèsus）、禄合（Luc）之类；雅古在元史里面且说是一个基督教徒"（同上书，第65页）。可是这些信仰基督教的汪古部人，它书亦见著录。列班骚马（Rabban Cauma）、马哥波罗、孟德高维奴、鄂多利克（Odoric de Pordanone）诸人的信札行纪撰述，皆曾说到他们（同上书，第65—66页）。此外，当时的基督教似不仅是流行于克烈同汪古两部，1287年时忽必烈汗曾讨宗王乃颜（Nauan），马哥波罗曾说乃颜同他的不少属部皆是基督教徒，而乃颜的封地在东蒙古同满洲一部分之内（同上书，第72页）。据今日内蒙古百灵庙附近发现之景教徒墓石，又知从唐至元未在蒙古首都即归化城或绥远城，或托克托故城之西北数十英里，以内蒙百灵庙为中心，东西南北约五、六十英里地域，最近发现许多贵重之景教遗迹，引起中外学者之注意，决不是偶然的。这些遗迹计有十数块墓石与二块碑石之断文，其中包括1931年黄文弼发现之王傅德风堂碑记，1934年拉提摩尔（Owen Lattimore）发现在姥弄苏木之景教十字架模样的墓石，1935年日本江上波夫发现之叙利亚、土耳其语墓志之雕刻，乃至1937年马丁（Desmond Martin）发现之叙利亚、土耳其语之六块墓石及在姥弄苏木之十字架模样八块墓石。由于这些墓石及碑铭的发现，使我们知道从唐代至元约七、八百年间景教在中国西北边疆之发达情况。把这内蒙古百灵庙附近的发现与在七河所发现之六百数十块景教墓石比较,参考1914年《亚洲报》,知七河同伊犁坟园四所的碑文,其中碑文的Täp Tärm就是在成吉思汗历史中执有一种很大任务的巫者Tap Tängri,而百灵庙碑文的发现中,据佐伯好郎(《支那基督教研究》第二册,第432页)研究的结果,王墓出土之一墓石为拙里不花之子,即至大四年(公元1311年)封为怀仁郡王之火思丹之墓,是有重大的史料价值的。又内蒙古叫做Bittick Jellay(一名Derriseng Khutuk)地方出土的墓志铭亦判读为即元太宗之第三子阔出之孙索罗索大王之女竹忽真公主之墓。又姥弄苏木出土之墓志铭,亦判读为元太祖成吉思汗降嫁其女阿剌海于阿剌兀思,即高唐忠武王之墓。然则百灵庙的发现与七河及伊犁碑文的发现,不但证明了卢白鲁克(Rubrouck)游记所提及的外蒙古境内之克烈蔑里克、乃蛮三大部落与内蒙古之汪古部均有聂斯托尔教派,有极大的史料价值,而且更填补了自唐末至元聂斯托尔教派在中国本部中断的痕迹,这对于中国景教史理解上有很大的作用。

(二) 元代景教派之复兴(也里可温)——崇福司——《马可波罗游记》所述聂斯托尔派在中国的发展——镇江府的大兴国寺——元代中国内地的教堂数目

景教在中亚和中国边疆的传布,跟着12世纪至13世纪中蒙古人入主中原,而随之入关,景教徒乃依旧卷土重来,他们渐渐变成了一个有势力的宗教。据考证"蒙古帝国里面的基督教徒名曰

tarsa,而又常名曰 ärkägün,前一个名称就是景教碑中的达娑,也就是丘处机《西游记》中的迭屑,后一个名称就是中国史籍中的也里可温”(《唐元时代中亚及东亚之基督教徒》见《西域南海史地考证译丛》,第 72 页)。在元成宗时代(1229—1240 年)也许更在元世祖(1206—1227 年)和其他的元代皇帝统治时代,竟可见景教徒同其他各教教徒一样,取得不服兵役、不纳赋税的特权,虽然武宗以后,无论田税商税均与平民一体征纳,这是因为也里可温教徒身虽奉教而实兼种田或经商,豁免租税会影响国家收入的缘故。《元通制条格》:“至元三十年省官人每当年六月又奏海答儿等管课税的说做大买卖的是和尚也里可温每却不纳税呵;”《元典章》卷二十二载,至元三十年八月,施行市舶则法二十三条,其中一条云,“议得和尚先生也里可温答失蛮人口,多是夹带俗人通番买卖,避免抽分,今后和尚先生也里可温答失蛮人口等通番兴贩,如无执把圣旨许免抽分明文,市舶市司依例抽分。”大概情形是允许也里可温买卖不须纳税,却不得将合纳税之人等物货妄作已物夹带隐蔽(见同书卷二十四),这可说是对也里可温的优待了。然尚不止此,为着对这也里可温的尊崇,更特置秩二品的崇福司。《元史·百官志》卷八十九云:

> “崇福司秩二品,掌领马儿哈昔、列班也里可温十字寺等祭享等事。”

据解释,马儿哈昔是 mar-hasia 的对音,列班也里可温是 rabbanärkägun 的对音;列班也里可温指的是司铎同修士,马儿哈昔指的是主教。《至顺镇江志》所载《大兴国寺记》中有马里哈昔牙,也就是此名的别译。1289年所设的崇福司，到了1315年改为院，据《百官志》，“省并天下也里可温掌教司七十二所，悉以其事归之，七年复为司。”也里可温的掌教司数目之多，可见元代景教会的发达。唐代景教曾受历代帝王的尊崇，元也里可温也以为帝王祝寿祈福，得到统治阶级的恩宠。例如：

1.《元典章》：“至元十四年十一月，钦奉圣旨，节该成吉思皇帝哈罕皇帝圣旨，和尚也里可温先生不拣甚么，休著者告天与俺每祝寿祈福者么道的有来，如今依著在先圣旨体例里，不拣甚么，休著者告天与俺每祝寿祈福者”（卷三十三）。

2.《元史·文宗纪》“天历元年九月，命高昌僧作佛事于延春阁，又命也里可温于显懿庄圣皇后神御殿作佛事”（卷三十二）。

3.《元史·顺帝纪》：“后至元元年三月，中书省臣言肃州甘州路十字寺，奉安世祖皇帝后别吉太后于内，请定祭礼，从之”（卷三十八）。

元代也里可温的分布据13世纪欧洲人游记中关于聂斯托尔派的记载，再考之以中国载籍，如陈垣的《元也里可温考》所收汉文资料，均足以证元代景教的发达情形。据《马哥波罗游记》所述由喀什噶尔以东，直至北京沿路一带，儿无一处无聂派基督教徒。又在中国各地，如蒙古、甘肃、山西、云南、河北之河间、福建之福州、浙江之杭州、江苏之常熟、扬州、镇江等处，皆有聂斯托尔派或其教堂，尤其是镇江所记尤详。据《游记》第一四八章（冯承钧译《马可波罗行记》中册，第560页）云：

“镇江府(Chingianfu)是一蛮子城市,……其地且有聂斯托尔派基督教徒之礼拜堂两所,建于基督诞生后之 二七八年,兹请述其缘起。是年耶稣诞生节,大汗任命其男爵一人名马薛思吉斯(Mar-Sarghis)者治理此城三年,其人是一聂斯托尔派之基督教徒,当其在职三年中,建此两礼拜堂存在至于今日,然在以前,此地无一礼拜堂也。”

这证之以《元至顺镇江志》卷九僧寺云,大兴国寺在夹道巷,至元十八年本路副达鲁花赤薛思吉思建,儒学教授梁相有碑记,其略曰:

“薛迷思贤(坚)在中原西北十万余里,乃也里可温行教之地。愚问其所谓教者云,天地有十字寺十二,内一寺佛殿四柱,高四十尺,皆巨木,一柱悬空尺余,祖师麻儿也里牙(马利亚)灵迹千五(三)百余岁,今马·薛里吉思是其徒也。教以礼东方为主,与天竺寂灭之教不同,且大明出于东,四时始于东,万物生于东,东属木,主生。故混沌既分,乾坤之所以不息,日月之所以运行,人物之所以蕃盛,一生生之道也,故谓之常生天。十字者,取像人身,揭于屋,绘于殿,冠于首,佩于胸,四方上下以是为准。薛迷思贤,地名;也里可温,教名也。公之大父可里吉思,父灭里,外祖撒必为人医。太祖皇帝初得其地,太子也可那延病,公外祖舍里八,马里·哈昔牙,徒众,祈祷始愈。充御位舍里八赤,本处也里可温答剌罕。至元五年,世祖皇帝召,公驰驿进入舍里八,赏赉甚侈。舍里八煎诸香果泉调蜜和而成。舍里八赤,职名也。公世精其法,且有验,特降金牌以专职。九年，同赛典赤平章，往云南。十二年，往闽浙，皆为造舍里八。十四年，钦受宣命虎符怀远大将军镇江府总管府副达鲁花赤，虽登荣显，持敬尤谨。常有志于推广教法，一夕梦中天门开七重，二神人告云，汝当兴寺七所，赠以白物为记，觉而有感，遂休官务建寺。首于铁瓮门舍宅，建八世忽木剌大兴国寺。次得西津竖土山，并建答石忽木剌云山寺、都打吾儿、忽木剌聚明山寺，二寺之下创为也里可温义阡。又于丹徒县开沙建打雷忽木剌四读安寺；登云门外黄山，建的廉海牙忽木剌高安寺；大兴国寺侧，又建马里瓦结里吉思忽木剌甘泉寺；杭州荐桥门，建样宜忽木剌大普兴寺。此七寺实起于公之心。公忠君爱国，无以自见，而见之寺耳。完泽丞相谓公以好心建七寺奏闻，玺书护持，仍拨赐江南官田三十顷，又益置浙西民田三十四顷，为七寺常住。公任镇江五年，连兴土木之役，秋毫无扰于民，家之人口受戒者，悉为也里可温，迎礼佛国，马里哈昔牙、麻儿失理河，必思忽八，阐扬妙义，安奉经文，而七寺道场始为大备。且刺子孙，流水住持。舍利八，世业也，谨不可废，条示训诫，为似续无穷计，益可见公之用心矣。因缉其所闻为记。”

据《马哥波罗游记》谓景教寺在镇江有二，杭州有一，即大普兴寺。此大兴国寺建于1281年，薛迷思贤（坚字之讹）即《元史》之薛迷思干，《元史地理志》西北地附录作撒麻耳干，位于波斯东北地，其地盛行景教，证之此碑记有“教以礼东方为主”，与景教碑“东礼趣生荣之路”相合。又此碑记有“十字者像人身四方上下以是为准”，亦与景教碑“判十字以定四方”及“印持十字”相合。陈垣《元也里可温考》(第66页,东方文库本)谓“据《万历镇江志》则大兴国、高安、四渎安三寺,明时尚在,惟甘泉不载。云山、聚明则元至大间已改为般若院。《康熙镇江志》则并此六寺之名而不可考”。又据《至顺镇江志》卷九寺院类,尚有“甘泉寺在大兴国寺之侧,大光明寺在丹阳馆南,元贞元年安马吉思建”;又“大法兴寺在通吴门外福田山,亦也里可温寺也”。至于杭州之第七寺,按《马哥波罗游记》第一五一章蛮子国都行在城即杭州云,“城中仅有聂斯托尔派基督教徒之礼拜堂一所”(《行记》卷中,第574页)。沙海昂注:“此礼拜堂经毛尔在《至顶镇江志》中发现为马薛里吉思所建七寺之一,名样宜忽木剌大普兴寺,在杭州荐桥门附近。荐桥门乃俗称,实名崇新门,今之城头巷,乃昔日东城墙所在,今城乃改建于1359年也”(同上书,第577页)。今据田汝成《西湖游览志》,“城内胜迹三,太傅祠在荐桥东,旧十方寺基也,当熙春桥西,元僧也里可温建,久废”(卷十六)。此云“旧十方寺基”陈垣以为当为“旧十字寺基”之误,谓也里可温为僧,犹景教碑例(《元也里可温考》,第70页)。由此可见元代景教寺在中国传播的普遍,虽也里可温人数无册籍可考,但陈垣以为观元代公牍每以也里可温与各路诸色人等并举,则其人数之众可知。张星烺《中西交通史料汇篇》(第二册,第271—288页)曾据中外文献,考在元代中国内地各处教堂数目,其中关于聂斯托尔派者最多。试节录如下,以供参证:

直隶北京城内　聂斯托尔派教堂数目无记载可考。惟据各种情形观之,当不少。新来之加特力派圣方济各会(Franciscans)于1306年(元成宗大德十年)有教堂二所,至1330年左右(元文宗至顺元年)增至三所(据约翰·孟德高维奴《遗札》及孙丹尼牙总主教之《大可汗国记》)。

直隶长芦镇 有堂一,教徒若干,派别不明(据《马哥波罗游记》卷二第六十章)。

山西大同 聂派有主教驻其地(据卢白鲁克《游记》),元成宗大德时天主教有大教堂一所,壮丽比于王宫,为高唐王阔里吉思所建(据约翰孟德高维奴《第一遗札》)。大同迤西为汪古部旧壤,聂斯托尔派最盛之地。

甘肃沙州 今名敦煌,户口中大半为拜偶像者,唯亦有聂斯托尔基督教徒(见《马哥波罗游记》卷一第四十章),教堂数目不详。

甘肃肃州 据《马哥波罗游记》卷一第四十三章,人民半为偶像教徒,半为基督教徒,其数之众可知。波罗未详语其教派,然其为聂斯托尔派无疑。

甘肃甘州 基督教徒在城内有教堂三所,建筑极为华丽(见《马哥波罗游记》卷一第四十四章)。《元史》卷三十八顺帝本纪:"至元元年三月,中书省臣言,甘肃甘州路十字寺奉安世祖皇帝母别吉太后于内,请定祭礼,从之"。《甘州府志》卷四古迹云:"十字寺,元世祖祀其母别吉太后处,复建,今大寺也。"《甘州志》卷二云:"初世祖定甘州,太后与在军中,后没,世祖使于十字寺祀之,至是岁久,祀事不肃,故议定之,其礼未详。"世祖之母为怯烈氏,而别吉则为基督教中妇人之名,西字为 Beatrice 或 Bertha,其奉基督教无疑。

甘肃额里折 即凉州。据《马哥波罗游记》卷一第五十七章,其地有聂斯托尔基督教徒教堂,数目不详。

甘肃鄯州 即今西宁。据《马哥波罗游记》卷一第五十七章,其地有聂斯托尔派基督教徒。

甘肃额里合牙 即今宁夏。其地亦有聂斯托尔派基督教徒,有教堂数处,皆建筑华丽(据《马哥波罗游记》卷一第五十八章)。宁夏为昔时西夏国都城,西夏又名唐兀,又名河西。《马哥波罗游记》记载唐兀国各处有基督教徒。《元史》卷十二,"至元十九年十月,刺河西僧道也里可温有妻室者,同民纳税"。

外套 今鄂尔多斯北,黄河北岸诸地。唐时其地为天德军,金元间为汪古部牧地。汪古部名人见于《元史》者有三族,一为部长高唐王阔里吉思之族,二为文豪马祖常之族,三为文豪赵世延之族,此三族皆奉基督教。

新疆喀什噶尔 《马哥波罗游记》卷一第三十三章云,其地聂斯托尔派基督教徒甚众,亦有教堂,唯数目不详。喀什噶尔为13世纪中叶(宋理宗时)景教主教驻节表中之第十九区。

新疆叶尔羌 《马哥波罗游记》卷一第三十五章云,其地有聂斯托尔派及雅各派(Jacobite)基督教徒。

新疆赤斤塔拉思(Chingintalas) 约为维吾尔诸地,其地有聂斯托尔派基督教徒,见《马哥波罗游记》卷一第四十二章。

新疆伊犁 有圣方济各天主教神父驻扎。

东三省 元世祖时东三省为宗王乃颜之封地,乃颜为基督教徒,见《马哥波罗游记》卷二第四章及第五章。马哥言"乃颜虽曾受洗礼为基督教徒,帅旗上有十字架以为标识"。乃颜既奉基督教,其部下亦必皆从其主。又此时罗马天主教亦尚未输入中国,故乃颜以及所有同时之其他基督教徒必皆聂斯托尔派。

江苏扬州　鄂多力克记扬州有圣方济各会小级僧人之教堂一所，聂斯托尔派教堂三所。《元典章》卷三十六记“延祐四年七月，行省准中书省咨，御史台呈，淮东廉访司延祐四年正月三十日，有御位下彻彻都苦思丁起马四匹，前来扬州也里可温十字寺，降御香，赐与功德酒段等，照得崇福院奏，奉圣旨奥刺憨律，各与一表里段子，别无御赐酒醴。彼奥剌憨者，阿温氏（当作也里可温）人，素无文艺又无武功，系扬州之豪富，市井之编民，乃父虽有建寺之名，年已久矣”云云。奥剌憨即基督教徒常用之 Abraham 之译音。《到顺镇江志》卷十六，丹徒县达鲁花赤马奥剌憨也里可温人，忠翊校尉，实同一名，故《元典章》之奥剌憨似为聂派教徒。《鄂多力克游记》所载聂派教堂三所，或即奥剌憨之父所建者。

江苏镇江　《马哥波罗游记》卷二第七十三章，记此城有聂斯托尔派教堂二所，已见前。

浙江杭州　《马哥波罗游记》卷二第七十六章，记杭州有聂斯托尔派教堂一所，已见前。《鄂多力克游记》第三十章亦记杭州有基督教徒，唯未言教堂数目。

浙江温州　《元典章》卷三十三：“大德八年，江浙行省准中书省咨，礼部呈奉省判集贤院呈，江南诸路道教所呈，温州路有也里可温创立掌教司衙门，招收民户，充本教户计，及行将法箓先生诱化。”此节所云掌教司衙门必为主教或总主教驻节所。何以必于温州立主教者，盖温州为元时通商七港之一（杭州、上海、澉浦、温州、庆元、广东、泉州凡七市舶司），蕃人荟萃之地。

福建泉州　泰定时，鄂多力克过泉州，记其地有小级僧人教堂二所。1326 年(泰定三年)泉州主教安德鲁遗札,亦谓泉州当时有天主教教堂二所。至正六年时,马黎诺里过泉州,则记其地方有天主教教堂三所。

云南省城 《马哥波罗游记》卷二第四十八章,谓云南户口亦有少许聂派基督教徒,惟未明言有否教堂。

由上张星烺所作中国内地各处教堂数目考所得结论,认为"以上诸地或在由北京出居庸关,经大同、河套、宁夏、凉州、甘州、肃州、嘉峪关往西域之路途间,或在由北京沿运河南下,溯钱塘江过仙霞岭下闽江,经福州而至泉州,由泉州泛洋往海外诸国路途间,欧洲人元时来中国,或返欧洲,皆必经此二道"(《中西交通史料汇编》第二册,第 288 页)。实则元时中国内地聂斯托尔派基督教的传播当不止此。例如以福建泉州言,鄂多立克、安德鲁、马黎诺里均只知其地有天主教教堂,而不知在《唐景教碑颂正诠》中即已有古十字架碑刻,今人吴文良《泉州宗教石刻》说到元代泉州的基督教派别,即断言元代"泉州曾成为景教徒集中的中心地"(第 37—38 页),举刻有天使与十字架及叙利亚文字的石刻十图,认为多属于东方教派的景教,也就是蒙古人所谓也里可温教。又举刻有八思巴文字的十字架石刻三图,认为也属于东方景教的范围。由此可见中国内地各处的聂斯托尔派基督教堂,必定遗漏不少。《至顺镇江志》所保存的《大兴国寺记》中有"省并天下也里可温掌教司七十二所",虽掌教司不即是主教区,但忽必烈在位时,聂斯托尔教实曾在甘州、宁夏、天德、西安、大都等处设置主教区,这七十二所的数目,标志着早期基督教的兴盛,或不是如伯希和在《唐元时代中亚及东亚之基督教》文中所称是仅仅"出于臆想"的吧。

（三）扫马与雅八·阿罗诃三世——13世纪元代景教极盛时代——两景教僧的西游记——马天哈法主——马可被选为景教会法主——阿鲁浑王派遣扫马充往欧洲使节访问罗马及法国巴黎

景教在阿拉伯人侵略时代，曾呈一时繁荣的现象，《多桑蒙古史》（下册，第96—97页）曾据阿塞曼那斯《东方丛书》资料说及那时“传布景教之亚洲诸地，曾分为二十五大区域，或主教长辖区，所辖主教区共有七十余所，包括伊拉克、阿拉伯、美索不达米亚、底牙儿别克儿、阿塞拜疆、叙利亚、波斯、印度、河中、土耳其斯坦、中国、西夏（Tangoute）唐兀等地”。这时“景教之大主教不特为其教之教主，兼为老基督教教徒之断事官，哈里发曾许其判断雅各派教徒间或希腊派教徒间之争持。根据现存阿拉伯文之文状两件，哈里发曾许其管辖此两派之教司。其文云信徒宗主任命汝为居留救世城（报达）及其他各地之景教教长，并管辖居留或经过伊斯兰诸国之雅各派与希腊派之教徒，应使一切基督教教徒遵守汝之命令”。然而好景不长，接着景教为阿拉伯人利用的幸运时代之后，即为其受伊斯兰教压迫的厄运时代，而正在这厄运时代之时，来了蒙古人崛起侵略伊斯兰教地域，蒙古人虽对于基督教徒与穆斯林无所轩轾，惟因其正在侵略伊斯兰教地域，当然有怀柔反对统治民族的人民之利益，因此而基督教徒亦一时受蒙古人的保护。当阿鲁浑在位时代，尤其爱护基督教徒，那时候有两个生长在北京附近的聂斯托尔派基督教徒，一个叫马可，是“蒙古通”，既已被选为景教新法主，号雅八·阿罗诃三世，一个叫扫马，通欧洲语，于1288年被阿鲁浑王派往欧洲使节，访问了罗马及法国巴黎。关于这一段景教史中的插话，详细情形见巴奇之叙利亚文之英译本，"The Monks of Kablai Khan，Enperor of China"，现在摘要介绍如下。

13世纪中叶是元代景教的极盛时代，那时有一个聂斯托尔派教徒名叫昔班(Siban)，他是汗八里(Khanbaliq 北京)人，是这地方教会的巡回教师。他同他的妻子奇耶穆佗(Qiamta，Kêymta)在大斋节中生了一个独生子，起名扫马(Sauma)。扫马在入学年龄时，父母引导他学习宗教上的事，又给他结婚，他入教后按自己心愿宁愿苦修，不愿享受家中美好的生活，因此不久离开父母到北京附近山中隐居。当时人大致称他为列班扫马(Rabban Sauma)。正在此时，有一个离北京西边十五日路程的Koŝange(Kanshang，绥远的归化，一说山西霍山)城教正名叫裴尼尔(Bayniec)，他有四个儿子，最小的叫马可(Markus，1245年生)。马可听到扫马在北京附近讲道，就抛弃一切来找他，在相处三年之后，得度为景教僧。为完成心愿，他请求与扫马同去巡历圣地耶路撒冷，扫马告诉他在路上要遇到困难，但马可坚持西游。最后他们相约从元首都燕京(北京)出发，在任何困难情况下，谁也不离开谁。此行目的是要到耶路撒冷参谒救世主耶稣之墓，并在其墓前祈求赦免罪恶。他们先到归化城，那是马可的故乡，受到亲戚故旧的欢迎。偶然此处鞑靼的君主昆布哈王(伯希和作君不花 Künbuqa)同爱不哥(伯希和作爱不花 Aĭ-buqa，佐伯好郎据《元史》一〇九卷作爱不哥)二王闻此两僧到着，将他们传到帐里问话。这两个王皆是基督教徒，并是忽必烈大汗(1260—1294)的女婿。忽必烈仿效蒙古王第四世蒙哥对景教徒及其他异教徒采用的怀柔政策，就中对景教徒更予信任。他相信景教徒具有赅博的学识与通商贸易的本领，又有进步的医术，对于中国及蒙古人民全体的安宁幸福之增进，多有裨益，因此与前述与两景教僧同住在归化城之二皇子力劝两僧中止旅行而留居本国。但当二王知道不能改变他们西去的志愿时，就送给他们许多礼物金银和衣服，彼此祝福而别。他们到了唐古特（Tangut，宁夏），受到当地教徒的郊迎，但亦不肯逗留。又由此地经两个月的路程到了新疆和阗（Khotan），他们疲倦极了，八天时间找不到水喝，这里又发生了战事，他们进退两难，只好留在于阗六个月，再从于阗出发，万里长征，幸而途中得免洗劫，无恙到达疏勒，这就是今之喀什噶尔（Kashgar）。喀什噶尔是中西陆路交通与贸易的中心点，土地肥沃，与撒马儿罕同为景教本山之所在地。两僧在此本应受到欢迎，不幸正在战祸降临、将被洗劫之时，城里空无一人，国王海都（Kaido）正列阵于图喇河之滨，两僧即到阵营附近朝见，并取得通过领土的许可证“符”，经过多少艰难困苦，几濒于死，才来到霍罗桑（Khorassan）。他们所带东西，都在路上抛了，身无一物，乃避难于图思城（Tus）附近的所谓 Mar Sehyon 圣施杭景教修道院，受到该城主教和神父的殷勤招待。于是他们再出发取道阿塞拜疆（Azerbaidjan 或 Adhorbijan 阿体八升山，在波斯西边），从那里可到巴格达（Bagdad），朝见景教法主马天哈（Mar Denha），不料在马拉迦城（Maragha 美索不达米亚境内）便遇到了他，马天哈极其殷切地款待两僧，留经数日，给予介绍信前往巴勒斯坦（Palestine）圣地。二人乃离开马拉迦向巴格达进发，到报达城瞻仰了圣马瑞斯的遗物，又由那里到贝阁卖（Beth-Gar-mà）和尼锡必斯（Nisibis），并按次访问了贝阁卖、阿裴拉（Arbela），摩苏尔（Mosul），新阁、尼锡必斯、马尔丁（Mardin）、个察塔（Gozart），以后又回到阿裴拉城附近塔莱尔(Tarel)地方圣马万克(Saint Mar Micael)圣道院。正在此两僧蛰居塔莱尔山房时,马天哈法主听到两僧德行,遣特使劝诱他们到巴格达,愿意帮助他们完成其志愿,两僧也欲在法主的保护和援助之下转住巴格达城下。但是马天哈法主之召两僧,谓为因为景教会的需要,不如说是为了法主自身的利益,而利用他们,所以当两僧到达巴格达时,即派遣他们使赴旭烈兀汗之子阿八哈大王(Abaka)朝廷,报告他自己被选为东方景教法主,要请阿八哈大王的封册,以便其法主选举一事为内外所承认。幸而中国出身的两僧不但通晓蒙古朝廷的仪式或故事,而且熟悉中国语与波斯语,是带法主使命而访问蒙古朝廷最合适的人选。两僧为着要在他们完成使命后往耶路撒冷,为了带去给阿八哈王的信并要带回回信,因请派一人随行,而这使命果然很好完成了。阿八哈王命重臣作成牌札交给两僧,两僧又交给随行人员令转给巴格达的法主,而自己则转道向其目的地耶路撒冷进发。当时北方叙利亚诸国秩序纷乱,盗贼横行,两僧虽然带有阿八哈王的介绍信,西行仍觉极为不便,打算迂回北方由水路出发,但到了乔治亚(Georgia)因战事无法前进,不得已再回巴格达法主那里。马天哈为安慰两僧,乃欲任命马可法师升格大德之位,以扫马法师为巡锡总监大德,令他们返中国传道,指导统辖中国的景教徒。但两僧不肯就此重任,而宁愿过修道院生活,由于法主执意甚坚,只好屈就。于是马可在就任为"契丹及汪古之京城大德"之职的同时,改名雅八·阿罗诃。当时马可才35岁,扫马约44岁或50岁样子。当两僧在向本国中国出发之时,妫水附近正在发生战事,不能通行,他们只得又回到圣马万克修道院,以待乱事之平定。两僧在此处滞留二年间,1281年法主马天哈病势危笃,要雅八·阿罗诃往巴格达,接受主教外袍和主教牧杖,预备带回中国,途中有人告诉他说法主马天哈已经死了,乃赶往参加法主葬仪,更与参列葬仪之诸大德及景教有力的王公贵族等开会议,讨论后继的法主问题。众议一致选举雅八·阿罗诃为景教会公会法主,虽经雅八·阿罗诃固辞,全场仍坚持原议。雅八·阿罗诃被推选的理由,并不是因他的神学造就为景教诸大德中之第一人,而是因为他是大蒙古通,精通蒙古诸王之好尚及其心理状态,兼长蒙古语,在当时蒙古诸王支配欧亚的大陆世界,选举有蒙古朝廷势力之大德为景教法主,这在景教会看来是有必要的。这就是圣雅八·阿罗诃,所以被选为新法主而兼塞流西雅和泰锡封(Ktesiphon)二城教务的理由了。不久,他回到塔莱尔城扫马那里,依照扫马的意思带着几位神父到波斯阿塔贝奖去征求国王阿八哈的同意。1281 年 11 月,就在巴格达城附近圣库科礼拜堂为马可举行法主祝圣就职礼,是为雅八·阿罗诃三世。阿八哈王卒于 1282 年(元至元十九年),其弟阿合马(Ahmed)篡位,与雅八·阿罗诃三世颇不洽,然至 1284 年(至元二十一年)8 月阿合马被杀,阿八哈长子阿鲁浑王(Arghun)即位,雅八·阿罗诃又得到信任和优待。是时阿鲁浑王方图征服巴勒斯坦和叙利亚二地,欲结欢基督教王国俾得到他们的支持,以扫马能通欧语,故于 1287 年(至元二十四年)派充欧洲诸国大使,带了阿鲁浑王给希腊王和法国国王的一封亲笔信,又给扫马许多钱,30 匹马和通行证,并有雅八·阿罗诃给教皇的信和礼物。1287 年 3 月动身,从黑海海口到君士但丁堡,受东罗马皇帝安特罗尼库斯二世(Andronicus Ⅱ)的优遇。又从那里经过两个月的航程到达意大利的那不勒斯港,未至罗马,而教皇和奴流斯四世(Honorius Ⅳ)已于 1287 年 4 月 3 日逝世。到了罗马,受到红衣主教的招待,并与红衣主教哲罗姆(Cardiral Jerome)等做教义上之讨论。哲罗姆后于1288年(至元二十五年)被选为教皇,继和奴流斯四世之任。扫马等又从罗马经过秃斯坑尼(Tuscany)、热那亚城(Genova)而至法国巴黎,受法国国王裴律(Philip the Fair)的优待。他们即在那里学习教会和世俗的知识,有学圣经翻译和注解的,有学科学、哲学、修辞学、医学、地理、天文、数学和植物学的。他们参观了许多大礼拜堂,临走时法王答应要选派贵族回拜阿鲁浑王。扫马从巴黎动身后,路行十天到格斯柯尼(Gascony)见英国国王。在他们来到时候,全城的人都出来迎接,国王也举行了大宴会。及至回到罗马时,一年前的红衣主教哲罗姆已被选为教皇,是为尼古拉四世(Nicholas Ⅳ),谒见教皇后,呈上阿鲁浑王与雅八·阿罗诃三世亲笔的信,并接受其祝福仪式,后复由故道回阿鲁浑大王朝廷。据说扫马在见新教皇时,曾先宣誓弃绝聂斯托尔派误谬的道理,同时雅八·阿罗诃似乎也因此归向了罗马。这其间的消息,是据今存于罗马梵蒂冈文库之1304年5月18日法主所上书(见 Moule:*Christians in China before the Year* 1550,p. 123—124)。但据 Moule 同书(p. 122),扫马带到欧洲的信件已不存在,仅教皇的回信还保留一部分,那么扫马此行是否即改变了聂斯托尔派的道理,似属尚待解决的问题。扫马卒于1294年(至元二十六年)正月10日,在巴格达城;雅八·阿罗诃卒于1317年(元仁宗延佑十四年)11月13日,在马拉加(Maragha),享年72岁。

上述生长在中国的聂斯托尔派两僧即扫马和雅八·阿罗诃西游的故事,详见 Budge:*The Monks of Kublai Kham, Emperor of China*, London,1928,佐伯好郎译补:《元主忽必烈派遣欧洲之景教僧的旅行志》(昭和十八年,东京)。又 James A. Montgomery:*The History of Yaballaha Ⅳ, Nestorian Patriarch and His Vicar Bar Sauma, Mongol*

Ambassador to the Frankish Courts at the end of the Thirteenth Century (1927, New York)仅 80 页亦可参看,又 A. C. Moule *Christians in China, before the Year* 1550, Chap. Ⅳ, pp. 94—127,张星烺《中西交通史料汇篇》第二册,第 97—102 页皆有简单之叙述。由于这两个从聂斯托尔派基督教徒归化到罗马天主教,可见元代景教的极盛时代同时也就是景教转向衰亡的时代。景教是终于为天主教所吸收,而结束了作为异端的景教的命运。

十、中国境内的景教遗物

（一）中国西北边疆的景教遗迹——七河地方出土的墓石及墓志铭——中国本部的景教遗迹——第一、景教壁画——新疆高昌发现之大壁画断片——敦煌发现之景教画像

景教在中国内地没有多大影响，唐代宽容固有宗教以外的宗教，然信奉景教的多属波斯人或叙利亚人。从景教碑上看，从阿罗本、僧首罗含、大德及烈、僧佶和、僧伊斯，僧景净等无一中国人。房玄龄、高力士、郭子仪，虽与景教有接触，却非景教中人（《燕京开教略》上篇，第16页谓郭子仪为奉教之人。又《正教奉褒》第2页谓郭子仪、房玄龄为唐时士大夫中之奉教者，均无确实证据，不足信）。元代景教虽一时有卷土重来之势，但以蒙古人入主中原，蒙古王族中虽多信奉景教之女性，而在中国内地则多侨寓户。《至顺镇江志》："侨寓户三千八百四十五，蒙古二十九，畏吾儿一十四，回回五十九，也里可温二十三。"是在侨寓户3845户中，也里可温23户，是在167户中才有也里可温1户，镇江号称景教发达地方，尚且如此，可见影响不大，到14世纪简直陷于绝灭的状态了。在中国

内地绝灭，在西北边疆亦濒于绝灭的状态。裴化行据帖木儿时西班牙公使克拉维约(Clavijo)的报告(裴氏《天主教十六世纪在华传教志》，第32—33页引"Embassy to Tamerlane，1403—1406")："景教直到1405年，在外蒙古一带还有他们的踪迹。按书上说，那时有人在萨玛康德见过他们穿着剪短了羊毛的长皮袍，一个被绳子牵着的小帽子，很不稳当地戴在头上，那绳子是悬在他们的胸间"。据裴化行接着说，"直到现在还时常在黄河河套左近发现些古时崇拜十字架的人们的遗迹，有人曾想在当时那些人们所信奉的也许是景教"(同上书，第33页)。不错，景教的遗迹在外蒙一带，即如在七河地方出土的墓石及墓志铭的数目还是很多，唯据佐伯氏(引克佛尔松 Chwolson：*Memoire de L'Academie lmpèriale de Science de St. Petersbourg* 第三十七卷8，pp. 111—116)研究这些遗迹及遗物结果，是信奉景教者为土耳其人即鞑靼人所住地域，从东经60度至120度，北纬30度至50度，当时这些地方有几百万的基督教徒，这就未免夸大其辞了。固然墓石上雕刻着各种十字架，这是景教徒社会在西北边疆存在的标志，明加那(Mingana：*Bulletin of the John Rylands Library* 第9卷，第443页)曾就克佛尔松所公布的300余块墓石有人名雕刻之中，看出其中有执事长9人，教会法学者或圣书解说者之博士78人，巡回司铎22人，圣书注释者3人，神学者46人，与传教士2人。当然这种见之于西北边疆的景教遗迹，在中国内地还没有发现，也不易发现。尽管如此，我们仍然肯定在中国内地之另有景教遗物，即如毛尔的名著《1550年前的中国基督教》中也有第三章"泉州十字架及其他遗物"和第六章"镇江府的基督教"，这就是说在中国本部也有"泉州"和"镇江”两处有景教的遗迹遗物可寻，是应加以研究注意的，何况近30余年之间，景教的遗迹和遗物均有新发现呢？根据于足以表示在昔景教存在的事实之碑石、墓标、徽章及肖像、绘画、建筑物等，这些不以文字记载为主的考古学资料，中国内地及塞外边疆的遗物遗迹，佐伯好郎曾写一部专书《中国景教文献与遗物》(*The Nestorian Documents and Relics in China*, Tokyo, 1937)。现在只就其所著《支那基督教研究》(第一册，第462—463页，第二册，第414—473页)所举列下：

1. 高昌发现之景教寺院的壁画。

2. 敦煌发现之景教画像。

3. 绥远省鄂尔多斯地方出土之十字架徽章。

4. 同省内石柱子梁出土之十字架雕刻的石片。

5. 北京郊外跑马场附近出土有十字架雕刻之大理石断片。

6. 河北省房山县三盆山旧十字寺发现之有叙利亚文与十字架雕刻的大理石。

7. 江苏省江都(扬州)伊斯兰教寺院中所发现有景教十字架雕刻之墓石断片。

8. 福建省泉州出土之十字架与有十字架之肖像。

9. 浙江省杭州之景教寺院遗迹。

10. 陕西省盩厔县之大秦寺及其白塔。

11. 四川省成都之景教遗迹(送仙桥)。

12. 东北发现之景教遗物。

13. 内蒙古百灵庙附近发现之景教墓石。

就中除十三内蒙古百灵庙附近发现之景教墓石前已略说外，

试将上述遗物遗迹分为三项，第一壁画，第二寺院，第三十字架雕刻。现在先就景教的壁画，分别叙述如下：一、1905 年夏天勒科克（A. Von Le Coq）在新疆高昌国遗址发现的景教遗物，有以叙利亚语写的景教祈祷书的断片，有以叙利亚文记下来的叙利语译之《新约圣书》残卷，及以回鹘文字写的康居语（Sogdi 即《西域记》中之窣利 Sulik 语）译之景教"信仰信条书"。就中关于景教文书有 1905 年萨超（Dr. Eduard Sachau）及 1912 年米勒（Dr. F. W. K. Müller）等所作详细报告，即德国学士院纪要（Sitzungsbericht）及同院之论文集（Abhandlung）。关于壁画，则有由勒科克自作说明之名著《高昌》（*Chotsho*）一书，在《高昌》的第七表有所揭景教寺院的壁画，佐伯好郎曾再予以考证，认为勒科克博士发现之西侧一堂之一大壁画的断片，虽全部破损，不能知其全貌，但就壁画残片中见有四人之人物与马之前脚即绿色下衣之上、重着赤色上衣之四人物，右边一人左手持香盒，右手持盛圣水之碗或钵，乃景教会最下僧位之执事补（sub-deacon），其他男女三人则各各手执杨柳小枝，所画的是棕榈祭日（the palm sunday）的光景，这祭日起源于《新约全书·约翰传》第十二章第十二节、第十三节，不过叙利亚的景教会使用红柳（red species of willow）为棕榈的代表物，而行其景教会式的整列罢了。这壁画可断定为表示基督于耶路撒冷首都入城光景，所谓棕榈祭日。而祭日先于第 5 世纪顷传自东方诸国之基督教会，到第 8 世纪末第 9 世纪初才为西方教会所采用，因此又可断定是第 5 世纪以来在东方诸国所传棕榈祭日的壁画。还有同时在景教寺院东侧一室发现的另一壁画，画上有马，马上有一人物，（见图一）虽不幸此马上人物的肖像，颇不明了，但据此壁画的研究者格律恩韦特(Grunweder)教授所描绘出来的来看,这马上人物无疑就是耶稣基督,马上人肩荷着有十字架徽章的旗杆,虽亦可疑为摩尼教的绘画,但摩尼教着特有之白色服装,显与此不同。因此勒科克断定此为基督教即景教的东西。由于以上两壁画在高昌寺院的废墟中发现,可见景教当时在西亚、中亚及东亚的情形。壁画载佐伯好郎《景教之研究》(第905—906页),又见于"*The Nestorian Documents and Relics in China*"(第416,418页)。

(图一)

二、敦煌发现的景教画像是以盗窃中国古物有名的斯坦因(Aurel Stein)在1906年至1908年进行中央亚细亚学术探险旅行中,在中国甘肃省沙州敦煌千佛洞发现并盗窃去的。详细情形见1921年出版的*Ruins of Desert Cathay*及1921年出版的*Serinedia*等著作。还有威尔雷(A. Waley) 1931年出版了*Cataloque of Paintings*

Recovered from Tun-Huang, by Sir A. Stein (pp. 81—82),在他所编斯坦因敦煌发现的绘画450余号的绘画目录中,第48幅下威尔雷附记称,此画像原来是景教的东西,在敦煌却是作为菩萨崇拜。又据佐伯好郎考证,认为这幅最惹起吾人注意的景教画像,其重要性不在伯希和敦煌发现的《景教三威蒙度赞》和《尊经》之下,而这画像的模写,一见无疑其即为第10世纪以来在中国塞外边疆行于基督教徒间所谓景教的佛画。盖敦煌在第8、9世纪有景教寺院的存在,是周知的事实。来中国的景教士,据景教碑文"大秦国大德阿罗本,远将经像,来献上京";也是事实。加之观察此画像,其冠上有景教的十字架,胸间有景教的十字纹。这景教的十字架的用法,是和镇江大兴国寺碑文中所云:"十字者取像人身,揭于屋、绘于殿、冠于首、佩于胸、四方上下以是为准"的说明相合。因此这敦煌发现的画像,无疑是景教的遗物。至于画像所绘人物,据考证结果就是基督,第2、3世纪顷,东西方基督教会流行画像崇拜,第一是基督肖像,其次是圣母玛利亚肖像,以致使徒肖像,均以装饰会堂为信教者崇拜的目的物。所谓景教异端问题,实际即欲抑压此玛利亚崇拜热而归于失败,但至第8世纪中叶(754年)反对画像崇拜之声已寂然无闻,而在754年前君士坦丁堡会议希腊教会断行破坏画像,导致了东西两教会的分裂。但是西罗马教会至今仍承认画像崇拜。敦煌的基督画像的发现,无疑反映在敦煌石室封锁以前正在东西各地流行的基督画像崇拜,因而推定为来中国的景教徒,即自称喀朵利架司(Catholicos)派的景教徒所携带之景教本尊弥施诃即基督之画像,是最合理不过的了。画像现藏伦敦不列颠博物院,照像及修复像同见《景教之研究》(第912、916页下)。

（二）景教寺院——大秦寺遗址问题——义宁坊——崇圣寺——盩厔的大秦寺——元代的十字寺——崇福司之任命——景教寺院之所在地

次就景教寺院来说，唐代首先应该注意的是景教碑上有名的大秦寺遗址问题。据《唐会要》卷四十九：

“贞观十二年七月诏曰：道无常名，圣无常体，随方设教，密济群生。波斯僧阿罗本远将经教来献上京，详其教旨，玄妙无为，生成立要，济物利人，宜行天下。所司即于义宁坊建寺一所，度僧二十一人。”

这与景教碑所载文同，唯碑文作“所司即于京义宁坊造大秦寺一所，度僧二十一人”，指明所建乃大秦寺，然而大秦寺实乃波斯寺之改名。《唐会要》卷四十九又云：

“天宝四载九月诏曰：波斯经教出自大秦，传习而来，久行中国，爰初建寺，因以为名，将欲示人，必修其本。其两京波斯寺，宜改为大秦寺，天下诸府郡置者亦准此。”

据碑文所叙“高宗大帝……于诸州各置景寺，……法流十道，……寺满百城”；“天宝初……送五圣写真，寺内安置，……三载……于兴庆宫修功德，于是天题寺榜，额载龙书”；“肃宗文明皇帝，于灵武等五郡重立景寺”；又“大施主……僧伊斯，……能散禄赐，不积于家，……或仍其旧寺，或重广法堂，崇饰廊宇，如翚斯飞，……每岁集四寺僧徒，虔事精供”。由这些造寺的历史看，唐代的景教寺院不止长安、洛阳二处，而且旧寺之外更立新寺。但现有遗址可考者，据足立喜六《长安古迹考》（汉译本，第187—188页）所记义宁坊之波斯胡寺，亦即脍炙人口建立大秦景教流行中国碑之大秦寺。据宋敏求《长安志》卷十唐京城四义宁坊中载：

“义宁坊本名熙光坊义宁元年改街东之北，波斯胡寺。贞观十二年为大秦国胡僧阿罗斯立。”

又唐韦述（玄宗时人）《两京新记》云：

“义宁坊，十字街之东北，波斯胡寺，次南曰居德坊。”

以上文阿罗斯乃阿罗本之误，其称大秦寺当在玄宗天宝四年（745）后。寺在会昌五年（845）废佛毁释时被破坏，景教流行中国碑亦同时埋没。传明末在西安城西关外崇圣寺境内掘得景教流行中国碑，此崇圣寺即金胜寺，是唐之大秦寺（波斯胡寺）的遗址。《嘉庆咸宁县志》、《嘉庆长安县志》之编纂者董祐诚，首创此说。《嘉庆长安县志》卷二十二云：

“案《长安志》，皇城西第三街，从北第三义宁坊波斯胡寺，大秦为大秦国胡僧立，其地正邻唐城西垣，直今城西五里。今大秦景教碑在崇圣寺中,疑即古波斯胡寺也。"

又《嘉庆咸宁县志》卷三载:

"崇圣寺……即唐波斯寺,太宗为大秦僧立,故景教碑即出寺前土中,……其西有墙垣断续,迤南即城西垣。"

崇圣寺的历史,据《长安古迹考》(第189—190页)是:

"崇圣寺历经明清各代,一再修筑,最后又经清乾隆十四年(1749)陕西巡抚毕沅之大修葺,丹碧辉煌,建立壮丽。牌楼于寺前,上揭'崇圣寺'三字之匾额,以此殿堂壮丽,境域广阔,遥驾西安城内诸寺之上。及后同治年间,痛遭回乱,致沦荒废,所余者除小堂宇与山门外,仅见有万历二十年(1552)所建'祇园真境'四字之精巧牌楼,与乾隆时所造之大理石之大水盘,及颓唐若扇状之砖壁花岗岩柱础石碑五方而已。就中石碑之一,即传自唐代之大秦景教流行中国碑也。"

但据冯承钧《景教碑考》(第18页)则:

"景教碑出土不在西安而在盩厔,出土后运至西安之金胜寺。考《清一统志》卷一百八十,'金胜寺在长安县西郊外即崇仁寺,唐建。寺有唐檀法师坛铭、景教流行中国碑。明天顺中(1457至1464年)秦藩重建,壮丽甲于他寺。'又考《长安县志》,唐开源门内义宁坊有崇圣寺,明改崇仁寺,以寺邻金胜铺，故亦名金胜寺。按景教碑云于义宁坊造大秦寺一所，则与唐之崇圣寺同在一坊矣。”

究竟碑之出土地点是西安还是距西安150里的盩厔，还是争论的问题，但景教碑之掘出于明之崇仁寺附近而移置于崇仁寺中，则较近于历史事实。但这并不意味着盩厔县地方就没有大秦寺存在。关于盩厔的大秦寺问题，桑原骘藏谓唐代盩厔有大秦寺无何等证据，佐伯好郎则以为大秦寺的遗址在盩厔县内之终南山麓，以近人徐森玉之游终南山麓之楼观台附近大秦寺伯址，与向达教授所著《唐代长安与西域文明》附录之《盩厔大秦寺略记》为证。实际则唐代大秦寺不止长安、洛阳二处，即在长安亦当不止义宁坊一处。即如景教碑文中“每岁集四寺僧徒”，此四寺可指为如佐伯氏所云之一、长安义宁坊之大秦寺；二、洛阳修养坊之大秦寺；三、灵武之大秦寺；四、五郡之大秦寺（说见 *The Nestorian Documents and Relies in China*, p. 99—100）；亦可指为长安附近之四寺，即包括盩厔之大秦寺而言。苏东坡嘉祐七年（1062年）二月十七日游南山与太平宫，至大秦寺有诗云：

晃荡平川尽，坡陁翠麓横。忽逢孤塔回，独向乱山明。
信足幽寻远，临风却立惊。原田浩如海，滚滚尽东倾。

其弟子由次韵云：

大秦遥可说，高处见秦川。草木埋深谷，牛羊散晚田。
山户堪种麦，僧鲁不求禅。北望长安市，高城远似烟。

距景教碑建立400余年，后苏东坡时代134年，金杨云翼为陕西东路兵马总管制时（1198—1200年），在长安或盩厔有参诣大秦寺诗，那时大秦寺已全成废墟了。据《中山集》第四卷丁字集诗云：

寺废基空在，人归地自闲。绿苔昏碧瓦，白塔映青山。
暗谷行云度，苍烟独鸟还。唤回尘土梦，聊此弄澄湾。

向达《盩厔大秦寺略记》中也引这些诗为证，指出“今寺大殿东相距约四十英尺许有七级八棱宝塔一座，《盩厔志》作镇仙宝塔”，亦即这些诗中所说的塔，“塔为唐物，大致可以无疑”；由此可见唐代寺院尚有长安与盩厔两地遗址可考。不但如此，据《杜工部诗集》卷七有《石笋行》，是咏四川成都西门外二株双蹲、立石为表的石笋的。宋吴曾撰《能改斋漫录》卷六《杜石笋行》引赵清献《蜀郡故事》云：“石笋在衙西门外，二株双蹲，云真珠楼基也。昔有胡人于此立寺为大秦寺，其门楼十间，皆以真珠翠碧贯之为帘，后摧毁坠地，至今脚基在，每有大雨，其前后人多拾得真珠瑟瑟金翠异物。……盖大秦国多璆琳、琅玕、明朱、夜光璧，水道通益州永昌郡多出异物，此寺大秦国人所建也。”由此可见唐代景教寺院有“寺满百城”之称，尚非虚语，将来还有新的发现，亦未可知。

元代的景教寺院名十字寺，据《元史》卷八十九《百官志》，当时掌管景教的是崇福司。崇福司的权限及其历史是：

“崇福司秩二品，掌领默尔、根锡、尔奔、伊噜勒昆（一作也里可温）十字寺祭享等事。司使四员从二品，同知二员从三品，副使二员从四品，司丞二员从五品，经历一员从六品，都事一员从七品，照磨一员从八品，令史二人，译史通事知印各一人，宣使二人，至元二十六年置。延祐二年改为院，置领院事一员，省并天下伊噜勒昆掌教司七十二所，悉以其事归之。七年夏为司，复定置以上官吏。”

元制礼部亦掌僧道，然有宣政院以专掌释教僧徒，秩从一品，有集贤院以掌玄门道教，秩从二品，与此同时特设崇福司，秩二品，其官阶盖在宣政之下而在集贤之上（见《元也里可温考》，第38—39页），可见其重要性。据佐伯氏研究结果（《支那基督教研究》第一册，第465—467页），“默尔”即《至顺镇江志》之“马里”，《元史》旧刊之“马儿”，亦即叙利亚语之Mar，唐代之“麻吕”，景教会之尊称“大德”（bishop）是也。又“根锡”即《至顺镇江志》之“合昔牙”，《元史》旧刊之“哈昔”；此三名又共为叙利亚语“僧”之音译之讹。（伯希和据《元史》旧刊谓马儿哈昔是Mārhasiā的对音，指的是主教。）又次“尔奔”：《元史》旧刊作“列班”，即叙利亚语之Rabban法师之音译。再次“伊噜勒昆”又作“也里可温”，即唐代之“阿思瞿利容”为福音（euangelion）之讹音，该当《至顺镇江志》之“徒众”，所谓景教徒是。（伯希和据《元史》旧刊谓列班也里可温是rabban-arkägün的对音，指的是长老同修士。）崇福司除管理此等人的任免黜陟等行政事务外，更掌领十字寺，此十字寺即元代之景教寺院，其数目在改为院之后有七十二所。《新元史》这一段除去“司”字，作“也里可温掌教七十二所”。至于掌教司之位，据《元史》几乎全部皆由西域归化的景教徒中任命。例如元中统年间归化于元之茀林名医景教徒爱薛（Isā，Jésus）及其长子阿哩雅（Eligja），均曾任为崇福使。又此七十二所的掌教司中每一掌教司管辖区域内几多的十字寺虽成问题，但十字寺数目之多却可以断言。这些十字寺的遗址，几乎完全湮灭了，但据旅行者的记录和其他文献留下来的残影，在下列五十有余地名之景教所在地里面，如河北省房山县，即为文献与遗迹具备之景教寺院。至于文献上最详细记载的景教寺遗迹，亦有如《至顺镇江志》所收之"大兴国寺碑文"可考。现只将佐伯氏书中（《支那基督教研究》第一册，第471页）所列景教寺院所在地名列之如下：

①可失哈耳②撒麻耳干③也里虔④唐古⑥和阗⑥*吐鲁番⊠⑦哈密⑧俭俭州⑨*阿力麻里⊠⑩伊犁⑪轮台⑫*沙州⊠⑬甘州⑭肃州⑮兰州⑯临洮⑰凉州⑱鄂尔多斯（东胜）（石柱子梁）⊠⑲天德⑳净州⊠㉑归化城㉒和林㉓宁夏㉔灵州㉕太原㉖大同㉗*汗八里（北京）⊠㉘*房山⊠㉙涿州㉚长芦镇㉛河间县㉜大名㉝东平㉞济南㉟临济㊱益都㊲*扬州（十字寺二所）盩㊳徐州㊴镇江（十字寺七所）㊵洛阳㊶*杭州⊠㊷温州㊸长安⊠㊹*盩厔⊠㊺泉州⊠㊻福州㊼广州㊽重庆㊾*成都（送仙桥旁）⊠㊿昆明(51)*东北（鞍山）⊠（以上表中有⊠者是发现遗物地方，有*者是主教区。）

试举二、三例：《元史》卷三十八："至元元年（三月）丙申，中书省臣言，甘肃甘州路十字寺，奉安世祖皇帝母布济克太后御容，请定祭祀从之"。又元赵孟頫奉撰碑，其略云："也里可温擅作十字寺于金山寺，其毁拆十字，命前画塑白塔寺工刘高，往改作寺壁屋壁佛菩萨天龙图像。"又"都功德使臣每音都特奉御旨金山城外道也里可温倚势修盖十字寺，既除拆所塑，其重重作佛像绘画寺壁。"又明田汝成《西湖游览志》卷十六云："三太傅祠在荐桥东，旧十分寺也，分字乃十，当熙春桥西，元僧也里可温建，久废。嘉靖二十一年吏部侍郎谢丕建寺以奉晋赠太傅谢安、宋赠太傅谢深甫、皇明赠太傅谢迁。”十字寺是跟着时代而面目为之改观,由此可见元代的十字寺,很可能有些是继承唐代景教寺院遗产的。至其湮灭,是当伊斯兰教发达时,很可能又改为清真寺,或归于佛寺等,在未作广泛的调查以前,姑存疑为是。

(三) 十字架——“印持十字”的意义——北京附近房山县三盆山旧十字寺发现之叙利亚文与十字架雕刻的大理石——扬州伊斯兰教寺所保存之景教徒墓石断片——福建泉州之遗迹及遗物

基督教徒重视十字架,景教碑中在碑文上面有十字架安置于莲台与白云之上,左右配以百合花,碑文中亦有“印持十字”之语。据一个基督教徒潘绅的《景教碑文注释》中说:

“所谓‘印持十字’者,其义甚广,凡人受洗礼时,教士以十字圣号,画在额上为印证,一也。教会中恒喜以金银制成十字佩戴,籍以纪念吾主,救赎大恩,二也。礼拜堂中或以铜质十字,供于圣台之上,俾令众可能触于目而感于心,三也。凡持十字以为信徒之印证者,无论何地之人,不分富贵贫贱皆能和缉而无所顾忌也。按十字架本为刑具,此罗马之极刑,以纵横二木,合为十字,钉人之手足,竖而举之,使悬木而迟迟以死。吾主被难,实惨死于十字架,以成救世之功,后人追念其救赎大恩而重视此十字架焉。主尝曰:欲为我徒,则当克己负十字架以从,见《马太传》第十六章二十四节。圣保罗曰,但我所夸者无他，惟夸我主耶稣基督之十字架，我赖之，世向我已钉十字架，我向世亦然；见《加拉太》第六章第四节。又曰：基督死于十字架，使我侪敌意不萌，联二者为一体，俾得亲于上帝，遂至传和平福音于在远在近者，赖基督二者以一灵，得谒天父、于是尔曹不复为外邦异家，乃与圣徒一邦与上帝之人一家；见《以弗所书》第二章十六至十八节。”

总之十字架是基督教徒的一种标志，凡入教者均奉十字架为其记号，因此在中国景教的遗物中，十字架的雕刻特别被人重视，而发现的数目亦为最多。如前所举，有绥远省鄂尔多斯地方出土之十字架徽章，与同省内石柱子梁出土之十字架雕刻的石片；有北京郊外跑马场附近出土具十字架雕刻的大理石断片；有北京市房山县三盆山旧十字寺发现之有叙利亚文与十字架雕刻的大理石，与江苏省江都（扬州）伊斯兰教寺院中所发现有景教十字架雕刻之墓石断片；有福建省泉州出土之十字架与有十字架之肖像；有东北鞍山出土之瓦制十字架；有北京西南郊外跑马场附近发现，表面有十字架及侧面有二个十字架之景教墓石等。详细情形可参看佐伯好郎所著《中国景教文献与遗物》英文本，或《景教之研究》（下篇第三章及第四章）。

（图二）

下面只就其中较有代表性的几个地方作例，加以说明：

首先是北京附近房山县城西南三盆山旧十字寺境内所发现的叙利亚文与具十字架雕刻的大理石来说，这现存之十字寺，辽代称三盆山崇圣院，元代乃敕赐十字寺的称号，现存建筑物的一部分，并大辽应历十年之碑石一座与元至正二十五年碑石一座之外，尚存景教之十字架与有花卉雕刻之二块大理石。而其中一块在十字架的周围，雕刻景教教会公式用语之叙利亚文句。此寺山门内有四天王像，山门内通用门上寺榜“古刹十字禅林”，东西两楹僧舍，中间为大雄宝殿。寺左右侧各树一碑，据右侧元碑，判为元时敕赐之十字寺，据辽碑判为三盆山崇圣院，“乃晋唐之兴修，实往代之遗迹”。又元碑记“三盆山崇圣院实晋唐之遗迹”；“乃大辽之修营，已经多载，兵火焚荡，僧难居止，见碑幢二座”云云。此碑幢二座，盖指元代已存之辽碑一座与另有十字架之石幢一座。在此十字寺境内发现之有十字架雕刻的大理石，其中一块在十字架周围，雕刻有叙利亚文字，汉译为“汝瞻视之，因而其有望矣”。此石在1931年经日本人发现后，同年十二月即收于北京历史博物馆，1938年尚存南京。石高二尺三寸弱，广二尺一寸强，厚一尺九寸五分强，正面有十字架及莲台等，图见佐伯好郎《支那基督教研究》（第一册，第504—505页）。又与此相似，北京西南郊外跑马场附近发现大理石之景教碑石。发现者是在北京之一德国人，其人归国之际寄赠北京辅仁大学。凡此在中国境内北部景教之遗迹遗物，以经过抗战期间，中国珍贵纪念品多被日帝国主义者劫夺，未知尚存国内否？

其次，举扬州伊斯兰教寺院所保存之景教徒墓石之断片为例。此墓石图见佐伯氏同上书第一册第511页，乃中国一般墓石所用鲕状石灰岩系而稍带灰色之石，墓石约高九寸，底幅六寸，至顶上而弯曲，作驹形屋顶式，其断面浮雕有十字架与莲华。大致景教墓石全长可三尺五寸乃至四尺，现存部分长约二尺五寸，失去后半部约一尺余。正面十字架之大，纵横约三寸五分强，而十字架四方之尖端一见而知其为景教式之物。此墓石未载年代，因而从外形考察，不知其是唐是元，只知其为古物罢了。但经佐伯氏考证，从扬州地方与景教之关系上看，认这墓石为元代之物更有历史的根据。因在元代，扬州镇江及杭州均曾住有有力之景教徒，而此事实，曾载于至元二十四年至二十五年顷奉忽必烈之命住于扬州之《马哥波罗游记》中。又至元二十二年代姚天福为扬州路达鲁花赤至二十八年滞在扬州之唆罗兀思(Sargis)，亦为景教徒。更于至元三十年前数年移乃颜之女直残党四百户于扬州，乃颜是曾受浸礼之景教徒，则此四百户即数千人之移住者，无疑有景教徒之存在。加之《元典章》卷三十六载有题为"铺马驮酒"之延祐四年七月命令，据此曾降御香于扬州之也里可温十字寺；又所记关于奥剌憨(Abraham)事有云："彼奥剌憨者，也里可温氏人，素无文艺，亦无武功，系扬州之豪富，市井之编民，乃父虽有建寺之名，年已久矣，"均可为证。

最后从1326年约三年间，居住北京之天主教传教士鄂多立克于1330年将中国景教事报告罗马教廷，亦称扬州有景教寺院三所。由上所举事实，可见扬州在第13、14世纪，有相当多数之景教徒存在。因而假定此景教徒之墓石是元代之物，亦合于事实。然就墓石的形状十字架之型式观察，亦可认为唐代之物，故此墓石之年代，终于成为问题而不容易解决。

再次就福建省泉州之景教遗迹来说，在明天启三年至五年间长安发现大秦景教流行中国碑后不久，耶稣会士阳玛诺在1644年所著《唐景教碑颂正诠》卷末揭载两个十字架，即毛尔所称为刺桐城之十字架(The Qaiton Cross)。原书卷首序云："迨大明万历崇祯间，于闽之泉州掘土得石，上勒十字圣架之形，又于近村得石亦然，今并竖温陵堂内。自唐距明，既阅古今，繇闽去陕，又极西东，乃碑刻多证，流行惟旧，于兹益信"云云，可见其重视。其第一图(见附图三)明万历己未(1619 年)出土，"崇祯戊寅摹勒"，题为"泉郡南邑西山古圣架碑式"。明末基督教徒张赓记云：

"圣架兹古石，置温陵东畔郊，年代罔知，往来无睹。崇祯戊寅(1638)春，因余兴怀，主心鉴格，昭示郡朋获之，爰请铎德竖桃源堂中。

张赓记"

又泉州府东禅寺的墓石，亦同从泉州发掘，而出土之场所并年代，据著者阳玛诺所记(见附图四)即关于第二图之十字架是：

"闽泉州府域，仁风门外三里许东湖畔，旧有东禅寺，郡志云，唐乾符中(874—879)郡人构庵居僧齐固。广明元年(889)，更名东禅，后废。近寺百武许，有古十字石，在田畔，未有识者。于崇祯十一年二月(1678)吾主复活(祭日)之四日，教友因拜墓见之，三月望前，同教者恭奉入圣堂云。"

又第三图(见附图五)之十字架石云：

"闽泉州城水陆寺中，有古十字架石，为大司寇苏石水先生之太翁所得。崇祯十一年二月中，教友见之，于吾主受难（圣日）之前日，奉入圣堂。按郡志，水陆寺唐玄宗六年（718）建，今废。”

泉州是宋元时代一个对外通商大港，即马可波罗或伊本白图泰（Ibn Battûa）等游记所称刺桐（Qaiton），其盛况可知。泉州在元代虽以伊斯兰教徒极有势力，但有多数景教徒存在亦无疑问。在泉州发现之景教碑刻遗物中，都刻有十字架、天使及莲花等图案，其中文字有蒙古文、有叙利亚文、有拉丁文、有八思巴文。据吴文良《泉州宗教石刻》（《考古学专刊》第七号，科学出版社版）说：“中世纪在泉州的基督教，约可分二派，一为西罗马教的圣方济各派，一为聂斯托尔派。蒙古人称聂斯托尔为也里可温，从墓石及碑碣的雕刻看来，他们中间或者有一些人是由聂斯托尔派归化于圣方济各派的。”《泉州宗教石刻》收入的宗教遗物，除图97至99《唐景教碑颂正诠》中所见古十字架碑刻之外，尚有图71至89之古基督教墓碑石，及图90、91古基督教徒石碑，与图101泉州古基督教须弥座祭坛或石墓，其中不少不但具有十字架图案，且有叙利亚文字，亟待我们研究。泉州盖为中国境内南部一大景教遗迹之所在地，除《唐景教碑颂正诠》所载十字架碑石外，还有1906年由泉州传教士摩雅（P. Serafia Moya）发现而揭载于1914年12月发行之《通报》的泉州十字架。可惜过去几百年间所发现的这些景教遗物都已湮没不见了。解放以后，在党和政府的正确领导之下，经中国科学院考古研究所与福建考古学者的共同努力，已经获得的景教遗物和史迹，比任何时候都多。我们正可从这些新发现的原始资料中，从叙利亚文字的研究中，重新认识和评价景教流传中国的史实。

十一、景教之衰亡及其原因

（一）唐代废佛毁释的经济原因——卢白鲁克记元代景教徒的腐化情形——景教与伊斯兰教形成经济利益上的对立

中国景教的衰亡，第一次是在845年废佛毁释之时，即唐会昌五年，那时景教僧及火祆教僧等共有三千余人，都因"释教既已厘革，邪法不可独存，其人并勒还俗，递归本贯充税户，如外国，送还本国收管"（《旧唐书》卷十八上）。即景教信徒，无论是外国人，还是中国人都在禁绝之列，其所以一概禁绝的原因，是因为废毁各教僧寺有益于全国经济。据《新唐书》卷五十二《食货志》四十二：

"武宗即位，废浮图法，天下毁寺四千六百，招提兰若四万，籍僧尼为民二十六万五千人，奴婢十五万人，田数千万顷。大秦、穆护、祆二千余人，上都、东都每街留寺二，每寺僧三十人，诸道留僧以三等，不过二十人。腴田鬻钱送户部，中下田给寺家奴婢，丁壮者为两税户，人十亩"。

又《资治通鉴》卷二百四十八唐纪：

"会昌五年秋七月,上恶僧尼耗蠹天下,欲去之,道士赵归真等复劝之,乃先毁山野招提兰若。至是敕上都东都西街,各留二寺,每寺留僧三十人,天下节度观察使治所及同、华、商、汝州各留一寺,分为三等,上等留僧二十人,中等留十人,下等五人,余僧及尼并大秦、穆护、祆僧皆勒归俗。寺非应留者,立期令所在毁撤。仍遣御史分道督之,财货田产并没官,寺材以葺公廨、驿舍,铜像钟磬以铸钱。"

这时中国景教会所受损失情形,虽不能尽悉,要之大秦寺之被废与景教碑之湮没,则为意料中事。据冯承钧《景教碑考》的推测(第74页),这时"东来教师,为数必少,送还本处,似即驱逐回国。故当时安西北庭河陇,悉皆沦陷于吐蕃,866年虽复河陇,东西往来,已不及盛唐时之时。九世纪时西域贡使来者极少,则此无路可通之景众,终必死于道路,不能如摩尼教徒尚能依托他教以自存也。则在也里可温至中国之前,吾人可谓基督教传布中国第一期之历史业已告终"。但据德礼贤所说在经过了这次风波以后,景教在中国仍旧没有绝迹。因为"事实上武宗到了下一年就死了。宣宗(847至859年)继位,便收回了先帝灭教的成命,重建寺院。想来景教僧徒也必乘此时机,力图恢复,从这些事实上看来,我们可以约略知道"(《中国天主教传教史》,第13页)。即因如此,所以当878年即唐僖宗乾符五年黄巢起义时,死守广东城而战死的人们中间,有十万的阿拉伯、犹太、波斯人,其中即有多数的景教徒。中国景教徒的第一次完全毁灭,是约在公元后1000年的时候,即当五代与北宋时,这时中国史籍已不再道及大秦寺及大秦僧了。而同时阿拉伯人摩哈美德(Mahomet)别名阿伯尔法拉及

(Abulfaraj)者,却有下面的记载(参照《中外交通史料汇篇》第一册,第203—204页),他说:

"回教纪元三百七十七年时(987年,即宋太宗雍熙四年),在巴格达城基督教徒居留地某教堂之后,余遇基督教僧那及兰(Najran)。其人年甚幼,面目可爱,静默寡言,不受问则绝不启口。七年前(即宋太宗太平兴国五年)尝受大总管之命,与僧五人,往中国整顿其地基督教。余访问其旅行情况,即告余曰,中国之基督教已全亡,教徒皆遭横死,教堂毁坏,全国之中,仅一人外,无第二基督教徒矣。遍寻全境,竟无一人可以授教者,故急归国也。"(见 H. Yule: Cathay and the Way Thither, Ⅰ, p. 113)

中国基督教之于此时毁灭,其原因虽有种种,而重要的却是经济的原因。张星烺曾指出,"自昔中国人对于宗教至为冷淡,随人自由信仰,为帝王者一日之间,能至孔庙献祭孔孟,又至佛寺顶礼释迦,其心中盖全无西洋人所谓宗教信仰,仅惟自己之利便是视而已。唐太宗之优礼景教,亦仅为政策而已,并非心目真信仰上帝,与景尊弥施诃有万能也。……唐武宗时,唐室已衰,武宗非有太宗好大喜功之心者,徒见天下僧尼不可胜数,皆待农而食,待蚕而衣,深恶痛恨,亦纯为经济问题,并非为迷信孔孟,或道教,因而排斥异教也"(《中西交通史料汇篇》第一册,第198页)。这对于唐代景教的衰亡,看到了经济的原因,但忽略了唐代宗教之内部矛盾,仍不能完全说明问题的。尤其当时景教因东西交通阻塞,在中国的景教徒,得不到如大德及烈时那样波斯景教本山的庇护。佐伯好郎在《景教之研究》中(第293页)曾举景教今日衰亡的原因,是由于第一景教会中无人物,第二是得不到国家的保护,盖宗教若不得国家的承认或庇护,是不会有什么发展的。这仅就景教之在波斯的情形很可看出,但就中国景教衰亡的原因,则除此二大原因之外,他更举及中国佛教思想的压力与叙利亚神学书籍的贫乏。相形之下,传入中国唐代之佛典既有五千四十八部,而大秦本教经则不过五百三十部,正如唐舒元舆《重岩寺碑》所云"天下三夷寺,不及释氏一邑"。佛教因得中国的保护,所以在武宗废佛毁释之后,旋即恢复,而景教则在中国文化的重大压力之下终于不能抬起头来。由上所说,当然都不算科学的全面分析,只是片面的陈旧历史观点,尽管如此,合并来看似乎初步认识了在以经济为首的原因之外,更有政治与文化的其他原因。

景教虽在五代、宋时已经绝迹于中国,而在中亚细亚一带则仍然繁殖,故在12世纪至13世纪,自蒙古成吉思汗征服信仰景教之回纥,入主中华,中亚细亚之景教僧乃依旧卷土重来。他们渐渐得到元主的信任而且很有势力,例如他们只要为皇帝祈祷,竟可以不纳租赋,不完捐税了。元代景教会的繁荣,如本书第九章所述,此不赘,但可以注意的,就是元代景教是随元代而兴起,而亦随元代而俱衰,这究竟是什么原因呢?元代景教即中国书籍中所称也里可温,据陈垣《元也里可温考》(第74页):

"有元得国不过百年耳,也里可温之流行何以若此?盖元起朔漠,先据有中央亚细亚诸地,皆当日景教(聂斯托尔派)流行之地也。既而西征欧洲,北抵俄罗斯,罗马教徒、希腊教徒之被掳及随节至和林者,不可以数计,而罗马教宗之使命,如柏郎嘉宾、隆如满、罗伯鲁(卢白鲁克)诸教士,又先后至和林。此时长城以北及嘉峪关以西,万里纵横已为基督教徒所遍布矣。燕京既下,北兵长驱直进,蒙古色目随便住居(详《廿二史札记》),于是塞外之基督教徒及传教士,遂随军旗弥漫内地。以故中统初元(宋景定年间)诏旨,即以也里可温与僧道及诸色人等并提,及至孟哥未诺(孟德高维奴)主教至北京而罗马派之传播又盛。大德间江南诸路道教所讼,谓江南自前至今,止有僧道二教,别无也里可温教门,近年以来乃有也里可温招收民户,将法箓先生诱化,则当时状况,可想而知。”

元代景教的兴起,便是天主教方济各派之奉使蒙古,而蒙古皇帝遵成吉思汗遗教,对于任何宗教,待遇同等,无所偏袒,这就引起天主教徒对于景教的冲突。更因当时蒙古侵略伊斯兰教地域,有保护景教之意,因而又引起伊斯兰教对于景教的冲突。据《多桑蒙古史》第六章中记载,1253 年有欧洲基督教士二人携法兰西国王书,入觐蒙哥汗,其一即卢白鲁克(Guillaum de Rubruquis),所作《游记》攻击聂斯托尔派至于极点:

“其处聂派教徒,皆愚而无知,其圣经皆为叙利亚文,祈祷时亦能颂之,惟皆不解其意,犹之吾国僧侣之不知文法也。其人皆腐败不堪,好放债收重利,沉湎酒色,与鞑靼人杂处者,沾染鞑靼风俗,甚至亦有一夫而娶数妻者。入教堂亦效法回教徒之所为,洗涤下身,星期五日举行祝祭,茹荤食肉,一切皆效仿回教徒。其主教极罕往该处察视,甚至五十年中,不见主教之足迹,偶一莅临,则预先将所有男童以及尚在襁褓中者,悉行落发。全户口中男丁皆为僧人,主教去则又还俗娶妻。凡此种种皆违背教规,不合先圣之训信。其派僧侣,不独娶妻,且行重婚,妻死可再娶。僧官皆买卖而成,无报酬不为他人举行圣礼。其人皆恋爱妻子,贪财好货之心,炽于宗教信仰。蒙古贵族子弟,多就学于彼,以福音信条教授,然己身既罪恶盈满,贪婪无厌,尚何能教人耶?不但未使其人得窥见圣道,实使之愈走愈远也。聂派教士之罪,实深于蒙古人及拜偶像者。”(见 Rockbill's Rubruck, pp, 158—159,此引《史料汇编》第二册,第 93—94 页,参看《多桑蒙古史》上册,第 264 页。)

又方济各会士北京最初总主教约翰孟德高维奴于 1289 年(至元二十九年)之遣使东方,教皇尼古拉斯四世(Nicholas Ⅳ)写介绍信与阿鲁浑大王、小亚美尼亚王后、雅各会之教务大总管讨来思城(Tauris)主教、忽必烈大汗及海都大王(Kaidu)等。约翰于 1291 年投递国书于忽必烈大汗,称其《第一遗札》是在 1305 年 1 月 8 日写的,其时亦与聂斯托尔派发生冲突。据云:

“聂斯托尔教徒,名为宗奉基督,而实则远离圣道,其人在东方有权有势,不与同道,则虽至小教堂,不许建设,稍有异旨之文字不得刊布也。

东方诸国,自昔圣徒绝迹,余初来此境,受聂派直接虐待,或唆使他人来欺侮余,种种情形备极惨酷。其人造作诽语,谓余乃侦探匪徒,而非由教皇派遣。稍后,其人又伪造证据,说教皇实有大使派来东方,赠礼物甚多,至印度时,余暗杀大使而窃其物也。阴谋诽谤不止者凡五年,余尝受法庭传审,几受死刑。最后乃得天主怜助，有某君作证，启发大汗之天心，使知余实冤枉无罪，告者诬妄，大汗将诬告者及其妻妾儿女，悉放逐之。余于京城汗八里(Cambaliech)筑教堂一所，六年前已竣工，又增设钟楼一所，置三钟焉。自抵此以来，共计受洗者达六千余人，若无上方所叙谗言妨害，则受洗者当有三万余人，来受洗者，至今尚陆续不已也。”(参照《中西交通史料汇篇》第二册，第107页)

不但天主教与景教有矛盾，尤其是景教在元代有权有势，必然引起与伊斯兰教徒发生经济利益之对立斗争。第7世纪以后伊斯兰教勃兴，直至第9世纪末，景教以其先进的文化指导辅佐了伊斯兰教徒，所以两教的关系颇为良好。到了第10世纪以后，伊斯兰教徒于医术及其他职业有所发展，进而与景教徒发生竞争，而前两世纪间两教的融合关系归于乌有。《多桑蒙古史》(下册，第96—97页)曾载景教在元代极盛时情形，已见本书第九章第3节，此不赘述。关于景教与穆斯林之间发生冲突的情况，《蒙古史》接着说：

“昔有不少基督教徒执医师之业，虽有官厅不许录用之禁，然有不少基督教徒在巴格达或其他伊斯兰诸国官厅之中为书手。此种医师或书手，曾利用其声势，操纵其同教之人，而主持大教之选举。白衣大食及黑衣大食时代，且有若干基督教徒为诸州之县尹。埃及之基督教徒在撒剌丁以后诸嗣王时代，曾见一时之繁荣。然此种有幸时代延长不久，常因小事而启穆斯林之嫉恨，基督教徒由其技艺所获得之财产，往往为其败事之原因。常受官厅之剥削，有时为民众暴动所牺牲，偶亦因其互相倾轧而致败。蒙古人对于基督教徒与穆斯林无所轩轾，惟其侵略伊斯兰教地域，当然有怀柔反对统治民族的人民之利益，所以基督教曾受蒙古人之保护，而启其谋统治其旧统治者之心”（第96—97页）。

因为元代蒙古人初则利用基督教徒以打击伊斯兰教，继之而伊斯兰教亦在蒙古人中争取发展信徒，当蒙古皇帝铁木耳变成伊斯兰教徒而称霸亚洲西部之时，就反过来站在伊斯兰教一边，而屠戮聂派教徒，且强使改宗伊斯兰教。这就是景教在中国第二次的完全消灭之重大原因了。现在试分析景教第二次在中国毁灭的原因，同时也就是景教在全世界衰亡的原因，分经济的、政治的、文化的三方面说明于下。

（二）外国学者对元代景教衰亡原因的推测——拉图累特说批评——佐伯好郎说批评——景教衰亡之三大原因——经济的要素：伊斯兰教徒之经济压迫而被迫穷困——政治的要素：蒙古族和铁木耳的政治压迫而被迫灭亡——文化的要素：罗马天主教的思想压迫而被迫同化

元代景教所以衰退，外国学者亦曾试作种种推测。如拉图累特（Latourette）在《中国基督教传道史》（*A History of Christian Missions in China*, pp. 76—77）中，曾举出如下诸点，即：

1. 此时代基督教比较唐代更多地在外国人中间发展，在中国人中间的传道差不多全不成功。

2. 人们与唐时代一样，觉得不满于固有的信仰。

3. 中国与基督教盛行之其他大国，没有发生交涉。

4. 边疆之景教诸社会比较的微弱，加之景教的本山巴格达和中国的距离遥远，与中国的通商和政治的关系，亦渐衰弱。

5. 可称为景教之母体的巴格达景教教会，从属于异教徒的政府之下，一朝受铁木耳或土耳其的侵略，即忽呈毁灭的状态。

6. 元朝景教的历史较之唐代更短，以至不能充分扎下根基。

7. 唐朝也罢，元朝也罢，景教均受朝廷保护，前者为纯汉民族，反之后者为塞外民族。

8. 与唐朝相反，元朝缺乏生气，又内部弥漫着腐败情形。

尽管拉图累特所说都似很有理由，但缺乏扼要之点，就中唯(4)、(5)两项虽能提到景教衰亡之地理的原因，但仍未能还原到经济之主导的方面。次之佐伯好郎在《景教之研究》（第568—569页）中则简直异想天开，指出元朝时代景教势力没落的原因，主要是景教之一夫一妇主义被伊斯兰教之一夫多妻主义击败了；另外两个理由，即一为伊斯兰教徒之金钱的威力，另一为中国之一夫多妻主义；此二者今日尚在全世界振其威力，绝不止蒙古与中国的问题，不过在蒙古元朝金钱的威力与妇人的魔力格外重要，此二者更因伊斯兰教与喇嘛教而大为助长罢了。佐伯甚至以为二者足以判定元朝与景教的关系，换言之中国的景教乃败于中国社会的势力，即因如此基督教乃败于儒、老、回、佛（第569页）；还有就是景教在中国的失败是因在其背后没有国家的或团体的势力，“有钱可以通神”，而景教缺乏财力，缺乏经济的背景，所以在政治上、财政上陷于孤立的状态（同上）。佐伯这个结论，曾在沟口靖夫《东洋文化史上之基督教》中（第274页）加以发挥。他也指出，在波斯的基督教最初抱禁欲主义或独身主义，与当地固有习俗相对立，其后缓和了僧侣、修道士及一般信者之禁欲主义，乃与彼等逐渐谐调；可是在中国并不主张禁欲主义之一夫一妻制，基督教的主张亦与固有之习惯不合，这就是基督教在东方被排斥的理由。中国的一夫多妻制度从来不受到道德的批评。例如成吉思汗之近侧，侍有500美女，又忽必烈宫廷左右置皇后数人与多数之妃妾。与此对比，基督教的一夫一妇主义未免是太不现实太为高远的道德观念，而此地景教又无克服这种观念的勇气与实力，就只好趋向自然的消灭。实际上佐伯等人所说基督教提倡一夫一妇主义为招致景教在中国灭亡的原因，未免好笑。正如卢白鲁克所揭出的那时聂斯托尔教徒早已实行了一夫多妻主义，所说与伊斯兰教相异之点，早不成其为理由了。倒是说景教徒背后没有国家的或团体的经济力量的支持，致为伊斯兰教徒所压倒，这话尚中肯。要之元代景教的衰亡主要的还是经济原因。次之则有政治的与文化的原因。即经济上受伊斯兰教人的经济压迫而困穷，在政治上受蒙古族人与铁木耳之政治压迫而趋于衰弱，和在文化上受天主旧教之思想压迫而被同化。这三大原因合拢起来，便导致景教在中国与世界的灭亡。

先就经济的方面说。景教教会的衰亡，是怎样受了伊斯兰教人的经济压迫而穷困呢？随着伊斯兰教的勃兴及其发展，波斯景教逐渐起了经济上的变化。最初是伊斯兰教与景教两教妥协时代，虽然伊斯兰教徒由战胜者一跃而成为统治阶级，景教徒则沦为被统治者，然而当时伊斯兰教文化尚未发达，穆罕默德历代的继承者以景教徒为伊斯兰教王国的宫廷事务官，或重用于波斯诸州之统治上的要务，对于景教僧还特别许可其住巴比伦王国领土。在第7世纪中叶以前，伊斯兰教征服各地，以被征服地域内基督教徒作为归顺民所谓"dhjmmis"处理，而课之以人头税，免除其兵役，宣言保护基督教徒的生命财产。但是第7世纪中叶以后，波斯王被伊斯兰教徒打败，伊斯兰教徒军队的势力忽然壮大，伊斯兰教人对于基督教徒的态度也渐渐苛酷起来，尤其在伊斯兰教王漠斯塔瓦基尔(Mustawakkil)时所发生的对一切基督教徒的压迫，命令基督教徒穿着特殊服装，基督教徒之官吏免职，基督教堂悉令毁撤，把富俗的基督教徒的家屋没收改为伊斯兰教寺院，这种强制的态度时间虽不长，而实为伊斯兰教对景教压迫时代的开始。原来伊斯兰教徒与景教徒的轧轹谓为宗教的原因，不如谓是因信奉景教的商人在经济的活动上即商业经营上与伊斯兰教的敌对是主要原因。即就文化而言，黑衣大食(Abbasides)时代，阿拉伯的学术已经崭露头角，988年所有知识分科之阿拉伯语的图书目录发表了，阿拉伯的学术达到世界地位，甚至景教徒与雅各派等基督徒的学术语，也不用叙利亚语而使用阿拉伯语，科学的及哲学的著述特别在第9世纪由希腊语翻译为阿拉伯语。文学、文法、历史尤其是医学特别发达，如有名的拉齐(Razi)即有创见的贡献。在这种情形之下，阿拉伯已无须求助于景教文化了。当景教第六十三代至第六十六代法主时，景教受到伊斯兰教人之猛烈的压迫，埃及和叙利亚尤其是耶路撒冷的教会悉被摧毁，教会的器皿类被掠夺和盗窃，加之以重量五斤之木制十字架使基督教徒负于颈首，因此许多教徒改宗伊斯兰教了。据埃及之大德报告，西部地方的会堂和修道院被破坏后，基督教徒之生存者极少(据《景教之研究》，第342—344页引)。公元11世纪初，伊斯兰教之法主阿尔·哈金(Caliph al-Hākim，1009—1020)更于其领内下令没收基督教会的全部财产，当众焚烧基督教会的十字架，又改筑基督教会堂为伊斯兰教寺院，或于基督教会堂的基础上，新建伊斯兰教寺院。1009 年发布破坏圣墓教会（Church of the Holy Sepulchre）的命令，更逮捕监禁一切大德，严禁一切人民与基督教徒有商业交易。据统计，从 1012 年至 1014 年，在埃及和叙利亚所破坏的教会堂之数实近 3 万。1013 年，这伊斯兰教法主又严令基督教徒全部移住希腊领域（同上书，第 345 页）。其结果遂使基督教徒被迫改宗，而进入为伊斯兰教吸收的时代。1042 年，在土耳其人方面发生了集体性质的伊斯兰教皈依运动。据斯图尔特所引纪录（《景教东渐史》，第 273 页），萨斐（Safer）的住民 5 千乃至 2 万全改宗伊斯兰教，土耳其斯坦地方原来是景教的势力范围，这时伊斯兰教忽然发展起来。其原因之一，据斯图尔特说就是为着通商贸易上的关系："伊斯兰教徒中很多商人住在沿着通商贸易上之往来道上，他们在几乎每一市街都建立伊斯兰教寺院，甚至住民全部不是伊斯兰教徒的市街，伊斯兰教也有极大势力。"这就是说，在伊斯兰教的统治之下，景教在各地已濒于衰颓，而其衰颓的原因，在蒙古族铁木耳还没有施行政治的压迫之前，早已种下了经济衰颓之总原因了。

次就政治方面来说，景教会的衰亡是怎样经受了蒙古族和铁木耳的政治压迫呢？景教的历史是从第 4 世纪开始，至第 14 世纪而告结束，其间也曾因为参加了蒙古朝廷的外交事务，而一时颇呈生气。在旭烈兀汗征服巴格达后，景教甚至反过来迫害伊斯兰教徒，而这也正是当其近伊儿汗朝廷的末路时，景教徒受到伊斯兰教徒的报复而全灭的理由。1226 年，景教第七十九代法主萨巴耶稣（Sabar Jesus）曾利用过蒙古势力，而此在伊斯兰教治下之巴格达的最后景教法主，实即对蒙古送秋波之最初的法主。其八十代法主马基卡二世(Machika Ⅱ)及其教徒则在1258年巴格达陷落时,即蒙旭烈兀汗的庇护,当他听到蒙哥汗、忽必烈汗及旭烈兀汗之生身母、拖雷之皇妃唆鲁忽帖尼别吉(Sarkutani Bagi)是热心的景教信者时,就不觉地流下感神之泪了。旭烈兀汗之后妃托苦思可敦(Dokuz Khatun)与蒙哥汗即定宗皇帝之后妃都罗吉纳(Tulakina)均为热心的景教信者。景教第八十一代法主天哈一世(Denha Ⅰ)即全由旭烈兀汗之后妃托苦思可敦所抬举(参照《景教之研究》第352页)。景教第八十二代法主即天哈二世则以中国绥远省归化城所生之马可,后改名雅八·阿罗诃三世者为自己的后继人,至此,蒙古朝廷的势力全为景教会所利用,而景教会的势力亦为蒙古朝廷所利用。马可恩师北京出身之扫马为伊儿汗朝阿鲁浑王之特使遣往欧洲事,已见本书第九章第三节,乃为众所周知的事实。景教既依附政治,则其本身之命运亦随政治势力而转移,所谓"赵孟之所贵,赵孟能贱之",景教在唐如此,在元代亦然。到了蒙古朝廷之有力者舍景教而皈依伊斯兰教之时,情形一变,景教的势力又被伊斯兰教压倒了。其间关键人物是蒙古族的铁木耳。蒙古族自成吉思汗至窝阔台,虽不是基督教徒,对其臣民却许其宗教信仰的自由。贵由汗(Guyuku定宗皇帝)且以基督教徒自任,其丞相中如博剌海、喀达克、镇海等人皆基督教徒。及1248年4月,贵由汗殁,蒙哥汗(宪宗)即位,遣其弟旭烈兀征服波斯,将有名的伊斯兰教王国悉加破坏。1258年2月13日巴格达陷落之际,伊斯兰教王谟斯塔西(Mustasim)及其独子与80万之居民皆被杀,这是伊斯兰教国的大浩劫,不消说也是基督教徒的幸运了。然而旭烈兀汗虽有老基督教徒之妃,对基督教表示好感,却也不能阻止其孙尼科多尔(Neekoudor)之改宗伊斯兰教。尼科多尔后即伊儿汗帝位时改称阿合马汗(Ahmed Khan),为表示其新皈依伊斯兰教的诚实,对于基督教加以猛烈迫害,不但国内之基督教会悉被撤毁,且发敕令将基督教徒,悉追放国外。继阿合马汗(在位1282—1284)之后,合赞汗(Ghazan Khan,在位1295—1304)即位时,即宣言为伊斯兰教信奉者,命令撤毁波斯国内之基督教会堂及佛教寺院,这样一来,以前因蒙古族的统治者而几被绝灭的伊斯兰教,仅十年间而再在波斯成一大统治的宗教了。合赞汗以后历代可汗均坚决皈依伊斯兰教,尤以征服全世界统治全世界为自己任务之铁木耳(Ameer Timour),是狂热的伊斯兰教徒。他是伊斯兰教中逊尼(Sunites)派的信徒,他甚至压迫伊斯兰教另一个什叶(Shiahs)派,更不消说基督教徒在他治世之中几乎从亚细亚之大部分被消灭了。据J.斯图尔特称(引《景教东渐史》,第339页),他不但在远东率军队侵略之先,对于不放弃信仰而皈依伊斯兰教者极其残酷,当他侵入乔治亚时,他强迫信奉基督教之皇子伊索拉底(Isocrates)宣誓为伊斯兰教徒,对臣下亦迫其同样立誓,不从则只有死路一条。基督教会被破坏,教会的器具则投诸火。在安那托利亚(Anatolia),基督教徒的处境等于奴隶(此据Bury's Gibbon第七卷第58页)。占领顿(Don)河口之阿左排(Azoph)即塔纳(Tana)时,逃亡稍晚之基督教徒或被杀或为奴隶。在攻击高加索山脉之塞姆西姆(Semseem)城堡侵略其领土时,他作为对于神的献礼,把基督教会连同伊斯兰教以外的异教徒的寺院都破坏了。最残酷的事例,是他决心把那些“可恨的信仰之敌基督教徒”即使他们隐于山中的洞窟,也要从洞窟中抓来彻底予以消灭(Price:*History of Muhammadanism*第三卷,第201,205页,此据斯图尔特书引)。1401年侵略塞伏斯(Sevouss)时,他把基督徒及其他之不信者委之于军队手中任其掠夺,更把守兵四千人活埋了(同上书,第318,446页)。1403年在提夫利斯(Tiflis)进军中,铁木耳为使对基督教的强烈憎恨传之永久,沿途中将所有基督教僧院和可称之为教会者悉数破坏,在一个地方他将七百都邑、村落、基督教僧院及石造的和其他材料所建的基督教会都彻底地消灭了,住民的避难所也被袭击,最后住民也虐杀完了。用羽克(M. L'Abbé Huc)在《基督教在中国》(英文本Vol. Ⅰ,p. 421)的话来作结束,"铁木耳是冷酷残忍,好像严峻的天谴之鞭一样扫过去了。他是不知怜悯之情的冷酷男子,他荒废了几千都邑,杀戮了无数人民,把亚洲好大部分的住民化为尸山血河,以致遍地为废墟所蔽而成为荒野"。由此铁木耳的政治压迫,令今日中央亚细亚的戈壁沙漠地方埋没了无数往日都市的废墟,这就是基督教徒尤其包括景教徒在内的埋葬所。

再次,就文化压迫而言,景教徒是怎样受到罗马天主教的压迫而被同化呢?这从内部的原因来看,是由于景教徒在罗马帝国和波斯逃出之后,即与摩尼教、火袄教等异教接触,已渐渐发生妥协屈从的心理倾向,正如玉尔所说,早在第7世纪之终,基督教已受摩尼教及其他二元论者的压迫,几乎失却昔日那样气魄和抵抗力了(*Cathay and The Way Thither*, Vol. Ⅰ, p. 113—115)。1142年,景教会法主埃培哲塞(Ebedjesu)二世与基督单一性派之雅各派教徒法主之间妥协,以后两团体间每有机会即相互承认,因此景教徒对于其他各派,变得抱极宽容的态度,而这宽容的态度,跟着时代发展,加上伊斯兰教徒的经济压迫、蒙古族及铁木耳的政治压迫,使中央及北亚细亚一带几不见基督教的痕迹。正在这时,景教徒又因外部的原因而渐渐为罗马天主教会所吸收。不过旧教之并吞景教是要经历多少年月的。据威尔提斯(Wiltisch)称,在第13世纪末约翰·孟德高维奴率方济各派僧侣来中国时，中国之景教大僧正已有皈依罗马天主教的，因而第14世纪以后中国景教的活动，已经不是独立的景教自身的活动了（此据 Stuwart 引 Wiltsch: *Geography and Statistics of the Church*, p. 358）。实际景教徒之所以渐归向罗马天主教，最初还是由于景教教会之内讧。德礼贤《中国天主教传教史》第四章即有题为“从聂斯托尔派归化到正宗天主教”一章中说：“我们在十三世纪的下半世纪中见到一个神奇的故事，这个故事便是两个生长在中国的聂派修士，后来做了该派高级教长，到了老年似乎幡然感悟，归奉天主教。这两个人的名字，一个是列班扫马，一个是雅八·阿罗诃三世（第31页）”。当然扫马之所以到罗马是为“要向他的主子、教宗表示敬意”，扫马还求从教宗手里领圣体作为他完全归化罗马教会的标记。事实上在圣杯主日，那一天教宗举行弥撒圣祭，“在扫马行过告解之后，便给他送了第一个圣体”，就是说“扫马在领圣体前，先宣誓弃绝聂派谬误的道理，从此以后罗马教友当然承认他是正宗天主教的信友了”（同上书，第32—33页）。“同时雅八·阿罗诃三世似乎也因此归向了罗马。”如果真如德礼贤所说，则在那时景教会早已为正宗天主教所吸收。然而事实还不致如此，真正的景教会的灭亡，乃在1551年景教主教大分裂开始以后，经过西门·把马马（Simon Bar Mama）与约翰·苏拉卡（John Sulaka）的法统之争，以约翰·苏拉卡为法主之景教徒，自称迦尔底教会，认为是属于基督教的正统派（Orthodon），而西门·把马马则自树立西门家之一派。后者就是今日所谓狭义的景教主，而曩日归顺于罗马教会组织所谓迦尔底教会之约翰·苏拉卡之继承者则为广义之景教主。广义的景教以后又有分裂，由于在此教会内外之野心家所策动之收买，胁迫、变节等等，这里无庸细述,但要指出今日从景教分离出来的迦尔底教会,是完全处在罗马天主公教会的指导统治之下。所以景教最近3百年间的历史,其大部分就是景教为天主公教会所吞并的历史,名为景教式迦尔底教会,事实上这正统教会化的景教已经是景教之异端性的根本否定,也就算不得景教而只好宣布景教的灭亡了。

(三) 狭义的景教徒之衰亡——1842年萨布河附近土耳其兵的虐杀景教徒事件——20世纪初欧战后的景教人数——景教衰亡以后,基督教之再传入中国——研究中国基督教史者的一项任务

固然在广义的景教之外,还有所称狭义的景教,此狭义的即纯正的景教是和迦尔底教会或俗称合同统一派(Uniates)站在反对的立场,但这最少数的狭义的景教,即所称异端的景教,实际亦已灭亡。原来景教的信奉者,在第14纪末铁木耳之残酷的侵略巴格达后,即逃入库尔德斯坦(Kurdistan)山脉地带,遂移于查斯拉姆克(Juslamerk)附近之科特昌内斯(Kotchanes又称Kudshanis叙利亚圣地之意)为总本山,数百年间几乎默默无闻。1551年他们分裂为二宗派,除归顺罗马教廷的迦尔底教徒外,其余人仍然称为聂斯托尔派,信徒数据法忒斯叩(Fartescue)称,在1914年稍前约有十万人,但约哈南(Yohanan)则谓其总数为19万人,这大概是包含前所云之合同统一派而言(据斯图尔特书第十二章,第308—309页)。在此之前,1842年在萨布(Zab)河附近发生过土耳其兵虐杀景教徒的悲剧,约哈南教授在"*The Death of Nation*"中曾有记载。这次有

景教徒一万人惨死于土耳其人之手,多数子女成为俘虏,"其得避免迫害的或虐杀的残存者,从波斯及库提斯坦来的约五万之老幼男女陷于无衣无食无住之悲惨状态",而今日尚残存于中央亚细亚及其他地方之聂斯托尔派团体,为数不过二、三而已。据明加那(Mingana)所说,现存景教徒大体不超过4万(*Bulletin of the John Rylands Library* 第九卷 p. 314),这已经是在20世纪初欧洲大战以后了。这剩余的4万人散处波斯乌鲁米亚(Urumia)之凡城(Van)地方与在印度南部之马拉巴,而在马拉巴的一部分已渐为罗马天主教所吞并吸收外,在波斯的也已四散各处。狭义的景教现状如此,也就宣告异端的景教早已成为历史陈迹了。

景教在中国及其在世界的衰亡,并不意味着基督教在中国的衰亡,相反地所谓基督教的正统派因吸收了景教而更为气焰高涨了。明末清初的耶稣会派传教士,乃至鸦片战争后的基督新教,他们都是继承景教之后传来中国,和西方的殖民制度有关,分析这传来的新旧基督教所给中国带来的利害,正是我们研究中国基督教史者的任务之一。

跋

先夫朱谦之去世二十周年了。此书是他生前最后的一本著述。谦之一生学而不厌,每著新作必搜集第一手素材,深思精索,谨慎下笔,数十年如一日。平生以著述为乐,虽体弱多病而不辍,劝以稍休,答曰:“此乃我之快乐。”每有所得,欣然自娱。

谦之律已以严,诲人不倦。昔在中山大学任教时,爱才甚于爱己。凡同学中有一专长者,必录之手册,唯恐怀才不遇,惜其绵力。又曰:“有才而无德,其才不可用。”

谦之著述已出版的有三十三种。(目录附后)此书出版惜不自见,又限于时日、水平,疏误之处恐难免了。

本书出版幸得诸君、学者的鼎力帮助,谨致谢忱。

何绛云

1992年4月23日

附录一　景教流行中国碑颂并序

大秦寺僧景净述

粤若常然真寂，先先而无元，窅然灵虚，后后而妙有，惣玄枢而造化，妙众圣以元尊者，其唯我三一妙身、无元真主阿罗诃欤！判十字以定四方，鼓元风而生二气，暗空易而天地开，日月运而昼夜作，匠成万物，然立初人，别赐良和，令镇化海，浑元之性，虚而不盈，素荡之心，本无希嗜。洎乎娑弹施妄，钿饰纯精，闲平大于此是之中，隙冥同于彼非之内。是以三百六十五种，肩随结辙，竞织法罗；或指物以托宗，或空有以沦二，或祷祝以邀福，或伐善以矫人，智虑营营，思情役役，茫然无得，煎迫转烧，积昧亡途，久迷休复。于是我三一分身景尊弥施诃，戢隐真威，同人出代。神天宣庆，室女诞圣于大秦，景宿告祥，波斯睹耀以来贡。圆二十四圣有说之旧法，理家国于大猷；设三一净风无言之新教，陶良用于正信。制八境之度，炼尘成真；启三常之门，开生灭死。悬景日以破暗府，魔妄于是乎悉摧，棹慈航以登明宫，含灵于是乎既济。能事斯毕，亭午

升真。经留二十七部，张元化以发灵关。法浴水风，涤浮华而洁虚白，印持十字，融四炤以合无拘。击木震仁惠之音，东礼趣生荣之路。存须所以有外行，削顶所以无内情。不畜臧获，均贵贱于人，不聚货财，示罄遗于我。斋以伏识而成，戒以静慎为固。七时礼赞，大庇存亡，七日一荐，洗心反素。真常之道，妙而难名，功用昭彰，强称景教。惟道非圣不弘，圣非道不大，道圣符契，天下文明。太宗文皇帝光华启运，明圣临人。大秦国有上德曰阿罗本，占青云而载真经，望风律以驰艰险，贞观九祀，至于长安。帝使宰臣房公玄龄，惣仗西郊，宾迎入内，翻经书殿，问道禁闱，深知正真，特令传授。贞观十有二年秋七月，诏曰：道无常名，圣无常体，随方设教，密济群生。大秦国大德阿罗本，远将经像，来献上京，详其教旨，玄妙无为，观其元宗，生成立要。词无繁说，理有忘筌，济物利人，宜行天下。所司即于京义宁坊造大秦寺一所，度僧二十一人。宗周德丧，青驾西升，巨唐道光，景风东扇。旋令有司，将帝写真，转摹寺壁，天姿泛彩，英朗景门，圣迹腾祥，永辉法界。按西域图记及汉魏史策，大秦国南统珊瑚之海，北极众宝之山，西望仙境花林，东接长风弱水。其土出火绵布、返魂香、明月珠、夜光璧。俗无寇盗，人有乐康。法非景不行，主非德不立，土宇广阔，文物昌明。高宗大帝、克恭缵祖，润色真宗，而于诸州，各置景寺，仍崇阿罗本为镇国大法主，法流十道，国富无休；寺满百城，家殷景福。圣历年，释子用壮，腾口于东周；先天末，下士大笑，讪谤于西镐。有若僧首罗含、大德及烈，并金方贵绪，物外高僧，共振玄纲，俱维绝纽。玄宗至道皇帝令宁国等五王亲临福宇，建立坛场，法栋暂挠而更崇，道石时倾而复正。天宝初、令大将军高力士送五圣写真，寺内安置，赐绢百匹，奉庆睿图，龙髯虽远，弓箭可攀，日角舒光，天颜咫尺。三载，大秦国有僧佶和，瞻星向化，望日朝尊。诏僧罗含、僧普论等一七人，与大德佶和于兴庆宫修功德。于是天题寺榜，额戴龙书，宝装璀翠，灼烁丹霞，睿札宏空，腾凌激日，宠赉比南山峻极，沛泽与东海齐深。道无不可，所可可名，圣无不作，所作可述。肃宗文明皇帝于灵武等五郡重立景寺，元善资而福祚开，大庆临而皇业建。代宗文武皇帝，恢张圣运，从事无为，每于降诞之辰，锡天香以告成功，颁御馔以光景众。且乾以美利，故能广生，圣以体元，故能亭毒。我建中圣神文武皇帝，披八政以黜陟幽明，阐九畴以惟新景命，化通玄理，祝无愧心。至于方大而虚，专静而恕，广慈救众苦，善贷被群生者，我修行之大猷，汲引之阶渐也。若使风雨时，天下静，人能理，物能清，存能昌，殁能乐，念生响应，情发自诚者，我景力能事之功用也。大施主金紫光禄大夫同朔方节度副使试殿中监赐紫袈裟僧伊斯，和而好惠，闻道勤行，远自王舍之城，聿来中夏，术高三代，艺博十全，始效节于丹庭，乃策名于王帐。中书令汾阳郡王郭公子仪，初惣戎于朔方也，肃宗俾之从迈，虽见亲于卧内，不自异于行间，为公爪牙，作军耳目。能散禄赐，不积于家，献临恩之颇黎，布辞憩之金罽，或仍其旧寺，或重广法堂，崇饰廊宇，如翚斯飞，更效景门，依仁施利。每岁集四寺僧徒，虔事精供，备诸五旬。馁者来而饩之，寒者来而衣之，病者疗而起之，死者葬而安之。清节达娑，未闻斯美，白衣景士，今见其人。愿刻洪碑，以扬休烈。词曰：真主无元，湛寂常然，权舆匠化，起地立天，分身出代，救度无边，日升暗灭，咸证真玄。赫赫文皇，道冠前王，乘时拨乱，乾廓坤张，明明景教，言归我唐，翻经建寺，存殁舟航，百福偕作，万邦之康。高宗纂祖，更筑精宇，和宫敞朗，遍满中土，真道宣明，式封法主，人有乐康，物无灾苦。玄宗启圣，克修真正，御榜扬辉，天书蔚映，皇图璀灿，率土高敬，庶绩咸熙，人赖其庆。肃宗来复，天威引驾，圣日舒昌，祥风扫夜，祚归皇室，祆氛永谢，止沸定尘，造我区夏。代宗孝义，德合天地，开贷生成，物资美利，香以报功，仁以作施，旸谷来威，月窟毕萃。建中登极，聿修明德，武肃四溟，文清万域，烛临人隐，镜观物色，六合昭苏，百蛮取则。道惟广兮应惟密，强名言兮演三一，主能作兮臣能述，建丰碑兮颂元吉。

大唐建中二年岁在作噩太簇月七日大耀森文日建立，时法主僧宁恕知东方之景众也。

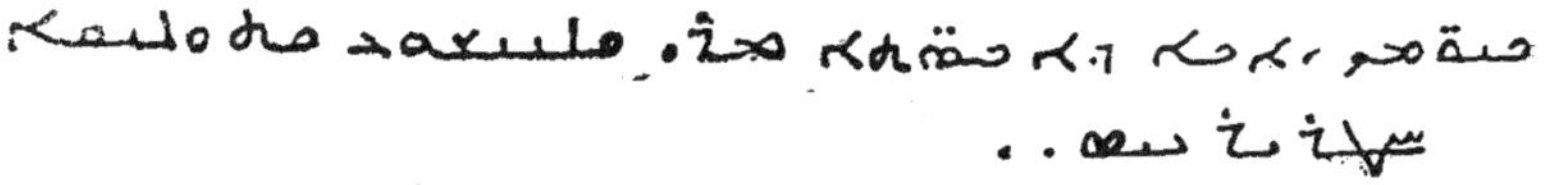

朝议郎前行台州司士参军吕秀岩书

助检校试太常卿赐紫袈裟寺主僧业利

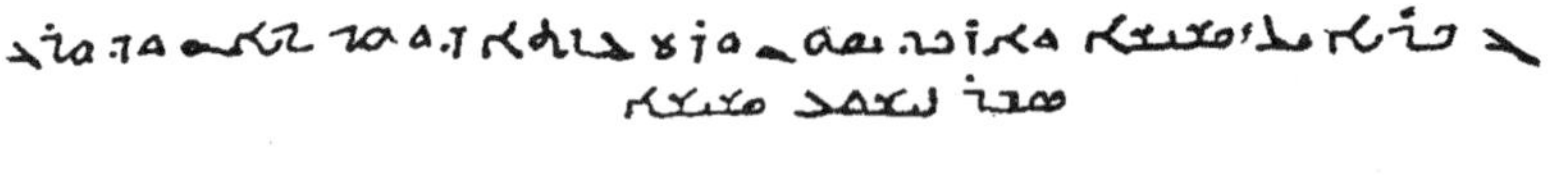

检校建立碑僧行通

僧灵宝

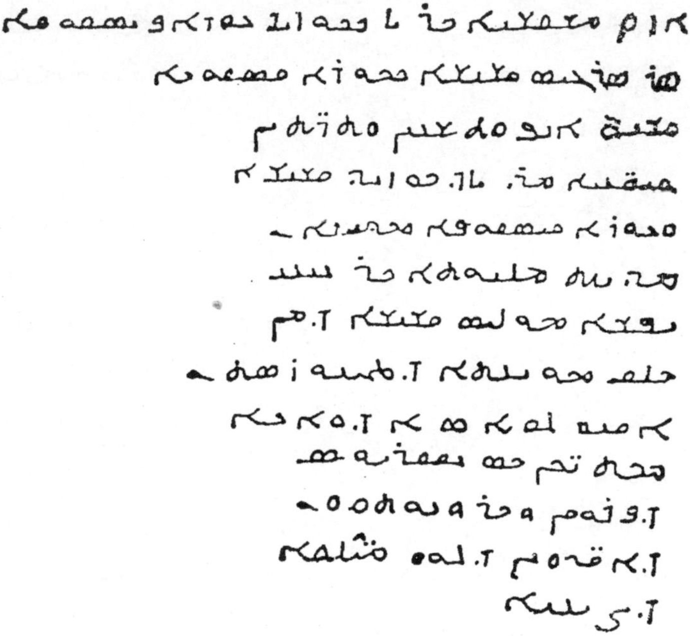

（左面第一行）

大德曜轮 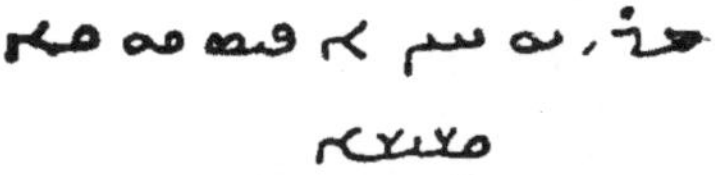

僧日进 

僧遥越 

僧广庆 

僧和吉 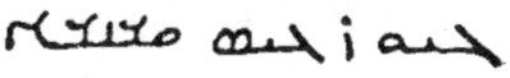

僧惠明 

僧宝达	ܡܫܝܚܐܕܕ ܩܫܝܫܐ
僧拂林	ܐܦܪܝܡ ܩܫܝܫܐ
＊＊＊	ܐܒܝ ܩܫܝܫܐ
＊＊＊	ܕܘܝܕ ܩܫܝܫܐ
僧福寿	ܡܘܫܐ ܩܫܝܫܐ
（左面第二行）	
僧崇敬	[illegible]
僧延和	ܐܠܝܐ ܩܫܝܫܐ [illegible]
＊＊＊	[illegible]
＊＊＊	[illegible]
	[illegible]
＊＊＊	[illegible]
僧惠通	[illegible]
（左面第三行）	
僧乾佑	[illegible]
僧元一	[illegible]
僧敬德	[illegible]
僧利见	[illegible]
僧明泰	[illegible]
僧玄真	[illegible]
僧仁惠	[illegible]
僧曜源	[illegible]
僧昭德	[illegible]

僧文明 

僧文贞 

僧居信 

僧来威 

（左面第四行）

僧敬真 

僧还淳 

僧灵寿 

僧灵德 

僧英德 

僧冲和 

僧凝虚 

僧普济 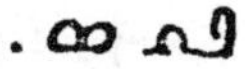

僧闻顺 

僧光济 

僧守一 

后一千七十九年咸丰己未武林韩泰华来观，幸字画完整，重造碑亭覆焉。惜故友吴子苾方伯不及同游也，为怅然久之。

（右面第一行）

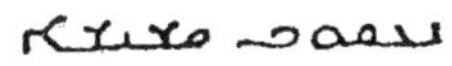

老宿耶俱摩 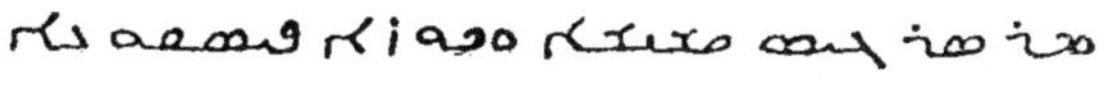

僧景通 

僧玄览 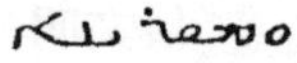

僧宝灵 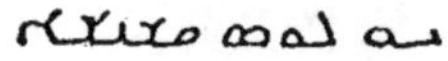

僧审慎 

僧法源 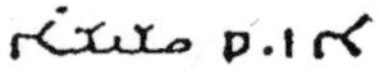

僧立本 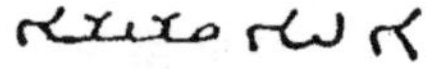

僧和明 

僧光正 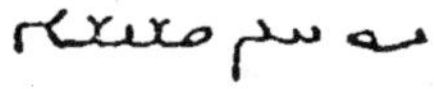

僧内澄

* * *

（右面第二行）

僧崇德 

僧太和 

僧景福 

僧和光 

僧至德 

僧奉真 

僧元宗 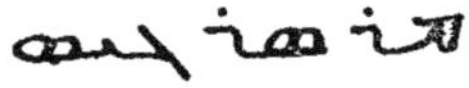

僧利用 

僧玄德 

僧义济 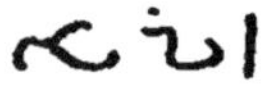

僧志坚 

僧保国 

僧明一 

（右面第三行）

僧广德　ܓܒܪܐܝܠ

＊＊＊　ܝܘܚܢܢ

僧去甚　[illegible]

＊＊＊　[illegible]

僧德建　[illegible]

附录二　中国景教研究参考书要目

一

景教研究之书不少，即关于唐景教碑之西文撰述，过去三百余年间，亦约有八十余种。下列参考书目只以编写本书时所能接触者为限，分藏于北京大学图书馆、北京图书馆、中国科学院图书馆三处，均由这些书转引，或即载在这些书中者，注明后不一一列入。又未见之待访书即重要亦不录。

（一）关于景教经典及文书的

Assemânî，J. S.：Bibliotheca Orientalis，Vol. Ⅲ，Part Ⅰ，本文一百九十九章载景教会所用文献，附录六十三章景教文献总目录，Part Ⅱ，景教论即景教历史与景教之异端性的证明，又 Part Ⅰ，611 页以下景教历代法主略传。北京大学图书馆藏。

羽田亨辑：一神論卷第三，序听迷詩所序經一卷，昭和 6 年 9 月京都東方文化学院研究所影印敦煌出土钞本。

羽田亨：景教經典序听迷詩所序經，见内藤博士還歷祝贺支那学論叢，第 117—148 页，大正 15 年京都刊。

羽田亨:景教經典志玄安樂經と就いて,東洋学報第十八卷第一号,第1—24页,昭和4年8月刊。

景教三威蒙度赞,敦煌石室遗书,诵芬堂铅印本第三册。

Budge, E. A. W.: *The Monks of Kûblâi Khân, Emperor of China*, London, 1928.

ベツデ博士著　元主忽必烈が欧洲に
佐伯好朗譯補:　派　遣　し　た　ゐ　景教僧の旅行志,昭和18年,春秋社。

Montgoinery, J. A.: *The History of Yaballaha* Ⅲ, Nestorian Patriarch, and of His Vicar, Bar Sauma, Mogol Ambasador to the Frankish Courts at the End of the Thirteenth Century, N. Y, 1927.

(二) 关于景教及景教史的

佐伯好郎:景教の研究,昭和10年,東京東方文化学院東京研究所。

Stewart, J.: *Nestorian Missionary Enterprise, The Story of A Church of Fire*, Edinburgh, 1928.

ジヨン・スチユアート原著　東洋の
賀川豐彦、热田俊貞譯:　基督教　景教東漸史,昭和15年,東京豐文書院。

沟口靖夫:東洋文化史上の基督教,昭和16年,理想社出版部。

Nau, F.: *L'expansion Nestorienne en Asie*, Paris, 1913.

Mingana, A.: *The Early Spread of Christianity in Central Asia and the Far East*, Manchester, 1925.

Pelliot, Paul.: Chrétiens d'Asie Centrale et d'Extrême Orient, T'oung Pao, 1914.

冯承钧译:唐元时代中亚及东亚之基督教徒,见《西域南海史地考证译丛》,商务印书馆,1934。

方豪:唐代景教史稿,见《东方杂志》第四十卷第八号。

陈垣:元也里可温考,东方文库本,商务印书馆,1925年三版。

(三)关于东西交通史的

Yule, H. and Cordier, H: *Cathay and the Way Thither*, Haklauyt Society, 4 Vols., London, 1913—1916.

ヘ・リー・コール著
アンリ・コルデイユ補: 東西交渉史——支那及び支那への道,東亚史研究会譯編,昭和19年,東京帝国学院。

Yule, H.: *The Book of Sir Marco Polo*, the Venetian, 2Vols., London, 1875.

张星烺:中西交通史料汇编,第六册,北京辅仁大学丛书第一种,1931。

沙海昂注
冯承钧译 马可波罗行纪,上中下三册,商务印书馆,1986。

d'Ohsson著
冯承钧译: 多桑蒙古史,1962年重印本,中华书局。

Laufer: *Sino-Iranica, Chinese Contributions to the History of Civilization in Ancient Iran*, Chicago, 1919,有1940年影印本。

劳费尔著
林筠因译：中国伊朗编，北京商务印书馆，1964。

桑原骘藏著
冯攸译：中国阿剌伯海上交通史，商务印书馆，1934。

Hirth：*China and the Roman Orient*，1885. 上海、香港有 1939 年影印本。

夏德著
朱杰勤译：大秦国全录，北京商务印书馆，1964。

白鸟库吉著
王古鲁译：塞外史地论文译丛，第一辑，长沙商务印书馆，1938。

向达：唐代长安与中国文明，三联书店，1957。

岑仲勉：中外史地考证，上册，朱禄国与末禄国、苫国，中华书局，1962。

岑仲勉：西方宗教之输入，见隋唐史卷下第三十四节，第 303—316 页，高等教育出版社，1957。

伯希和、沙畹：摩尼教流行中国考，见西域南海史地考证译丛，八篇第 43—104 页。

（四）关于中国基督教史的

Huc，E. R.：*Christianity in China*，*Tartary and Thibet*，by M. L'Abbe，London，2 Vols.，1857.

佐伯好郎：支那基督教の研究，Ⅰ、Ⅱ、Ⅲ，昭和 18 年至 19 年，春秋社版。

佐伯好郎：清朝基督教の研究，昭和 24 年，春秋社，附録大秦景教大聖通真歸法贊及大秦宣元至本經解說。

圣教史略,河北献县天主堂印,1932,卷三135—138页,内斯多略异端。

Moule, A. C.: *Christians in China before the Year* 1550, London, 1930.

Latourelte, K. S.: *A History of Christian Missions in China*, New York, 1929.

Rowbotham, Missionary and Mandarin: *The Jesuits at the Court of China*, California, 1942.

Foster, J.: *The Church of the Tang Dynasty*, London, 1939.

德礼贤:中国天主教传教史,1935年,商务印书馆三版。

徐宗泽:中国天主教传教史概论,圣教杂志社,1938。

圣教杂志社编:天主教传入中国概观,土山湾印书馆,1928。

裴化行著
萧浚华译:天主教十六世纪在华传教志,商务印书馆,1936。

比屋根安定:支那基督教史,昭和15年,生活社。

石田幹之助:支那に於ける耶稣教(东洋思潮、岩波讲座),昭和9年,岩波书店。

樊国梁:燕京开教略,1905年救世堂印。

黄伯禄:正教奉褒,光绪甲申仲秋月,上海慈母堂排印。

(五)关于中国景教遗物的

Saeki, P. Y.: *The Nestorian Documents and Relics in China*, Tokyo, 1937.

足立喜六著 杨炼译：长安史迹考，商务印书馆，1935。

吴文良：泉州宗教石刻，考古学专刊乙种第七号，科学出版社，1957。

（六）关于唐景教碑的

Saeki, P. Y.：*The Nestorian Monument in China*, London, 1916.

Havret, G.：*La Stièle Chrétienne de Si-ngan-fou*, Changhai. 1895—1902, 3 Vols.

冯承钧：景教碑考，商务印书馆，1931。

洪业：驳景教碑出土于盩厔说，史学年报第四期。

阳玛诺：唐景教流行中国碑颂正诠，1878（清光绪四年），上海慈母堂刻本。

潘绅：景教碑文注释，铅印本，1925。

杨荣鋕：景教碑文纪事考正，王先谦序，1901（光绪二十七年），湖南思贤书局重刻本。

伯希和：景教碑中叙利亚文之长安洛阳，见西域南海史地考证译丛，1934，商务印书馆。

Kircher, Athansius.：*China Monumentis qua Sacris qua Profanis*, Illustrata, Amsterdan, 1672, 北京大学图书馆藏。

Pauthier, G.：*L'Inscription Syro-Chinoise de Si-ngan-fou*, Paris, 1858.

Lamy, J. J.：*Le Monument Chrétien de Si-Ngan-Fou*, Son tente et Sa signification, 1896.

Cleisz, Augustin: *Étude sur les Missions Nestoriennes en Chine*, au VIIe et au VIIIe Sièclès, d'aprés 1'inscription SysoChinese de Si-Ngan-Fou, Paris, 1880.

Couling, C. E.: *The Luminous Religion*; A Study of Nestorian Christianity in China, with A Translation of the Inscriptions upon the Nestorian Tablet, London, 1925.

Salisbury, E. E.: *On the Genuiness of the So-called Nestorian Monument of Si-ngan-fu*, 1852, 见 Sinologica, Vol. 5, pp. 401—419.

Leggs, James: *The Nestorian Monument of Hsi-an Fu in Shen-hsi*, 1888.

Gaillard, Louis: *La Pierre de Si-Ngan-Fou*, 见 Croix et Swaslike en Chine, 1904, pp. 102—133.

Holm, Frits: *My Nestorian Adventure*.

Holm, Frits: *Nestorian Tablet of Sian-fu*, the Nesterian Monument; An Ancient Record of Christianity in China, Chicago, 1909. Apopular Account of the Holm Nestosian Expedition to Sian-fu and Its Results with an Introduction, by the Reu. Prof. Abraham Yahannan, N. Y., 1923.

Wylie, Alexander: *The Nestorian Tablet in Si-Ngan-Fou*, 见 Chinese Researches, 1897, pp. 24—77.

Parker, E. H.: *Notes on the Nestorians in China*, 1890, 见 Sinologica, Vol. 7.

Moule, A. C.: *The Christian Monument at Si An Fu* (Reprinted from The Journal of the North-China Branch of the Royal Asiatic Society).

Moule, A. C.: *Nestorians in China*; Some Corrections and

Additions, London, 1940.

李之藻:读景教碑书后,见阳玛诺唐景教碑颂正诠。

徐光启:铁十字著,天启丁卯六月朔书,见 Havret 西安景教碑附录,徐文定公集未收。

徐光启:景教堂碑记,见徐光启集,卷十二,第 531—533 页。

王昶:金石萃编卷一百〇二,引有关景教碑之文七则:

1. 林侗:来斋金石刻考略
2. 叶奕苞:金石录补
3. 毕沅:关中金石记
4. 钱大昕:潜研堂金石文跋尾(卷七)
5. 钱大昕:景教考(有学集卷四十四)
6. 杭世骏:道古堂文集卷二十五景教续考
7. 王昶按语

魏源:海国图志,卷二十六、二十七,引有关景教碑之文三则:

1. 南怀仁:坤舆图说卷下
2. 俞正燮:癸巳类稿卷十五(第二十八页天主教论)
3. 徐继畬:瀛环志略卷三(第三十二页)

夏燮:中西纪事。

李文田:论景教碑。

辟邪纪实:天主邪教入中国考略,同治辛未重刻本。

钱润道:书景教流行中国碑后,见 Havret 西安景教碑附录。

洪钧:元史译文证补,卷二十九附景教考。

四库全书总目,一百二十五卷,西学凡一卷,附录唐大秦寺碑。

湖楼笔谈卷七,无邪堂答问卷二,黎佩兰景教碑。

丁韪良:天道溯源,中卷附西安景教碑文,1913 年天津排印本。

钱念劬:归潜记,丁编之一。

石韫玉:唐景教流行碑跋,见独学庐二稿,原刻本。

董佑诚:大秦景教流行中国碑跋,见董立方文甲集,董立方遗书本。

刘光汉:景教源流,见刘申叔遗书读书随笔中。

(七)与中国景教有关之汉文文献

大唐故波斯国大酋长右屯卫将军上柱国金城郡开国公波斯君丘之铭,见端方:陶斋金石记,卷二十一。

唐圆照集,贞元新定释教目录第十七,频伽精舍校本,大藏经结七,第 5—6 页,又大唐贞元续开元释教录卷上,同上结五,第 89—90 页,记大秦寺波斯僧景净依胡本六波罗蜜经译成七卷本事。

唐会要卷四十九,大秦寺。

全唐文卷三十二,改波斯寺为大秦寺诏。

西溪丛话卷上,大秦寺。

册府元龟卷五百四十六,柳泽传,又卷九百七十一、二则、卷九百七十五、一则。

宋敏求长安志卷十,第 4—5 页,波斯胡寺,经训堂丛书本。

两京新记第十五卷,第 6 页,粤雅堂丛书本。

唐舒元舆:唐鄂州永兴县重岩寺碑铭并序,见全唐文卷七百二十七。

杜少陵集详注，卷十石笋行。

能改斋漫录卷七，杜石笋行。

苏东坡诗集注卷三十三，楼观大秦寺。

金史卷一百二十四，马庆祥传。

元遗山文集卷二十四，恒州刺史马君神道碑。

元史卷一百三十四，阿锡贡（爱薛）；卷一百四十三，马祖常；卷五、三十三、九十三、百九十七，也里可温、迭屑、达失蛮；卷八十九，崇福司。

元典章卷三十三，礼部六，也里可温教。

西湖游览志卷十六，元至顺镇江志卷九僧寺，大兴国寺。

至元辨伪录卷三，又钱大昕二十二史考异卷八十七引。

二

（一）内地景教研究论著译著目录

论文：

北京石刻中所保存的重要史料　曾毅公　文物　1959 年第 9 期

耿鉴庭　扬州城根里的元代拉丁文墓碑考古　1963 年第 8 期

唐代景教传入泉州及其在泉遗迹　泉州海外交通史料汇编一辑

黄天柱　关于古基督教传入泉州的问题　海交史研究　1978

年创刊号

韩儒林　所谓“亦思替非文字”是什么字　考古　1981年第1期

夏鼐　两种文字合璧的泉州也里可温（景教）墓碑　考古　1981年第1期

龚方震　唐代大秦景教碑古叙利亚文字考释　中华文史论丛　1982年

李经纬　回鹘文景教文献残卷〈巫师的崇拜〉译释　世界宗教研究　1983年第2期

阿里木·米玛什　高昌回鹘王国时代景教残卷研究　新疆社会科学研究　1983年第18期

杨欣章　泉州景教石刻初探　世界宗教研究　1984年第4期

杨欣章　试论泉州聂斯脱里派遗物　海交史研究　1984年第6期

唐世民　基督教在新疆的传播　新疆社会科学　1984年第4期

志诚、叶道义　泉州发现也里可温关唆哆呢嗯碑　海交史研究　1986年第1期

叶道义、志诚　泉州再次发现八思巴文基督教碑　海交史研究　1986年第1期

扬州发现元代基督教墓碑　朱江　文物　1986年第3期

元大都也里可温十字寺考　徐蘋芳　《中国考古学研究—夏鼐先生考古五十年纪念文集》（一）　文物出版社　1986年

周良霄　元和元以前中国的基督教　元史论丛　1987年第1期

杨欣章、何高济　泉州新发现的元代也里可温碑述考　世界宗教研究　1987 年第 1 期

杨欣章　刺桐十字架的新发现　泉州市志通信　1988 年第 1、2 期

杨欣章　南中国"刺桐十字架"的新发现　世界宗教研究　1988 年第 4 期

于贵信　关于基督教在中国传播的几个问题　史学集刊　1988 年第 2 期

吴幼雄　福建泉州发现的也里可温(景教)碑　考古　1988 年第 11 期

刘仲康　景教在新疆的传播及其影响　新疆社会科学研究　1988 年第 11 期

(英)约翰·福斯特著、杨欣章译　刺桐城墙的十字架　海交史研究　1989 年第 2 期

宋剑华　略论基督教在中国的传播　理论学习月刊(福州)　1989 年第 10 期

元延祐四年也里八世墓碑考释　王勤今　考古　1989 年第 6 期

宋元时代维吾尔族景教考略　杨富学　新疆大学学报(哲学社会科学)　1989 年第 3 期

唐景教碑观感　汤孝昌　天主教研究资料汇编 9 辑　1988 年第 4 期

唐景教在中国的流传及原因初探　陈少杰　宗教　1989 年第 1 期

对西方天主教传教士三度来华的概述　顾裕禄　宗教问题探

索　1989、1990、1991 年文集

元延祐四年也里八世墓碑考释　王勤今　考古　1989 年第 6 期

宋元时代维吾尔族景教考略　杨富学　《新疆大学学报》(哲学社会科学)　1989 年第 3 期

中国天主教会的兴起与发展　宗怀德　人民政协报　1990 年 12 月 14 日

敦煌 P. T. 351 吐蕃文书及景教文献叙录　王尧　第二届敦煌国际研讨会论文集　1991 年

元代泉州天主教遗迹和遗物　杨欣章　中国天主教　1991 年第 5 期

洪天兄因故缺席——《大唐景教碑资料汇编》评介　桑晔　读书　1992 年第 1 期

唐以前基督教来华史料　丁伯岭　金陵神学志　1992 年第 1 期

中国古代基督教思想初探　汪维潘　金陵神学志　1992 年第 1 期

景教在唐朝衰落的原因　安西孟　社会科学报　1992 年 3 月 5 日

敦煌 P. T. 351 吐蕃文书及景教文献叙录　王尧　第二届敦煌国际研讨会论文集　1991 年

陈静波　基督教传入泉州及其影响　泉州鲤城文史资料第 6、7 辑

杨村　中国基督教史的黎明时代　文物天地　1992 年第 3、4 期

杨欣章　元代南中国沿海的景教会和景教徒　中国史研究 1992 年第 3 期

朱谦之与《中国景教》　黄心川　世界宗教研究　1993 年第 1 期

元代景教徒扫马和马可　周祯祥　西北大学学报　1993 年第 2 期

基督教在甘早期传播史事发隐　陈静　西北民族研究　1993 年第 2 期

云南景教考　段玉明　云南民族学院学报　1993 年第 4 期

从景教碑所镌僧寺看中西交通和基督教在中国的传布　周祯祥　文博　1993 年第 5 期

《中国景教》简介　黄夏年　中国天主教　1994 年第 1 期

唐朝景教的神学思想点滴　朱万源　金陵神学志　1994 年第 1 期

唐代景教兴亡原因浅析　梁琳　金陵神学志　1994 年第 1 期

汉文史料与世界宗教研究——读《中国景教》　黄夏年　传统文化与现代化　1994 年第 2 期

西域景教文明　周菁葆　新疆师范大学学报　1994 年第 2 期

西域景教考述　高永久　西北史地　1994 年第 3 期

专家学者纵谈《中国景教》　董方　世界宗教研究　1994 年第 3 期

景教的产生及其在西域的传播　高永久　世界宗教研究 1994 年第 3 期

唐代景教与大秦寺遗址　李伯毅　文博　1994 年第 4 期

关于"景教碑"出土问题的争议　周祯祥　文博　1994 年第

5 期

最早的汉译基督教文献与翻译中的误解误释　刘阳　暨南大学学报（哲学社会科学）　1995 年第 1 期

契丹人与“景教”　侯丽娟　内蒙古地方志　1995 年第 1—2 期

景教传播的几个特征　周燮潘　文史知识　1995 年第 12 期

赤峰出土景教墓砖铭文及族属研究　（法）James Hamilton 著　牛汝极译　民族研究　1996 年第 3 期

景教与佛教关系之初探　黄夏年　世界宗教研究　1996 年第 1 期

景教在中国的兴亡　李兴国　中国宗教　1996 年第 3 期

论汉语景教文的传述类型　翁绍军　世界宗教研究　1996 年第 4 期

浅识景教碑几个叙利亚文字考释之歧异　周祯祥　文博　1996 年第 6 期

唐代景教四则　黄夏年　贵州社会科学　1996 年第 6 期

中国唐代景教的再认识　黄夏年　段文杰敦煌研究五十年纪念论文集　国际图书出版公司　1996 年

北京房山十字寺考　徐蘋芳　中国文化第 7 期

著作：

吴文良　泉州宗教石刻（第二部分）　科学出版社　1957 年 8 月

江文汉　中国古代基督教及开封犹太人　知识出版社　1982 年

张力、刘鉴唐　中国教案史　四川省社会科学院出版社

1987年

方豪 中国天主教史人物传(上卷) 中华书局 1988年

〔英〕阿·克·穆尔著、郝镇华译、蒋本良校 一五五〇年前的中国基督教史 中华书局 1984年

周燮藩 中国的基督教 商务印书馆 1991年

(二) 香港特区、台湾省和日、韩有关研究景教的论著(1950—1980)

佐伯好郎 景教文献及遺物目録 丸善 1950。

高井贡橋 ネストウ--ス破門の經緯じついて一景教正統論の序説として 明治学院論叢18 1951。

羽田亨 大秦景教大聖通真帰贊及び大秦景教宣元至本經残卷 について東方学1951。

江上波夫 オンダト部における景教の系统とその墓石 東洋文化研究所紀要2 1951。

小林高四郎 東西文化の交流 刀江書院 1951。

伊瀬仙太郎 世界文化交流史 金星堂 1953。

方豪 国人关于马可波罗之著作 中华日报(图书)5 1954;方豪六十自定稿下 1969。

梁子涵 冯承钧景教碑考里的一点错误 大陆杂志9—12 1954。

佐伯好郎 中国に於ける景教衰亡の歴史 ハーバード 燕京·同志社東洋文化讲座7 1955。

梁子涵 唐代景教译经考新铎声8 1956;大陆杂志27—7

1963。

梁子涵　唐代景教之文献（上・下）　大陆杂志 14—11，12　1957。

龚天民　中国景教に於ける仏佛的影响について　印度学仏教学研究—1　1958。

罗香林　景教徒阿罗憾等为武则天皇后造颂德天枢考　清华学报新 1—3　1958。

龚天民　唐朝基督教之研究　香港辅侨出版社　1960。

石田幹之助著、屈均远译　罗香林氏〈景教徒阿罗憾等为武则天皇后造颂德天枢考〉述评　大陆杂志 23—11　1961。

罗光　教廷和元朝的往返使节　新铎声 6—34　1961。

博问　元代也里可温之研究　台湾学报 1　1962。

刘伟民　唐代景教之传入及其思想之研究联合书院学报 1　1962。

罗香林　景教入华及其演变与遗物特征　华冈学报 1　1965。

孙巧兰　唐代景教传流考（正・续）　新时代 5—3，4　1965。

卡来爱尔维斯（Cary-Elves Columba）著、王敬义译　明前来华的传教士　台北・华明书局　1965。

郑连明　元朝的景教　《中国景教的研究》（台湾基督教长老教会）　1965。

吴相湘（主编）　唐景教碑附　《天学初函》第一册（学生书局）　1965。

吴相湘（主编）　景教流行中国碑颂正诠　《天主教东传文献续编》第二册（学生书局）　1966。

佐伯好郎（遗稿）、井手胜美訳　極東における最初のキリスト教王国——弓月及びその民族に関する諸問題　史观74　1966。

罗香林　吕祖与景教之关系　香港,景风11　1966。

罗香林　唐元二代之景教　香港,中国学社　1966。

刘光义　蒙古元帝室后妃信奉基督教考　大陆杂志　32—2　1966。

刘义棠　释也里可温　边政学报5　1966。

方豪　评《唐元二代之景教》　现代学苑4—10　1967;方豪六十自定稿下册　1969。

罗香林　唐代景教之传入发展与遭禁　香港,景风14　1967。

马幼垣　景教所用之二佛教称谓　香港,景风14　1967。

马幼垣　中国景教史译丛　香港,景风15　1967。

杨森富　景教经典中的佛教用语变义考　台北,《中华学术院天主教学术研究所学报》1　1968。

杨森富　景教僧阿罗本其人其事　台北,现代学苑5—7　1968。

杨森富　元朝的景教　香港,景风17　1968。

福井康顺　景教の末徒吕祖について　宗教研究194　1968。

张济猛　日本学者与景教经典　东西文化27　1969。

杨森富　景教经典和古代教会信条　香港,景风23　1969。

杨森富　景教僧伊斯轶闻　台北,现代学苑7—12　1970。

杨森富　景教会名的思想背景研究　高雄,智慧杂志2—4　1970。

杨森富　景教碑中的福音　香港,圣经报　1971。

杨森富　见于景教碑中的风俗信仰　香港,圣经报　1971。

杨森富　景教尊经中的(三际经)——在华景教与摩尼教之相互影响探讨之一　辅大神学论集 8　1971。

杨森富　摩尼教经典中的耶稣——在华景教与摩尼教之相互影响探讨之二　香港,道风 72　1971。

车炜堃　唐朝景教之危难时期及其衰亡原因初探　国立编译馆馆刊 1　1971。

李章植　景教一神论研究　东西文化 8　1975。

杨森富　唐元二代基督教兴衰原因之研究　《基督教入华百七十年纪念集》(宇宙光)　1977。

陈援庵　元史研究　九思出版社　1977。

陈援庵　西域人华化考　《元史研究》(九思出版社)　1977。

李则芬　马可波罗游记索隐(上·下)　东方杂志复刊 11—4,5　1977。

方豪　国人对"也里可温"之再认识　食货月刊复刊 8—6　1978。

翁绍军　汉语景教文典诠释　香港汉语基督教文化研究所　1995 年;三联出版社　1997 年

李敬云　景教　韩国东西南北出版社　1996 年版

附录三　朱谦之著述目录

自传类：

回忆　1928年现代书局本。

荷心　1923年上海新中国书局本。

虚无主义者的再生（朱谦之、杨没累）　1923年6月1日民铎杂志第4卷4号。

奋斗廿年　1946年中山大学史学会。

我与中大　1946年4月《宇宙风》第142期。

两粤历险记　1945年5月梅县正气日报。

生活回忆录　1945年8月17日梅县正气日报。

一个哲学者自我检讨　中山大学石印本1951年8月。

世界观转变——七十自述　1968年12月完稿，1980年三联书店《中国哲学》第3—6辑。

文学类：

文人画之三时期　艺文丛刊创刊号。

凌廷堪燕乐考源跋　1925年民铎杂志8卷4号；现代史学第1卷第2期。

中国古代乐律对于希腊之影响　国立中山大学研究院文科研究所集刊第2期；1957年8月音乐出版社。

中国文化中的音乐精神　1944 年 4 月 5 日中山大学音乐节纪念特刊。

在新歌剧的旗帜下　1933 年 12 月剧宣七队农村曲演出第 71 次纪念集。

新歌剧运动　1934 年 6 月中山大学曙虹合唱团歌剧说明书中。

从新音乐运动到新歌剧运动　1945 年 7 月 11 日汕报。

我们的新音乐运动　1945 年 8 月兴宁建国日报。

音乐文学运动　时代中国第 9 卷第 4、2 合期。

音乐的文学小史　1925 年上海泰乐图书局本,1929 年再版。

中国音乐文学史　1935 年 10 月商务印书馆本、1989 年北京人学重版。1989 年上海书店收入《民国丛书》第一编 59 文学类影印出版;日本中村嗣次译,改名《支那音乐史》,日本出版配给株式会社本,为支那文化丛书之一。

空海与汉文学　人民中国(日文版)1963 年第 5 期。

哲学类:

周秦诸子学统述　新中国杂志第 1、2 卷;收入《古学卮言》,1922 年泰东书局本。

太极新图说及太极图说辩诬　新中国杂志第一卷第 3 期,前半收入《古学卮言》。

政微书　法政学报第 1、2 卷,改订本收入《古学卮言》。

虚无主义与老子　1921 年新中国杂志第 1 卷 1—2 号;同年日译载日华公论。

现代思潮批评　1920 年新中国杂志社本。

革命哲学　1921 年泰东书局本;创造社丛书第 5 种,1927 年第

4版。

无元哲学　1923年泰东书局本;创造社丛书第5种。

唯情哲学发端　1923年民铎杂志。

周易哲学　1923年上海学术研究会本;1925年启智书局本第4版;又中国文化服务社复刊本新版序见华侨公报第224期。

系统哲学导言　1923年民铎杂志。

一个唯情论者的宇宙观及人生观　1928年泰东图书局第3版;1989年上海书店收入《民国丛书》第一编3哲学、宗教类影印出版。

战后人生观的改变　1945年6月13日梅县正气日报。

近代哲学与奋斗主义　1920年1月4日奋斗第一号。

革命与哲学　1920年4月20日、30日奋斗第6、7号。

论柏格森哲学(通讯)　1922年3月1日民铎第3卷3号。

古学卮言　1922年11月泰东图书局。

宇宙生命——真情之流　1923年5月1日民铎第4卷3号。

一个唯情论者的人生观　1924年3月1日、4月1日民铎第5卷1—2号。

中国思想方法论纲　中山学报第1期。

中国思想方法问题　1941年民族文化出版社本。

三民主义人生观的基本问题　民族文化第二卷第六期。

论"宇宙美育"　1923年7月,日民铎第4卷5号。

庄子哲学(三册)　稿本,1949年。

老子新探　中山大学石印本,1951年。

老子哲学　北京大学油印本,1953年10月。

戊戌维新思想述评(二册)　1953年,稿本。

王充著作者　1954年,北京大学油印本。

康有为、梁启超、谭嗣同、张謇思想1953年,北京大学油印本。

李贽　湖北人民出版社,1957年2月。

中国古典哲学著作要目　1957年3月,北京师范大学铅印本。

中国哲学史史料学(三册)　1957年北京大学油印本。

老子校释　1958年9月龙门联合书店;1986年,1997年中华书局。

中国哲学史提纲(汉——清)　1958年北京师范大学油印本。

新辑本桓谭新论　1959年6月,稿本。

中国哲学史史料学(通论二部,九册)　1959年8月,稿本。

中国哲学史简编(合订精装6册)　1960年9—12月,稿本。

关于孔子的大同思想　学术月刊1962年7月号;收《近四十年来孔子研究论文选编》,齐鲁书社,1987年。

中国人的智慧——易经　学术月刊1962年第10期。

朱舜水——中国の素朴的唯物主义在日本仁伝元左明未の学者　人民中国(日文版)1963年第4期。

新编朱舜水集　朱谦之编　1981年8月中华书局。

历史哲学　1926年泰东图书局本。1928年再版。1991年上海书店收入《民国丛书》第一编影印出版。

历史哲学大纲　1933年民智书局历史哲学丛书之一。

黑格尔主义与孔德主义　1933年民智书局历史哲学丛书之一。

黑格尔的历史哲学　1936年商务印书馆本;1935年12月《史学专刊》第1卷。

孔德的历史哲学　1941年商务印书馆本,社会科学小丛书之一,又序文载青年中国季刊创刊号。

柏格森与新史学 1945 年《学术与教育》第 1 期,见 7 月 5 日梅县中山日报。

黑格尔哲学(五册) 1949 年,稿本。

文化哲学 1935 年 12 月商务印书馆本,1990 年 9 月再版。1989 年上海书店收入《民国丛书》第一编 39 文化·教育·体育类影印出版。

宋儒理学对于欧洲文化之影响 现代史学第 3 卷第 2 期及单行本,1937 年 4 月。

中国思想对于欧洲文化之影响 1940 年 7 月商务印书馆本;1989 年上海书店收入《民国丛书》第一编 5 哲学·宗教类影印出版。

中国哲学与法国革命(英文本) 黄鲦琇译 *Chinese Philosophy and The French Rev olution By Prof Chien Chih Chu*. Tr by Beatrice Chihsiu Huang. 中山大学出版,1946 年。

中国哲学输入欧洲是辩证法唯物论的重要源泉之一 中山大学石印本,1951 年 5 月。

中国哲学对于欧洲之影响(前论之部) 1957 年北京大学油印本。

十八世纪中国哲学对于欧洲之影响 哲学研究 1957 年第 4 期。

中国哲学对于欧洲的影响 1958 年修正本、1962 年商务印书馆排印样本,1985 年 6 月福州人民出版社。

实践论的历史哲学 北大修订本,1958 年。

黑格尔与孔德的历史哲学(讲稿) 1959 年 8 月,稿本。

辩证唯物主义与历史唯物主义(五册) 稿本,1950年。

辩证唯物论与历史唯物论教学大纲 中山大学油印本,1950年。

实践论——马克思主义辩证认识论的新发展 1951年中山大学石印本。

实践论——开阔了新历史认识论的门径 1951年5月中山大学石印本。

列宁对于修正主义历史哲学的批判(三册) 1954年,稿本。

日本的朱子学 三联书店,1958年8月。

近代日本思想史第二册(译稿五册) 1959年1—3月。

日本哲学史提纲(德川时代,讲义) 1959年12月。

日本近代思想家(从安藤昌益至幸德秋水,七册) 1961年2—4月,稿本。

安藤昌益—18世纪日本反封建思想家 北京大学学报1962年第4期。

日本古学及阳明学 上海人民出版社1962年12月。

日本哲学(东方哲学史资料选集)

一、古代之部 北京大学哲学系东方哲学史教研组编,1963年2月,商务印书馆,朱谦之编译。

二、德川时代之部 北京大学哲学系东方哲学史教研组编,商务印书馆,1963年12月,朱谦之编译。

日本哲学史 生活·读书·新知三联书店,1964年,北京。

日本思想之三时期 现代学术第2期。

三民主义的历史观 民族青年创刊号。

三民主义史学思潮 民族文化第2卷第7期;又收入《三民主

义学术》民族文化出版社本。

史学类：

谈现代史学　读书知识第1卷第45期。

什么是历史方法　现代史学第1卷第1期。

史的论理主义与史的心理主义　现代史学第1卷第3期。

中国史学之史的发展　现代史学第1卷第4期。

历史科学论　现代史学第2卷第3期，1935年1月。

历史论理学　现代史学第2卷第4期，1935年10月。

历史统计学　中山大学文学院专刊第二期抽印本。

社会科学与历史方法　现代史学第3卷。

现代史学概论（二册）　中山大学出版部铅印本；贵阳文通书局大学丛书之一。

史学研究新阶段　历史科学第9期。

考今　历史科学第5期；现代史学第5卷第1期。

历史的真意义　1925年3月1日民铎第6卷第3号。

太平天国史料及其研究方法　现代史学第5卷第1期，中国现代史专号。

太平天国的文化革命运动　新建设第2卷第3期。

天德王之谜　现代史学第5卷第1期。

军火商人戈登　1945年8月19、22、23日梅县正气日报。

太平天国革命文化史　1944年中华正气出版社本。

五四运动的背景　中山大学史学研究会五四运动特刊。

五四运动史略　读书知识第1卷第3期。

我与人权运动　生活思潮五四运动特辑。

哥伦布前一千年中国僧人发现美洲说（讲演稿）　读书知识第

1 卷第 4 期。

哥伦布前一千年中国僧人发现美洲说　现代史学第 4 卷第 4 期、5 期;收入文科研究所历史丛书　1945 年 9 月　梅县本。

哥伦布前一千年中国僧人发现美洲考(附纪元五世纪中国僧人慧深年谱)　北京大学学报 1962 年第 4 期。

扶桑国考证　1941 年商务印书馆本。

中国史学之阶级的发展　1934 年 5 月现代史学第 2 卷第 1、2 期。

社会发展学说史(讲义 4 册)　1950 年,稿本。

文化学类:

文化社会学发端　中山学报第 8 期。

文化社会学　中华正气出版社学术丛书之一;中国社会学社 1948 年 11 月。

文化类型学十讲　广西桂林师范学院油印本目录一册。

中国文化之命运　中山大学训导处训导丛书本;广东省文化运动委员会印本。

世界史上之文化区域　时代中国第 8 卷第 3 期、4 期。

文化学——历史哲学　现代史学第 5 卷第 3 期。

中国文化新时代　现代史学第 5 卷第 2 期。

三民主义与中国文化之联系　民族文化第 2 期,1942 年南岳夏令营单行本。

甚么是现代?　现代史学第 4 卷第 3 期。

抗战第五年文化的展望　新建设抗战建国四周年纪念特辑。

战后文化展望　1945 年 7 月梅县基督教青年会讲,见 8 月 30—31 日中山日报副刊,改稿见 1946 年 5 月新生路第 11 卷第

2期。

中华民族之世界分布　中国与世界第1期,又民族文化创刊号。

欧洲文艺复兴与中国文明(英文本)黄紫琇译(*The European Renaissance and the Chinese Civilization*. By Prof Ch'ien Chih Chu. Tr by Beatrice Chihsiu Huang.)　中大出版1946年。

比较文化论集　1949年稿本。

朱舜水与日本文化　1964年1月。

政治学类:

实际主义评论　1919年7—8月新中国第1卷第3、4号。

再评无政府共产主义(答兼生君的批评)　北京大学学生周刊第9、10号,1920年2月27日、3月7日。

革命家的性格与精神　1920年奋斗第2号。

自由恋爱主义　1920年3月10日奋斗第3号。

革命的目的与手段　1920年3月20日奋斗第4号。

反抗考试宣言　1920年3月28日北京大学学生周刊第13号。

新生活的意义　1920年4月20、30日新社会第16号。

无政府革命的意义　1920年5月23日北京大学学生周刊第17号。

劳动节的祝辞(中国第一次提出了"劳动人民神圣"口号)1920年5月10日北京大学学生周刊第14号(纪念劳动号)。

信仰与怀疑(通信)　1922年3月1日民铎第3卷第3号。

国民革命与世界大同　1927年泰东书局本。

到大同之路　1928年泰东书局本。

大同共产主义　1926年泰东书局本。

政治之文化学的概念　1945年9月龙凤月刊第3期。

三民主义非国家主义　1945年梅县青年导报创刊号。

三民主义解释史　1945年12月新时代创刊号。

坚决反击右派分子的进攻　思想战线第3期1957年7月18日。

反右派斗争的历史意义　1957年7月24日思想战线。

批评胡适的国故学　1955年3月北京大学油印本。

无政府主义批判　1959年北大铅印本。

经济类:

历史学派经济学　1933年商务印书馆本。

经济史序说　现代史学第1卷第3期中国经济史专号。

经济文化之三基型　时代中国第9卷第1期。

中国经济学说纲领　1944年3月27日中山日报、三民主义研究第30期。

宗教类:

美及世界泛神的宗教　1923年3月1日民铎第4卷第1号。

印度佛教对于原始基督教之影响　珠海大学出版,1949年5月。《佛学研究》1996年刊,北京。

关于十六、十七世纪来华耶稣会士的评价问题——答萧莲父同志　1959年11月新建设第134期。

中国禅学思想史　日本忽滑谷快天著,朱谦之译　1965年稿本,1995年上海古籍出版社。

唐景教碑新探——中国早期基督教研究之一　1965年12月稿本。

中国景教　1968 年稿本;1992 年东方出版社。1997 年人民出版社。

韩国禅教史　日本忽滑谷快天著,朱谦之译 1965 年稿本。1996 年中国社会科学出版社。

其他:

谦之文存　1926 年 4 月泰东书局本。1992 年收入上海书店《民国丛书》第三编 86。

谦之文存(二集)　1949 年稿本。

新伦理　中山大学青年团分团部青年节纪念刊,又民族文化第 5 卷第 1 期。

第三次自由讲学运动　大同杂志第 1 卷第 34 期。

东北学术讲演录(1961—1962)及浙江、广州学术讲演录(1963)东北文史研究部铅印本　1964 年 6 月 2—12 日讲于辽宁大学;1964 年 6 月 16—27 日讲于东北文史研究所。

朱谦之先生学术年表*

1899 年:11 月 17 日(阴历 10 月 15 日)生于福州,元曾祖以来世代以晬医为业。

1902 年:母亲郑淑贞去世。生前有诗:"立地参天一古松,风霜阅历独从容。漫嫌密密能遮日,且喜鳞高欲化龙。"朱谦之称该诗激励自己立志成人。

1907 年 1 月—1908 年 12 月:就读于自治小学,平日喜听父亲所讲的英雄故事。

1090 年:1 月就读于明伦小学。父亲朱文熔去世。

1912 年:12 月从明伦小学毕业,其间姐姐朱兰忧病死。

1913 年 1 月—1916 年 12 月:神州省立第一中学读书,自编《中国上古史》,常以闽狂、古愚、左海恨人等笔名向报纸投稿。还试办《历史杂志》未果,写一本小册子《英雄崇拜论》。

1917 年:就读格致书院半年,专修英文,著《宗教废绝论》。暑假应北京高师(北京师范大学前身)在闵考试,列第一。至北京,考入北京大学法预科。

---

* 本年表由张国义编撰。

1919 年:作《太极新图说》、《政微书》、《周秦诸子学统述》,发表于《新中国》杂志第 1、2 卷。(第 2 卷为次年出版)。

1920 年:1 月出版《现代思潮批评》(北京新中国杂志社),批判实验主义、布尔什维主义、无政府主义、新庶民主义等流行思潮。同月与郭梦良等创办《奋斗》旬刊,宣传虚无主义。1—2 月在《新中国》杂志发表《虚无主义与老子》。入北大哲学系、受教于梁漱溟。在《北京大学学生周刊》上与黄凌霜论战。在《周刊》第 13 期发表《废除考试宣言》,为北大的“废考运动”推波助澜。10 月参与无政府团体散发传单被捕入狱,在狱中喜看《传习录》、《周易》和革命家的传记。

1921 年:1 月出狱,5 月发表《自叙》宣扬自己要在佛教界里进行虚无革命。到杭州随太虚大师出家,后不满意于佛家生活,离开杭州,去南京支那内学院向欧阳竟无请教,不满意于唯识论,未久留即离去。《革命哲学》由上海泰东书局出版,系统阐述虚无主义。10 月梁漱溟《东西文化及其哲学》(财政部印刷局版)有梁漱溟与朱谦之、黄庆、叶石荪四人的合影,朱谦之受其影响,由怀疑转向信仰。

1922 年:2 月在《民铎》3 卷 2 号发表《论柏格森哲学》还提倡“无知”,自称“虚无学者”。3 月在《民铎》杂志 3 卷 3 号发表《唯情哲学发端》、《信仰与怀疑》(通信),成为他由虚无哲学转向唯情哲学的标志,两文均收入《周易哲学》。10 月出版反映思想转变期的论文集《无元哲学》(泰东书局),11 月将读法预科时所写的《太极新图说》、《政微书》、《周秦诸子学统述》集成《古学卮言》由泰东书局出版。年底回福州养病。当年杨没累入北京大学音乐传习所学习。

1923 年:本年重点阐发唯情哲学,3 月《民铎》4 卷 1 期发表《美及世界》,附录《泛神的宗教》(均收入《周易哲学》)。4 月在

《民铎》4卷2期刊登《系统哲学导言》,5月在《民铎》4卷3号发表《宇宙生命——真情之流》。养病期间与杨没累通信,确定恋爱关系,5月18日为他们的定情纪念日。6月发表《我的新孔教》,与杨没累发表《虚无主义者的再生》(两篇文章均在《民铎》4卷4号)。南京建业大学讲学,与杨没累通信讨论音乐与文学的关系,成为后来提倡音乐文学的缘起。7月在《民铎》4卷5号发表《论"宇宙美育"》。出版唯情哲学代表作《周易哲学》(上海学术研究会本)。

1924年:在济南第一师范讲演《一个唯情论者的宇宙观及人生观》,3月和4月《一个唯情论者的人生观》在《民铎》5卷1、2号连载。回北京后应厦门大学讲师的聘约,途中逗留长沙一周,写成《音乐的文学小史》,在长沙第一师范讲《中国文学与音乐之关系》,在平民大学讲《平民文学与音乐文学》,开了音乐文学的先声。至厦门大学任教"中国哲学史"、"中国文学史"、"历史哲学"三门课。《荷心》出版。[①]

1925年:5月辞去厦门大学的教职,与杨没累隐居杭州西湖,门对宋诗人林和靖的故居,实践恋爱至上的唯情生活。杨没累研究中国乐律学史,朱谦之研究中国音乐文学史。8月出版《音乐的文学小史》(上海泰东书局)。

1926年:4月《谦之文存》(泰东书局)出版,9月《历史哲学》(泰东书局)出版。两本书均为在厦门大学上课的讲义。出版《一个唯情论者的宇宙观及人生观》和《大同共产主义》(均为泰东书

① 据朱谦之生前所编著述目录(经黄夏年整理发表于《世界宗教研究》1999年第2期)《荷心》应出版于1923年上海新中国书局。据《七十自述》(二),《荷心》编成出版于1924年。笔者看到的本子是1927年10月中央书局本。

局本）在《大同共产主义》中把大同主义的实现寄托于当时的国民革命。

1927年：《国民革命与世界大同》（泰东书局）出版。8月完成《回忆》的写作，随后奔赴广州，经友人介绍见到李济深，并在黄埔军校任政治教官，12月在广州起义前夕离开广州回杭州。

1928年：整理在黄埔军校的讲义完成《到大同的路》。4月24日，杨没累因肺病去世，葬于烟霞洞。朱谦之再赴广州，又往返于沪杭之间，与文艺界朋友往来，如杭州的潘天寿、林风眠、李朴园，上海的胡也频、丁玲、沈从文等，以此排遣郁闷。10月《到大同的路》（泰东书局）出版。为纪念杨没累，完成《中国音乐文学史》，起草《新艺术》刚开头即作罢。

1929年：4月赴日本留学，得蔡元培、熊十力的推荐，以国立中央研究院特约研究员的名义每月可得补贴80元，得以安心读书。中央研究院所给的题目是《社会史观与唯物史观之比较研究》。留日期间基本从事历史哲学研究，主要留心孔德与黑格尔的哲学。5月《没累文存》（泰东书局）出版。

1930年：搜罗历史哲学的资料，读外语补习学校学习日语和法语。

1931年：从日本回国暂居杭州为浙江省府就经济方面的问题提供意见，从而注意研究历史学派经济学。8月应上海暨南大学教授之聘，教授历史哲学、西洋史学史、史学概论、社会学史等课程。课余应民智书局之约主编历史哲学丛书。10月丛书之一《黑格尔主义与孔德主义》完成，书中主要为译文，有朱谦之的《黑格尔百年祭》和《黑格尔主义与孔德主义》等文，渐渐形成朱谦之的一家之言。12月《现代学术》1卷3、4期合刊刊登朱谦之的《日本思想的三时期》。

1932年：迁至北平，完成《历史哲学大纲》。8月应中山大学教授之聘南下广州，发表《南方文化运动》一文，认为南方文化是科学、产业的文化，是振兴民族文化的希望。9月在广州市立一中讲演《南方文化之创造》，在培英中学讲《中国文化的现阶段》。任中山大学历史学系主任，12月开始自费筹办《现代史学》杂志。

1933年：1月《现代史学》创刊号出，作《本刊宣言》、《什么是历史方法》、《文化哲学》。在《本刊宣言》中提出现代史学的三个使命：现代性把握、现代史学方法的运用以及现代史、科学史、社会史、经济史的研究。要在中国学术界立一个“现代史学派”。2月在《现代史学》发表《文化类型学》、《宋代的歌词》、《凌廷堪燕乐考原跋》、《史的论理主义与史的心理主义》等文。《历史学派经济学》（上海商务印书馆）出版。5月《现代史学》1卷3、4期合刊，为“经济史研究专号”，朱谦之发表《经济史研究序说》。《黑格尔主义与孔德主义》（上海民智书局）和《历史哲学大纲》（民智书局）出版。

1934年：5月发表《中国史学之阶段的发展》（《现代史学》2卷1、2期合刊），梳理中国史学史，并提出“现代史学派”是集考证考古派与唯物史观派的所长。

1935年：1月发表《历史科学论》（《现代史学》2卷3期）。7月何绛云从中大文学院中文系毕业，朱谦之与其举行婚礼。因研究文化哲学，注意到中国文化的西传，开始撰写《中国思想对于欧洲文化之影响》。10月代理文科研究所主任，在文科研究所的会议上自称文化学派，反对“史学即是史料学”的观点，认为文献学的流弊在于玩物丧志。发表《历史论理学》（《现代史学》2卷4期）。《中国音乐文学史》（商务印书馆）出版。12月《文化哲学》（商务印书馆)出版。

1936年:5月发表《社会科学与历史方法》(《现代史学》3卷1期)。7月回故乡福州逗留5日。出版《黑格尔的历史哲学》(商务印书馆)。

1937年:4月发表《宋儒理学对于欧洲文化之影响》(《现代史学》3卷2期)。暑假回何绛云故乡广西梧州继续撰写《中国思想对于欧洲文化之影响》。

1938年:专注于太平天国史研究。10月广州陷落,返回梧州,再迁藤县。12月绕道越南至昆明,见到旧友郑天挺、顾颉刚、罗莘田、冯友兰等。

1939年:3月中大迁澂江,课余作历史考证的文章,如《哥伦布前一千年中国僧人发现美洲说》、《中国古代乐律对于希腊之影响》、《天德王之谜》、《中华民族之世界分布》、《印度佛教对于原始基督教之影响》等。日军侵入越南,威胁滇镜,中大再次迁校。8月底与何绛云回梧州,10月返粤。

1940年:7月出版《中国思想对于欧洲文化之影响》(商务印书馆),认为是自己"最细心结撰的一部著作"(《七十自述》(三))。于《现代史学》5卷1期发表《考今》,主张治史应以考古为方法,考今为目的。同期发表《天德王之谜》、《太平天国史料及其研究方法》。出版《扶桑国考证》(商务印书馆)。冬,中大迁粤北坪石。

1941年:8月任文学院院长,组织创办《中山学报》,为鼓励学生的学术研究,设"谦之学术奖金"。提倡音乐文学,提倡新歌剧,组织学生文艺社团演出。本年出版《中国思想方法问题》(云南曲江民族文化出版社)、《孔德的历史哲学》(商务印书馆)。

1942年:8月开始为期一年的休假,辞去文学院院长和历史系主任的职务,只保留历史学部主任的职务。历史系师生送锦旗一面,书"诲人不倦",旁缀"朱谦之先生主系十年纪念"。9月回梧州,10月为《中山日报》读者读书会讲《三民主义与中国文化之联系》。12月从梧州迁藤县,作《文化社会学》。

1943年:2月从藤县回梧州,誊写《文化社会学》。28日到桂林,住在桂林师范学院。3月6日,在中国教育学会桂林分会讲《中国文化新时代》;3月22日,在广西省立医学院讲《现代的意义》;3月10日—4月16日,在桂林师范学院讲《文化类型学十讲》。此外还为无锡画学专门学校、国立汉民中学、桂林青年会、省立桂林中学开设讲座。"千言万语,无非阐扬我民族文化的悠久博大"(《七十自述》(三))。5月返回中山大学,全力提倡近代史研究。8月代理文科研究所主任。

1944年:3月代理文学院院长。5月组织举办诗歌朗诵会歌剧与朗诵提倡音乐文学。文科研究所季刊第4期为科学史专号。《太平天国革命文化史》(江西赣江中华正气出版社)出版。6月豫湘桂战役延及湘北,中大师生疏散。赴梧州,9月梧州失陷,再迁至苍梧。11月返坪石。12月8日开设讲座:《现代史学思潮十讲》、《文化类型学十讲》。

1945年:1月日军攻粤北,战事吃紧,与中大师生踏上逃亡路,历经险阻,2月19日抵达临时省会龙川。3月作《奋斗二十年》。在6月13日的《正气日报》上发表《战后人生观的改变》。7月4日在梅县基督教青年会讲《战后文化展望》,在《汕报》和《中山日报》分别发表《从新音乐运动到新歌剧运动》、《我们的新音乐运动》。8月在《正气日报》发表《军火商人戈登》。复任文学院院长。9月文科研究所《历史丛书》第一种《哥伦布前一千年中国僧人发现美洲考》(梅县本)出版。受美国投掷原子弹的影响,开始收集关于原子弹、原子能的各种著述,思想上产生极大震动,逐渐意识到唯物论的科学性。其后至新中国建立很少有著作出版。10 月中大迁回广州,被聘为文学院院长、哲学系主任、文科研究所主任、历史学部主任,身兼四职。

1946 年:1 月开课,15 日讲《奋斗十年》,16 日讲《音乐文学运动》,17 日讲《文艺复兴期欧洲文学所见之中国》,18 日讲《战后文化展望》,19 日讲《现代史学之新倾向》。3 月 19 日请沈雁冰为学生讲《民主与文艺》。5 月 5 日开始举办"文化科学讲座",包括《文化政治学》、《文化法律学》、《文化经济学》、《文化教育学》等四讲。6 月 3 日讲《从屈原说到诗人的爱》。7—8 月间《奋斗二十年》(中山大学史学研究会)出版。

1947 年:为哲学系三年级学生开《庄子哲学》和《黑格尔哲学》两门课。

1948 年:《文化社会学》(中国社会学社广东分社)出版。

1949 年:1 月 29 日将旧作辑成《比较文化论集》。6 月 15 日—7 月 6 日完成《庄子哲学》,附录《老子新探》。7 月 9 日—10 月 2 日完成《黑格尔哲学》,分四章:黑格尔及其时代、青年黑格尔的宗教研究、黑格尔的精神现象学、黑格尔的论理学,约 30 万字。广州解放。11 月下旬组织哲学系师生学习《论人民民主专政》。12 月下旬学习"政协纲领",24 日座谈"斯大林与中国革命"。

1950 年:担任哲学系《辩证唯物主义与历史唯物主义》、《社会发展学说史》两课的教学。

1951 年:4 月作《实践论——马克思主义辩证认识的新发展》。5 月作《实践论——开辟了新历史认识论的门径》。上述两文均为石印本，是哲学系的讨论资料。还作《中国哲学输入欧洲是辩证唯物的重要源泉之一》。7 月作《马克思论太平天国革命》的报告。

1952 年：思想改造运动结束，全国院系调整，朱谦之调任北京大学哲学系教授，从事中国哲学史研究。

1953 年：作《戊戌维新思想述评》(稿本)，就其中关于康、梁等人物评价和对商业资本的认识问题与同事发生争论。出《中国哲学史提纲》油印本。

1954 年：始作《老子校释》、《李贽》，撰写《王充著作考》(油印本，1962 年《文史》第 1 辑)。

1955 年：作批判胡适、梁漱溟的文章，《批判胡适的国故学》、《批判梁漱溟的民萃主义思想》(油印本)。

1956 年：作《新辑本桓谭新论》(稿本)。

1957 年：2 月出版《李贽》(湖北人民出版社)。3 月出《中国古典哲学著作要目》(北京师范大学铅印本)、《中国哲学史史料学》(油印本)，修改《中国思想对于欧洲文化之影响》，改名为《中国哲学对于欧洲之影响》。7 月在《思想战线》发表《坚决反击右派分子的进攻》和《反右派斗争的历史意义》等文。8 月出版《中国古代乐律对于希腊之影响》。

1958 年：出版《老子校释》(龙门联合书局)。转入东方哲学史研究，出版《日本的朱子学》(三联书店)。在双反运动中受到很大冲击。

1959 年：作《日本哲学史提纲》(德川时代)讲义。

1961 年：12 月 22 日至次年 1 月 20 日应杭州大学和浙江省哲学社会科学研究所的邀请讲“18 世纪中欧思想的接触”、“中国哲学史料学”、“中国哲学对日本影响”、“中国古代乐律对希腊影响”。

1962 年:在《北大学报》发表《哥伦布前一千年中国僧人发现美洲考》、《安藤昌益——18 世纪日本反封建思想家》。12 月出版《日本的古学及阳明学》(上海人民出版社)。

1963 年:2 月,编译的《日本哲学(古代之部)》(商务)出版。5 月应广东暨南大学之邀讲"18 世纪中欧思想的接触"、"史料学"、"马克思论太平天国",在中山大学讲"中国哲学对于日本之影响"。6 月在广东哲学社会科学联合会讲"中国封建社会内资本主义萌芽时期民主与科学思想之先驱"。12 月,编译的《日本哲学(德川时代之部)》(商务)出版。

1964 年:6 月,在辽宁大学讲"朱舜水与日本文化"、"中国哲学对日本的影响"、"关于五世纪中国僧人发现美洲的问题"及"史料学"。又至长春东北文史研究所讲学,题目与辽宁大学相同。回京后转入科学院世界宗教研究所。8 月出版《日本哲学史》(北京三联)。

1965 年:翻译日本忽滑谷快天的《中国禅学思想史》、《韩国禅教史》(稿本)。12 月完成《唐景教碑新探——中国早期基督教研究之一》(稿本)。

1968 年:作《中国景教》(稿本)。12 月 4 日,完成《世界观的转变(七十自述)》,以阴历计是 10 月 15 日,虚岁 70 岁。

1969 年:继续回顾自己一生,作《中大二十年》、《政治幻想的三部曲》等文。

1970 年:因脑溢血患半身不遂,其后经常住院。

1972 年:7 月 22 日,因脑溢血病逝于北京协和医院。

百科全书式的学者朱谦之先生

黄心川

一

朱谦之(1899～1972)字情牵,福建省福州市人。我国当代著名的历史学家、哲学家和东方学家。生于一个数代从事医生职业的家庭,幼时父母双亡,由姑姑抚养成人。民初入福建省立第一中学学习,在中学时熟读我国的经史,曾自编《中国上古史》,并发表《英雄崇拜记》等小册子。17岁时以福建省第一名考取北京高等师范学校(北京师范大学前身),后改入北京大学法预科,毕业于北京大学哲学系。在校期间,亲聆学界名师的教诲,饱读中外哲学文化书籍,先后发表了《周秦诸子学统述》和《太极新图说》等文。

1919年中国大地掀起"打倒孔家店"的五四运动,朱谦之满怀革命激情投入这一轰轰烈烈的斗争,参加了学生示威游行,编辑杂志,撰文抨击时弊,宣传无政府主义,提出种种改革社会和教育的主张。他在北大第一次贴出大字报,要求废除考试制度等。翌年又首次在国内报刊上提出“劳动人民神圣”等口号。毛泽东主席在北大工作期间曾与朱谦之讨论过无政府主义等问题。同年10月朱谦之因散发革命传单遭军阀当局逮捕，入狱百余日，经北京学生集会营救和全国各地声援方获得释放。

1921年朱谦之离京南下至杭州兜率寺从太虚大师出家，以后又去南京支那内学院向著名佛学家欧阳竟无求教，因不满意佛门的腐化、偷安生活，复断绝关系，往返于京、沪、杭各地，遁迹江湖之间，过着“飘零身世托轻帆、浪漫生涯亦自豪”的生活。越3年，应厦门大学之邀，出任教职。1924年辞职再度隐居西湖葛岭山下，门对宋代诗人林逋（和靖）故居，悉心从事著述。1929年获中央研究院资助东渡日本潜心历史哲学的研究。两年后归国，任暨南大学教授。从1932年起任中山大学教授，兼历史系主任、哲学系主任、文学院院长、研究院文科研究所主任和历史学部主任等职。抗日战争时期，他历尽艰险，始终勤于职守，为适应抗战需要，曾大力提倡“南方文化运动”和“现代史学运动”，出资筹办《现代史学》，对历史研究中的“考今”工作起过一定的推动作用。在他的努力下，中山大学历史系成为了一个著名学系和研究机构，为抗日战争培养了大批理论干部。1949年广州解放，朱谦之以无比欢欣的心情，迎接新时代的到来，积极参加校内外的各种政治和教学活动，做了大量的工作。

1952年全国院系调整，朱谦之回到了久别的母校——北大哲学系任教授，从事中国哲学史的教学和研究。1958年后又转入东方哲学的研究工作，培养研究生和青年学者，对我国解放以后的东方哲学研究工作，起了重要的推动作用。1964年北京大学东方哲学史教研组全体人员并入中国科学院哲学社会利学部，组建世界宗教研究所，朱谦之担任了研究员。尽管此时他已重病缠身，有时卧床不起，但仍著述不止，致力于宗教学的研究。1972年因脑溢血逝世，享年73岁。

二

朱谦之在学术界被人称为“百科全书式的学者”，这是因为他的教学研究工作十分广泛，涉及了历史、哲学、文学、音乐、戏剧、考古、政治、经济、宗教和中外交通文化关系等各种领域，有些领域在我国还属于开拓性的研究。著名学者王亚南曾称誉：“朱先生时代感非常强烈，而且搜集之富，钻研之精，涉猎之广，读其书，知其生平者，均交口称道。”早在大学读书时，朱谦之就以善读书闻名。当时曾担任北大图书馆主任的李大钊先生因朱谦之借书特多，而担忧图书馆内所藏的社科书籍会被他全部读完。他的治学态度极为严谨，善于用脑和手，每读一书，必不停地用朱笔圈点和摘录。在着手作课题研究时，必先列出阅读和参考的书目。他通晓英、法、德、日等多种外国文字，对国外的学术动态十分注意，所以能够尽快地吸收和消化国外的研究成果，步趋世界学术研究的潮流和开拓国内研究的新领域，充分体现了时代感。他的国学底子深厚，对我国的经史子集都有一定的了解或研究。他的工作态度十分认真，早上4点闻鸡声而起，埋头写作，至晚饭后始辍笔。下笔极快，一两万字的文章经常一气呵成。有人说他用笔千言，如江河倾泻，素不注意词章修饰，这是一种误解。试看他所写的《老子校释》序言，其辞藻之华丽，章句之对仗，用典之殷切，虽词章学家犹不能过也。

朱谦之一生著述等身，桃李满天下，给后人留下了庞大的、珍贵的文化遗产。据不完全统计，有专著42部，译著2部，论文百余篇。他的学术研究成果，表现在以下几个方面：

哲学研究是朱谦之一生成果最丰的内容之一。其研究著述既有中国传统哲学，又有西方古典哲学和马克思主义哲学，还有东方哲学和中外比较哲学等，学贯中西，博通今古，蔚为大观。他早年发表的《革命哲学》充满了怀疑主义、虚无主义的青年人理想，主张"政治革命不如社会革命，社会革命是从社会主义革命进至无政府革命，再进至宇宙革命"。这种主张，解放后他自己批判说："名为'革命哲学'而实际所谓宇宙革命，不过证明了宇宙究竟为寂灭，所谓用革命的方法，也不过一种寂灭论罢了"。① 以后又发表了《无元哲学》和《周易哲学》等著述，在这些著作中，他批判和摒弃了过去的虚无主义主张，宣称宇宙人生都是浑一的"真情之流"，真生命在人世间上即可实现，从此转向了信仰主义为特征的真情或唯情主义哲学。1929年朱谦之东渡日本后，历史哲学开始成为他的主要研究课题，以后几十年一直未断。特别是对黑格尔、孔德等人的历史哲学做了大量的和深入的研究，撰写了《历史哲学大纲》、《黑格尔的历史哲学》和《孔德的历史哲学》等著作。他在日本期间首次接触了辩证唯物主义和历史唯物主义，并把它们作为一种社会学说不加歧视地进行研究。与此同时，他还写作了《文化哲学》，强调："文化哲学不但有他独特的在哲学中最高的地位，而且更为其

① 《七十自述》，载《中国哲学》第三辑，三联书店1980年6月版，第389页。

它历史学、社会学、教育学所凭依，而为研究文化历史学、文化社会学、文化教育学者所必经的路径。”①甚至认为“将来的哲学，应该是文化史的哲学，换言之，即为文化哲学”。② 他反对当时世界学术界以西方为中心的观点，重视我国传统文化思想的价值，讴歌中国人民的智慧和发明，并在这一指导思想下，撰写了《中国思想对于欧洲文化之影响》一书，明确指出中国传统思想对欧洲的近现代思想家产生过深刻影响。此书一出版，即引起国内外学术界的高度重视，给予了极高的评价。

解放以后，朱谦之的哲学研究工作更上一层楼，取得丰硕成果。20 世纪 50 年代初期，他凭着已有的马克思主义哲学功底，很快地写出了《辩证唯物论与历史唯物论教学大纲》，满足了当时大学教学的需要。尔后，又转为对中国哲学史的研究，在早期发表《周秦诸子学统述》、《庄子哲学》等著述的基础上，新撰了《老子哲学》、《中国哲学史史料学》、《中国哲学史提纲（汉一清）》、《中国哲学史简编》（约 200 万字，待出版）等一大批著作，对中国哲学发展史的各个阶段都有系统的阐明，尤其对先秦诸子和近代启蒙思想家有深入的研究。其中《中国哲学史简编》最早注意到少数民族的哲学宝藏，列有专章研究，在很多中国哲学的传统问题上，他有很多新颖的、独特的见解。他整理的《老子校释》搜集之丰在已有各种版本中是最多和最好的一个，因之在莫斯科召开的全球汉学家会议上被一致推荐为最佳的研究，获得特殊的荣誉。另一本《李贽》也得到国内学术界的好评。

① 《文化哲学》，商务印书馆 1990 年版，第 11 页。
② 《文化哲学》，第 3 页。

1958年后朱谦之带领了一批青年研究人员和朝鲜、捷克斯洛伐克的研究生从事东方哲学的研究和教学工作，先后发表了《日本哲学史》、《日本的朱子学》、《日本古学及阳明学》、《日本哲学历史资料选》（古代之部和德川之部），另外指导朝鲜留学生完成了《程朱学对朝鲜的影响》的研究。朱先生发掘了不少在日本、朝鲜已散失，但仍保留在我国的珍贵文献和资料，阐明了中国哲学和宗教与我国周边国家朝鲜、日本和越南等等的相互关系。这些开拓性研究引起了国内外学术界的重视，苏联和日本研究机构都曾提出要与我国共同合编日本哲学史的资料等。越南科学院提出要派人来中国跟随朱先生学习、整理越南哲学史的资料。与此同时，他还将过去发表的《中国思想对欧洲的影响》进一步作了修订，扩大了篇幅，改名为《中国哲学对欧洲的影响》。此书是朱先生用毕生的心血写成的，前后搜集资料和写作达三四十年之久。例如在“中国哲学与法国革命”一章中就有190处引文和注释，可见搜集之多和用力之勤。该书连同早期的版本，在日本、英国、美国、苏联学界引起重要反响，苏联的一些学者虽然不同意该书的某些观点，提出了批评，但也承认它是一本有科学价值的著作。

政治学的研究是朱谦之早年关心的问题。在轰轰烈烈的五四运动和大革命时期，朱谦之以年轻人所具有的思想活跃，饱含激情的情绪，曾经探讨过未来中国的前途和命运。他除了宣传无政府主张和提出“劳动人民神圣”的口号外，还撰写过《大同共产主义》、《到大同之路》等著作，提出：“宣传中国政治之传统精神，以人性为基础，以大同为门户，以美的社会组织为框廓，以礼乐为妙用，以游艺为依归，意在拨乱反正，以跻斯于永远太平而止。”①以托古改制的方式，宣扬儒家乌托邦式的政治和社会理想。

朱谦之兴趣广泛，对音乐和文学也有较深入的爱好和研究。1927年他撰写了《凌廷堪燕乐考原跋》。在厦大工作期间又撰写了《音乐的文学小史》，以后又扩大为《中国音乐文学史》，这种把音乐和文学联合起来研究，在我国还是首创，因此获得了国内外好评。该书出版后，日本中村嗣次就把它译成日文。1989年北京大学出版社又重印了此书。另一本著作《中国古代乐律对于希腊之影响》也有重要价值，已由音乐出版社出版。解放后，朱谦之先生曾受著名剧作家洪深先生之托，整理中国古代各种戏剧、戏曲等古籍，他搜集到的剧种和数量要比过去已知的多好几倍。

历史研究是朱谦之先生的主要研究领域，曾先后发表过《中国史学之阶级发展》、《现代史学概论》、《历史科学论》、《历史论理学》、《历史统计学》和《太平天国史料及其研究方法》、《五四运动史略》等数十篇著文。他对中外关系史的研究作出了特殊的贡献，除了上述的《中国哲学对欧洲的影响》和《中国古代乐律对于希腊之影响》外，代表作还有《扶桑国考》和《哥伦布前一千年中国僧人发现美洲考》等文。《哥伦布前一千年中国僧人发现美洲考》一文在国内外学术界曾引起强烈争论。美国、墨西哥、古巴等国的学者都强烈赞同他的结论。例如墨西哥的柏尔曼（M. Palmer）教授来信说，他掌握了192个考古学区域的记录，证明美洲原住民是和中国

---

① 《七十自述》，载《中国哲学》第四辑，三联书店1980年10月版，第480—481页。

人有密切关联的。当然这个问题在国内和苏联也有着强烈的反对意见。鉴于他在国际上所取得的学术成果，郭沫若同志在一次会议上曾说朱谦之和向达教授是我国研究中外交通史方面两个最重要的学者。

此外，朱谦之对文化问题也有过精湛的研究，撰写过《文化类型学十讲》、《中国文化之命运》、《世界史上之文化区域》、《文化哲学》等著作；对经济方面的问题也有所涉及，发表过《历史学派经济学》、《经济史序说》、《中国经济学说纲领》等著作。总之，无论对中国与西方的文化关系，抑或中国对周邻国家的文化关系，他都有精湛的研究。

下面专门谈谈与本书有关的朱谦之与宗教研究的关系。

朱谦之出身于世代行医的家庭，在旧中国科学技术比较落后的情况下，这样的家庭是一个具有较多的科学知识和文化气氛浓厚的世家。朱先生受教于旧式的传统教育，儒家的"修、齐、治、平"入世思想和老庄的淡泊无为，以及佛家的禅逸出世思想在他身上都得到了体现。五四时期他和其他热血青年一样，积极投身于革命救国的斗争，提出种种社会改革的主张，但是这时"中国的思想界，可以说是世界虚无主义的集中地……佛教的空观和老子学说……在青年思想界，有日趋发达的趋势。"[①]因此他的革命哲学追求"虚空粉碎，大地平沉"的虚无主义理想，实受禅宗《高峰语录》的影响。他被军阀逮捕后，经历了不少艰苦磨难，思想又转向佛教，企图用佛教改变人心乃至人生、社会，离京出家时发表的一通宣言中表达了这种思想：

① 陈独秀：《虚无主义》，载《独秀文存》卷 2，第 92 页。

“（一）用批评的精神，对现行的佛法、佛法的各派教宗，以及佛教的本身加以批评。

（二）提倡梵文，以为提倡真正佛学之助力。

（三）翻译东西洋关于宗教革命的书籍，以为实行佛教革命准备。”①

朱谦之不仅主张对佛教进行改革，而且还计划组织一种以实践佛教原则的宗教新村。但是他通过在西湖出家生活一段时间的体验，发现当时某些寺院实行的僧伽制是一种变形的家长制度，有些佛教僧徒过着苟且偷安的生活，这种情况是不能实现他的改革初衷的。为此，他在愤慨、失望之余写下了《反教》一诗②：

“黑蜮蜮！……黑蜮蜮……
把教门的黑雾窟揭穿，看那一簇簇的
寄生虫，何处立足！
那皈依三宝的叩头虫呢？
更不容他不生生饿毙！
我那时再焚烧七宝伽篮，
打倒罗汉，扫荡妖气，大踏步到那：
佛顶上，宝塔上，
高唱我大虚无的歌儿。”

① 《七十自述》，见《中国哲学》第三辑，第390页。
② 《七十自述》，载《中国哲学》第三辑，第390页。

尔后,他又经好友介绍,向欧阳竟无求教,但终觉唯识学说不合他的旨趣。流离的生活使他接触了现实社会的底蕴和大自然生活,逐渐对过去虚无主义思想进行了反思清理,认识到①:

"因妄求解脱的缘故而欲毁弃宇宙乃至断灭人生,那更是我一向的愚痴颠倒,对这深重的解脱只好是一种邪见罢了!

我的兄弟们呀!我恳求你。不要相信那超人间的希望的

涅槃,让你真诚恻怛的大悲心就实现这真生命在人间的人"。

朱先生思想的"回归",在表面上看有了巨大的转变,但他的思想还在佛教轨道上运转。他摒弃了空观,但又接受了大乘"三界唯一心""慈悲利他"等华严宗的思想。以后他经过多年的摸索和实际生活的体验,终于接近并最后接受了辩证唯物主义的思想,与佛教在信仰上割断了联系。朱先生晚年在回忆过去经历的自叙诗中写道:"少年破旧好空言,敢把乾坤一口吞。粉碎虚空沉大地,推翻世界从无元。唯情哲学身为累,主义虚无首似昏。妄论奇谈真应叹,归根不出老禅门。"

朱谦之最终没有接受佛教,他通过对佛教的了解,做了不少研究工作,他早年撰写了《印度佛教对于原始基督教之影响》等文,这几本阐述他的世界观和未来理想的著作中都渗透着佛教禅观和空观的思想。"文化大革命"前夕,朱先生调到宗教所工作后,即着手翻译日本著名佛学家忽滑谷快天所著的《禅学思想

① 《七十自述》,载《中国哲学》第三辑,第392页。

史》和《朝鲜禅教史》。从他的译稿题笺来看,朱先生想写一部禅宗史,但是因种种条件限制,他最终没有完成这个心愿,只是留下了这二部译著。

朱谦之与基督教的因缘始于中学时期。他 17 岁时,在基督教会办的格致书院专修英文,常常批评基督教教义,著《宗教废绝论》。以后他在做哲学研究,特别是西方哲学文化的研究时,对基督教及其神学有了更多的认识,意识到神学在历史文化阶段里的重要性和对哲学史及科学史的作用。其所著的《文化哲学》一书中指出,西洋的宗教"是从世界大宗教发生地的东方来的。"(第 203 页)在《中国哲学对于欧洲的影响》中对耶稣会的历史性质和传教士来华的动机、经过及其作用等做了详尽的分析。调入宗教所后,朱先生开始从事中国基督教史的研究,搜集了许多景教史资料,撰成《中国景教》一书。

三

《中国景教》是朱谦之晚年写作的最后一部著作。景教是我国唐朝时传入的基督教一支,曾受到唐太宗、高宗和玄宗等五位皇帝的优渥礼待,因之在中国得到了传播和发展,达到了所谓"法流十道"、"寺满百城"的兴旺阶段。但是由于种种原因在内地传播了 200 年后至会昌武宗灭佛时也遭到了禁绝,直至元朝时(11 ~ 12 世纪)又卷土重来。17 世纪《大秦景教碑》在西安出土,对景教的研究随即展开。国内外学界有不少人参与了此项工作,所发表的研究报告和文献达数十种。[①] 朱先生的著作就是在前人研究的成果基础上,所做的进一步工作。我们翻开此书,不难发现,所有的重要研究成果都被朱先生借鉴,在许多重要的关键问题上,他都进行了鉴定、评论,并提出了自己的见解,因此,为进一步厘清研究障碍和发扬前人研究成果,汇集众人的智慧起了重要作用。我认为,此书最重要的价值就在于它是本世纪中国大陆研究景教,著述最新、资料最丰、研究最深、篇幅最多的一部重要的中国基督教史的学术著作。朱先生凭借深厚的文史功底,全面地、完整地论述了景教的起源、发展和在中国的传入及传播情况。所援引的材料极为丰富,既有国内外保存的原始文献,特别是敦煌新出土的资料,又包括了近百年来诸家的研究成果和种种的甚至是矛盾的观点,因之有着十分重要的学术价值。全书共 11 章,约 20 万字。目录中每章和各节的标题提示了全文的内容,使读者可以一目了然。书后附录的景教碑文和参考书目有利于读者和学者做进一步的学习和研究。

"文化大革命"以前,我国大陆的基督教研究非常薄弱,从 1949 年到 1978 年近 30 年的时间内没有发表一本专著,文章仅 48 篇。有关景教的研究主要在吴文良著的《泉州宗教石刻》一书中述及,该书第 2 部分介绍了景教在泉州的传播历史。这时由于受到极左思潮的影响,对宗教尤其是基督教方面的文章,多持批判和一概否定的态度,所以朱先生的书中也不免受到这种影响。由于朱先生已作古,我们无法对朱先生的著作内容进行删改或者用今天的学术标准去要求朱先生。1978 年以后,我国政府实行了"改革开放"的方针,学术界也呈现了"百家争鸣"的局面,宗教研究逐渐走上正

① 参见本书附录二,朱先生搜集的参考书目。

轨，出现了欣欣向荣的气象。有关景教的研究论著也陆续问世。江文汉著的《中国古代基督教及开封犹太人》是近十年来较早出现的一本涉及景教的论著。作者在所附的中国文献资料中，对一些资料做了今译，例如对景教碑文，做了注释和今译，弥补了朱书的不足。张力和刘鉴唐著的《中国教案史》一书，对景教做了概略的介绍。著名中外交通史学者方豪生前所著的《中国天主教史人物传》分三册出版，其中第一册主要叙述了景教、也里可温教人物，有重要的参考价值。除上述几部书之外，近年来大陆还发表了一些有关景教的论文，总数约20余篇。这些文章主要是对一些文献和考古发现的探讨，尤其是对在新疆一些地区和福建泉州新近发现的一些景教徒的十字架墓碑的探讨，这些发现对景教在中国的活动提出了新的证明。十年来我国学术界共发表基督教研究的论文383篇①，其中关于景教的论文是极少的，成为基督教研究中的一个薄弱环节。而国外对这方面的研究无论在数量上和质量上都超过我们。此外，国内学术界还翻译出版了与景教有关的《一五五〇年前的中国基督教史》一书。香港和台湾的学者近年来也撰写了不少有关景教的专文。为了保持学术资料的连续性，我们在朱先生已搜集的有关景教资料参考书目的基础上，将国内外发表的一些书目论文赓续整理发表于后，供读者和学人参考。（详见附录二）同时为纪念朱先生逝世20周年，我们将朱谦之的全部著述目录附于书后，这是迄今为止首次公布的最全书目，对了解朱先生的生平和学术成就有着重要的意义。

《中国景教》一书是朱谦之先生在1966年时完成的。当时正

① 参见于可撰《十年来关于基督教史研究的评估》，载《世界史研究动态》。

值“文革”时期，此书根本没有机会出版。1972年朱先生逝世，书稿一直由朱先生夫人何绛云女士保存。1982年为满足学术界使用的需要，世界宗教研究所曾出资铅印数百本在学术圈内散发；付印之前，宗教所图书馆的张新鹰同志曾对原稿做了文字校订工作。陈海英同志联系了印刷，校对了清样。张新鹰同志再次做了校订工作。黄夏年同志通读了全稿，并补做了《香港、台湾和日本有关研究景教的论著目录（1950～1980）》和《大陆景教研究论著目录》两部分资料，还整理了《朱谦之著述目录》。

1991年11月10日于车公庄